DIREITO DE PERSONALIDADE

PEDRO PAIS DE VASCONCELOS

DIREITO DE PERSONALIDADE

Reimpressão da edição de Novembro de 2006

DIREITO DE PERSONALIDADE

AUTOR
PEDRO PAIS DE VASCONCELOS

EDITOR
EDIÇÕES ALMEDINA. SA
Rua Fernandes Tomás, 76-80
3000-167 Coimbra
Tel.: 239 851 904
Fax: 239 851 901
www.almedina.net
editora@almedina.net

PRÉ-IMPRESSÃO
G.C. – GRÁFICA DE COIMBRA, LDA.

IMPRESSÃO E ACABAMENTO
DPS - DIGITAL PRINTING SERVICES, LDA.

Abril, 2019

DEPÓSITO LEGAL
250316/06

Os dados e opiniões inseridos na presente publicação são da exclusiva responsabilidade do(s) seu(s) autores.

Toda a reprodução desta obra, por fotocópia ou outro qualquer processo, sem prévia autorização escrita do Editor, é ilícita e passível de procedimento judicial contra o infractor.

I. JUSTIFICAÇÃO DE UMA DISCIPLINA DE MESTRADO SOBRE O DIREITO DE PERSONALIDADE

1. A ideia de personalidade jurídica individual

A personalidade é uma qualidade: a qualidade de ser pessoa. Esta afirmação não deve causar estranheza porque respeita o sentido etimológico da palavra. Do mesmo modo, propriedade é a qualidade de ser próprio, bondade a qualidade de ser bom e a proximidade a qualidade de ser próximo. Os exemplos podem suceder-se *ad infinitum*. Mantemos aqui o que temos ensinado em Teoria Geral do Direito Civil[1]: a personalidade é a qualidade de ser pessoa.

A personalidade jurídica é qualidade de ser pessoa no Direito. O Direito dicotomiza a personalidade jurídica em singular e colectiva[2]: a personalidade jurídica singular é própria das pessoas humanas; a personalidade jurídica colectiva, de grupos ou outros entes que o direito trata como centros de imputação subjectiva de situações jurídicas à imagem e semelhança das pessoas humanas. No tema que nos ocupa, esta dicotomia tem interesse secundário, pois a disciplina de que nos propomos tratar é restrita à personalidade individual, às pessoas humanas. Está fora do nosso tema, por isto, a personalidade colectiva, que só será convocada quando se tornar necessário, quer para comparar quer para distinguir.

A comparação entre a personalidade singular e a personalidade colectiva propicia desde já a distinção: a personalidade singular é supra legal enquanto a personalidade colectiva é legal. O Direito e a Lei não têm poder de conceder ou recusar a personalidade às pessoas humanas, mas são o Direito e a Lei que constituem e excluem a personalidade colectiva. Esta é a primeira e a mais importante das diferenças.

---

[1] Pais de Vasconcelos, *Teoria Geral do Direito Civil*, 3.ª ed., Almedina, Coimbra, 2005, págs. 35 e segs..

[2] No direito brasileiro, as pessoas colectivas são designadas "pessoas jurídicas", tal como no alemão, e no direito francês, "pessoas morais". Nenhuma das terminologias é satisfatória, mas estão estabelecidas e não vale a pena modificá-las.

2. A pessoa humana no Direito

A pessoa humana constitui o fundamento ético-ontológico do Direito. Sem pessoas não existiria Direito. O Direito existe pelas pessoas e para as pessoas. Tem como fim reger a sua interacção no Mundo de um modo justo. As pessoas constituem, pois, o princípio e o fim do Direito.

O Direito não tem poder nem legitimidade para atribuir a personalidade individual. Limita-se a constatar, a verificar a hominidade, qualidade de ser humano. Não tem, também, legitimidade nem poder para a excluir. Se algum legislador, juiz ou funcionário decretar ou decidir excluir, extinguir ou deixar de reconhecer a personalidade de uma pessoa humana, nem por isso a sua personalidade deixa de existir. Continua, tal como antes. Apenas terá sido desrespeitada ou perturbada. Se, pelo exercício do poder, a personalidade for desrespeitada, se a pessoa for tratada como não-pessoa, como animal ou como coisa, nem por isso deixa de ser o que é: uma pessoa, com toda a dignidade que lhe é inerente.

A pessoa é autora e actora no Direito.

Autora porque o cria e constitui: organicamente na lei; interpessoalmente no contrato e no negócio; institucionalmente na cultura e no costume jurídico. Salvo no que respeita ao Direito Divino – em quem muitos não crêem e que está fora do âmbito deste texto – todo o Direito do Mundo é criado pelas pessoas humanas e para as pessoas humanas.

São apenas as pessoas que agem no Direito. Certas zonas do agir jurídico são privativas das pessoas singulares, por exemplo, o casamento, a filiação, a sucessão por morte no lado activo. Noutras matérias o agir jurídico é partilhado por pessoas individuais e colectivas. Estas, porém, não passam, ou de agrupamentos de pessoas ou da institucionalização de seus fins, que são personalizados pela lei. As pessoas colectivas não têm no Direito uma natureza nem um papel igual ao das pessoas singulares: são-lhes análogas e instrumentais. Não têm nem a sua dignidade, nem o seu carácter ontologicamente fundante. São uma criação do Direito que, assim como as faz nascer, pode também extingui-las conforme entender conveniente, dentro de critério de razoabilidade e de eficácia.

O Direito de Personalidade tem a ver com a posição das pessoas humanas no Direito, com a exigência da sua dignidade.

3. Necessidade de reforçar e enriquecer o estudo do direito da personalidade

Os espíritos mais optimistas pensaram que, após o fim da Segunda Guerra Mundial, a dignidade humana deixaria de ser agredida, pelo menos maciça e sistematicamente. Foram desmentidos. Terminada a Guerra Fria renasceu a ilusão, mas por pouco tempo. Com um novo envolvimento político e circunstancial e com uma nova argumentação legitimadora, continuaram as pessoas a ser massacradas, perseguidas, torturadas, escravizadas, segregadas e sequestradas, aproveitadas para o tráfego de pessoas e de órgãos e, para a escravatura sexual, para novas espécies de servidão, ofendidas na sua dignidade de pessoas humanas. Recentemente foram ouvidos apelos à justificação da tortura e da recusa aos inimigos do tratamento como pessoas, por parte de entidades dotadas de um elevado poder de conformação social.

Por outro lado, surgiu uma tendência para admitir a titularidade de direitos pelos animais. Os *direitos dos animais* nasceram como uma reacção caritativa e benfazeja contra os maus tratos sofridos pelos animais[3]. Porém, sem pôr em causa o carácter axiologicamente positivo da proscrição do mau tratamento dos animais, a referência a *direitos dos animais* é nociva e criticável. Por um lado, constitui a consequência do deficiente entendimento do que sejam direitos subjectivos, na esteira da construção de IHERING, confundindo a tutela reflexa e objectiva com direito subjectivo; por outro lado, de uma "concepção promocional do direito", em que o Estado "produz legislação" que, com a força da sua soberania, visa promover, entre outras coisas, a "felicidade geral"[4]. Do facto de serem protegidos pelo direito objectivo, não decorre que os animais tenham direitos subjectivos. Só as pessoas têm direitos subjectivos. Por outro lado, a referência a *direitos dos animais* acarreta uma banalização dos direitos subjectivos que é perniciosa. Além de equiparar os animais às pessoas, o que já é vicioso, acaba por pôr no mesmo plano as pessoas e os animais, como beneficiários de protecção do Estado, o que é ainda

---

[3] FERNANDO ARAÚJO, *A Hora dos Direitos dos Animais*, Almedina, Coimbra, 2003, e *The Recent Development of Portuguese Law in the Field of Animal Rights*, Journal of Animal Rights, vol. I, 2005, págs. 61 e segs..

[4] NORBERTO BOBBIO, *La funzione promozionale del diritto*, em *Dalla struttura alla funzione*, Nuovi studi di teoria del diritto, 2.ª ed., Edizioni di Comunità, Milano, 1984, págs. 24 e segs., LUIGI LOMBARDI VALLAURI, *Corso di filosofia del diritto*, Cedam, Padova, 1981, págs. 261 e segs..

mais grave. Pessoas e animais são assim unificados numa mesma classe de entes especialmente protegidos. A posição das pessoas humanas no Direito passa assim a ser tida como comum à dos animais. Não é claro que os animais tenham sido elevados à condição humana; por vezes e perante alguns acontecimentos, parece antes que as pessoas foram degradadas à condição animal. A animalidade é co-natural à tendência – tão na moda – para a superação da razão pela emoção e para a superação do cidadão pelo consumidor.

Sem dramatizar, há fundamento para algum receio de um recuo no respeito da dignidade humana. Os Juristas são os guardiães e os sacerdotes do templo da Justiça. Cabe-lhes, em primeira linha, a missão de defesa da dignidade humana. Nesta tarefa, as Faculdades de Direito têm um papel a desempenhar em que não podem ser substituídas e do qual se não devem eximir. A Faculdade de Direito de Lisboa tem cumprido essa missão com o ensino do Direito de Personalidade, na disciplina de Teoria Geral do Direito Civil logo no segundo ano da licenciatura. No entanto, a sobrecarga lectiva da licenciatura e a relativa inexperiência e ingenuidade dos alunos do segundo ano não permite que o ensino dos direitos de personalidade alcance a plenitude do seu conteúdo e sentido. Por isso, também nos mestrados de Direito Civil, o tema dos direitos de personalidade tem marcado presença.

Os alunos de mestrado são licenciados com classificações elevadas. Têm já uma cultura, uma preparação e uma experiência jurídicas que permite um ensino com nível de excelência, quer na problematização, quer na dogmatização. Também o carácter facultativo do mestrado e o regime de escolha das disciplinas permite que os alunos frequentem o curso por gosto e por interesse próprio, que não por obrigação. Além disto, o seu número não é excessivamente elevado, o que permite um acompanhamento atento e presente pelo professor. Finalmente, grande parte dos mestrandos destina-se ao ensino do Direito, o que permite esperar que o que aprenderem virá a ser ensinado, e assim multiplicado. Nos mestrados, a terra é fértil e a semente lançada pelo semeador germina e multiplica-se. Sem menosprezo pelo ensino dos direitos de personalidade na licenciatura, é imprescindível a presença desse tema também no mestrado.

O ensino do Direito de Personalidade – ou dos direitos de personalidade – é de importância crucial para a formação jurídica, de alto nível e elevada qualidade, sobre tema da posição da Pessoa humana no Direito, do respeito pela sua Dignidade, da sua defesa contra as agressões de que continuam a ser vítimas. Além da elevadíssima componente ético-jurídica e filosófica que lhe inere, o ensino do Direito de Personalidade no mestrado envolve também matéria de sofisticada complexidade e tecnicidade jurídica.

A componente ética do direito da personalidade mergulha na história do pensamento e põe em presença as duas grandes concepções do relacionamento entre a Pessoa e a Comunidade: o pensamento platónico--aristotélico, que parte da Comunidade para a Pessoa[5]; o pensamento estóico, que se centra na posição da Pessoa e só a partir dela constrói a Comunidade.

Estes dois modos de pensar a Pessoa na Comunidade protagonizaram a longa caminhada milenar que importa continuar a trilhar.

---

[5] PLATÃO, *República*, II, ARISTÓTELES, *Política*, Livro II, Capítulos IV e V.

II. A TEORIA E O ENSINO DO DIREITO DE PERSONALIDADE E DOS DIREITOS DE PERSONALIDADE

4. Antes do Código Civil de 1867

O que hoje entendemos por Direito de Personalidade, ou direitos de personalidade, não encontra consagração no direito português antes do iluminismo e das reformas pombalinas[6]. Na sequência da Lei da Boa Razão e dos Estatutos da Universidade de Coimbra, foi Mello Freire que marcou o pensamento jurídico do iluminismo em Portugal. Comecemos, pois, por Mello Freire.

PASCOAL JOSÉ DE MELLO FREIRE começa por referir os cidadãos, no Título XII do Livro Primeiro[7] e, depois, as pessoas, no Título I do Livro Segundo[8], das suas *Instituições de Direito Civil Português*. Embora seja já clara a influência iluminista dos direitos do homem, não se encontra, todavia, no seu texto, algo que se possa identificar com o que hoje se entende por direitos de personalidade. Aos cidadãos reconhece dois direitos: "primeiro, o direito de pederem aos governantes que os protejam e defendam; e segundo, que, para o desempenho dos cargos oficiais, sejam somente eles os escolhidos, ou pelo menos preferidos aos estrangeiros e peregrinos" (Liv. I, Tit. XII, § V). Sobre o direito das pessoas, entende "aqueles direitos que nascem da qualidade, e diferença dos homens, ou do seu estado tanto natural, como civil" (...) e "consiste especialmente na liberdade, cidadania e família". "A suprema divisão dos homens é entre *livres e escravos*", mas "hoje já ninguém nasce escravo" (...) "e os nascidos de

---

[6] Sobre a razão do surgimento da categoria dos direitos de personalidade só no século XVIII, LEITE DE CAMPOS, *O Direito e os Direitos da Personalidade*, em *Nós – Estudos sobre o Direito das Pessoas*, Almedina, Coimbra, 2004, págs. 109 e segs..

[7] PASCOAL JOSÉ DE MELO FREIRE, *Instituições de Direito Civil Português*, Livro I, Título XII, § V, BMJ 162, págs. 134 e segs..

[8] PASCOAL JOSÉ DE MELO FREIRE, *Instituições de Direito Civil Português*, Livro II, §§ I a IV, BMJ 163, págs. 10, e segs..

escrava, seja ela esposa, seja concubina, nascem livres e ingénuos, e imediatamente *olham o sol com liberdade*" (Liv. II, Tit. I, §§ I a IV).

Em BORGES CARNEIRO[9], podem ser lidas palavras interessantes e até percursoras acerca da Personalidade e do seu Direito.

No § 19, com que inicia o Título I, sobre a "natureza das pessoas e sua classificação" e sob a epígrafe "Do homem por nascer, nascido ou morto" consta:

1. *Quem são as pessoas.* Pessoa é o homem considerado em seus direitos, qualquer que seja a sua idade, sexo, condição.
2. Os filhos famílias e os escravos são pois verdadeiras pessoas.
3. *Embriões.* Em o número das pessoas se conta também o feto apenas formado no ventre materno.
4. Ele se reputa nascido para tudo o que é de seu proveito, e conserva todos os seus direitos para o tempo do nascimento.
5. Este direito começa desde o momento em que o feto se formou em embrião.
6. *Póstumo.* Portanto, nascendo depois da morte do pai, se considera como se nascesse antes dela, sem diferença.
7. Cumpre porém que o embrião nasça vital, ainda que morra logo; ou ainda que fosse tirado artificialmente do útero. Nascendo *abortivo*, e não vital, reputa-se como se não nascesse, nem o seu nascimento produz alguns efeitos civis.
8. Quem mata o embrião ou promove o seu aborto é sujeito a penas graves, inclusivamente a de morte.

No § 24, sob a epígrafe "Direitos e obrigações dos Naturais. Direitos" são escritas palavras bem inseridas na linha do pensamento jusracionalista e iluminista:

1. O Reino e os seus Naturais ou Cidadãos têm vários direitos, privilégios e prerrogativas; uns dos quais são estabelecidos pela natureza da instituição social, outros expressamente concedidos pelas Leis, Doações Régias, Forais, e costumes.
2. *Quais são.* Os direitos civis e políticos procedentes da instituição social têm por base a liberdade, a segurança individual e a propriedade.

---

[9] BORGES CARNEIRO, *Direito Civil de Portugal*, I, Lisboa, 1851.

3. A inviolabilidade destes direitos é garantida pela Constituição (...). Nenhuma Autoridade há que possa suspender o seu uso, salvo no caso de rebelião ou invasão de inimigos (...).
4. A *liberdade* consiste em não poder obrigar-se o Cidadão a fazer ou deixar de fazer alguma cousa senão em virtude da Lei (...). O exercício pois deste direito é inteiramente subordinado às Leis e à Moral.
5. A Carta Constitucional especialmente garante ao Cidadão a liberdade de: I comunicar livremente os seus pensamentos por palavra ou escrito, ainda pela imprensa (...); II não ser perseguido por motivos de Religião (...); III conservar-se no Reino ou sair dele, e levar consigo os seus bens (...).
6. A *segurança* se refere à pessoa do Cidadão. Especialmente se lhe garante: I ter em sua casa um asilo inviolável (...); II não poder ser preso sem culpa formada e ordem escrita da Autoridade competente (...); III ainda com culpa formada não ser conduzido à prisão, se der fiança (...); IV não ser sentenciado por Comissões (...), mas somente pela Autoridade competente, e em virtude de Lei anterior (...); V ser isento de pena cruel e confiscação, e de ser punido ou infamado por crime de outrem (...).
7. A *propriedade* consiste no pleno domínio e fruição dos bens, com a excepção (...). Especialmente se garante aos Cidadãos a liberdade de qualquer trabalho, indústria ou comércio (...); as descobertas ou produções aos inventores; a inviolabilidade do segredo das cartas no Correio; as recompensas pelos serviços feitos ao Estado, e o direito adquirido por elas.

CORRÊA TELLES[10] no início do *Digesto Português*, dentro da lógica iluminista, coloca o centro de gravidade do sistema sobre os direitos e deles faz decorrer os deveres. "Toda a faculdade, que a Lei concede a alguma pessoa de dar, fazer ou não fazer, ou de proibir que outro dê, ou faça, é um direito" (Liv. I, Tit. I, 1); "o que não é proibido pela Lei Natural, religiosa ou Civil, faz parte da liberdade civil, e constitui parte do direito de liberdade".

COELHO DA ROCHA[11], nas *Instituições de Direito Civil Português*, define as leis naturais, ao modo paulino, como "aquelas que Deus gravou

---

[10] CORRÊA TELLES, *Digesto Português*, Livraria Clássica Editora, Lisboa, 1909, pág. 7.

[11] COELHO DA ROCHA, *Instituições de Direito Civil Português*, Tomo I, Imprensa da Universidade, Coimbra, 1857, págs. 1-9.

no coração dos homens, que se deduzem imediatamente da sua natureza e fim, para que foram criados, e se conhecem pela simples luz da razão". Não obstante, atribui ao homem, primeiro obrigações e só depois "direitos naturais correlativos": em primeiro lugar "o de liberdade", depois sucessivamente "o de defesa de si mesmo", "o de propriedade" e "o de igualdade".

Vicente Ferrer Neto Paiva, nos *Elementos de Direito Natural*[12] e também no tomo primeiro – *Direito Natural*, da sua *Philosophia de Direito*[13], trata do *direito de personalidade*, na Parte II – *Direito Natural absoluto* – Secção I – *Direitos absolutos do homem*. São direitos "que se deduzem exclusivamente da natureza humana" (§ 65). Como tais, "deve haver tantos direitos absolutos, quantas forem as *qualidades essenciais* e *fundamentais* da natureza humana" (§ 66). "A primeira qualidade do homem, e que abrange todas as outras, é a de *pessoa*, da qual resulta a dignidade moral e jurídica: podendo exigir dos outros que o não tratem como cousa, ou mero meio para seus fins arbitrários, senão como ente racional e exteriormente livre, que tem um fim próprio. Desta qualidade resulta um direito absoluto, ou primitivo, que o homem tem sobre si mesmo, e pelo qual diante dos seus semelhantes ousa viver e conservar--se com todas as vantagens, de que a natureza dotou a sua alma e seu corpo. Este direito pode chamar-se *direito de personalidade, ou de vida na luta pela existência considerado no sentido subjectivo*" (§ 67). "O *direito de personalidade* pois, considerado objectivamente, compreende todas as condições necessárias para a conservação e desenvolvimento da personalidade, e para o reconhecimento e respeito da dignidade moral e jurídica do Homem. Portanto, nele se encerram todos os direitos absolutos, que dele podem derivar-se" (§ 68).

5. Seabra e o primeiro Código Civil

António Luiz de Seabra merece uma especial atenção. Não apenas por ter sido o autor do projecto do primeiro Código Civil português, mas principalmente pela influência que o seu pensamento jurídico veio a ter

---

[12] Vicente Ferrer Neto Paiva, *Elementos de Direito Natural*, Imprensa da Universidade, Coimbra, 1857.
[13] Vicente Ferrer Neto Paiva, *Philosophia de Direito*, 6.ª ed., I, Imprensa da Universidade, Coimbra, 1883.

no futuro através, quer da sua obra doutrinal, quer do Código Civil cujo conteúdo está profundamente influenciado pelo seu pensamento.

Em SEABRA, a construção da personalidade jurídica tem de ser compreendida a partir da sua obra fundamental, *A Propriedade*[14]. Aqui, o Visconde de Seabra esclarece o seu modo de conceber o Direito, a partir da propriedade. A propriedade, porém, tal como a entende, é muito mais ampla do que a nossa actual concepção, restrita à propriedade de coisas corpóreas[15].

Abre a sua obra com a declaração enfática de que "a nossa existência, a nossa liberdade, o nosso passado, o nosso futuro, a indústria, a ciência, as artes, a moral, e a mesma religião, tudo se liga e prende à questão de Propriedade, único princípio e fim da sociedade" (pág. 1).

Explicita, depois: "Como tudo o que existe, o homem tem um fim e um destino. Este fim, este destino resolve-se nos meios ou faculdades, de que é dotado. Os meios explicam os fins, assim como os fins explicam os meios" (págs. 4-5). "A ordem e duração do mundo depende essencialmente da conservação dos entes, de que é composto, assim como essa conservação não só depende da existência do indivíduo, mas também da reprodução da espécie" (págs. 5-6). "A Natureza não quis (...) somente que o homem existisse, – quis também que ele existisse de certo modo, – que a existência fosse para ele um *bem* e não um *mal*. Para preencher esse fim, dotou-nos com o mais providente de todos os meios necessários. Estes meios encontramo-los, parte em a nossa própria constituição, outra parte na dos seres, que nos rodeiam. Mas como discriminar os meios na imensa variedade dos objectos, que nos cercam, nas suas encontradas influências? Observai o admirável encadeamento dos fenómenos, que constituem a vida; – vede como cada necessidade prende na acção de certa faculdade, e como cada faculdade corresponde a uma certa necessidade. Entre as faculdades, de que o homem é dotado, distinguem-se o instinto, a sensibilidade, a inteligência" (págs. 6-7). (...) "É neste encadeamento de causas e efeitos, é nesta correlação íntima e necessária entre os fins e os meios da existência, é nesta Lei da Natureza que se fundam os Direitos imprescritíveis do homem" (págs. 6-9). (...) "A ideia do Direito

---

[14] ANTÓNIO LUIZ DE SEABRA, *A Propriedade. Philosophia do Direito para servir de introdução ao Comentário sobre a Lei dos Foraes*, Imprensa da Universidade, Coimbra, 1850.

[15] Segundo o artigo 1302.º do Código Civil, só as coisas corpóreas podem ser objecto do direito de propriedade.

compreende pois três elementos distintos: – o indivíduo, como existência necessária e inteligente; – os meios apropriados para cumprir o seu destino; – e a vida de relação do homem com os demais entes da sua espécie" (pág. 9). (...) "Como seu poder orgânico inteligente, o seu (do indivíduo) primeiro Direito é sem dúvida o de dispor livremente dos meios de acção, ou das faculdades, de que é dotado. Estes meios de acção, ou estas faculdades, são pois a sua primeira propriedade: e esta é a razão, porque o homem designa indistintamente, na sua linguagem ordinária, os atributos inerentes a cada ser pelas palavras *faculdades* ou *propriedades*, como se fossem sinónimas" (págs. 9-10).

Prossegue: "Desde o momento, em que o homem reconhece que existe, que pode gozar, sofrer e actuar; que os seus órgãos, que ele move só pelo efeito de sua vontade, que todas as suas faculdades enfim nascem e acabam com ele; que nenhuma outra pessoa moral pode dispor dos mesmos instrumentos, nem ser impressionada do mesmo modo pelos seus efeitos; necessariamente deve sentir, que o corpo, que ele anima, lhe pertence exclusivamente" (pág. 10).

E conclui: "As ideias pois do *meu* e do *teu* são um corolário necessário da percepção da nossa existência, pela simples razão de que somos susceptíveis de sentimento, de acção e de percepção; e se concebemos a ideia de Propriedade, é porque a Natureza nos dotou de uma propriedade inevitável, – a da nossa própria pessoa" (pág. 10).

Depois explicita e desenvolve o seu ponto de partida:

"Ora, se a personalidade é uma propriedade coeva com a existência do indivíduo, que sente e conhece, que existe como ente distinto e separado dos outros entes, é forçoso concluir, que esta propriedade, a primeira de todas, e a que todas as outras vêm prender-se estreitamente, não só é uma consequência da razão geral da criação, – a conexão necessária dos fins e meios, – mas o facto natural e primordial, que serve de base a qualquer outra espécie de propriedade, em suma, a todos os direitos do homem" (pág. 10).

"É forçoso pois, que o homem se pertença a si mesmo, que possa dispor livremente das faculdades, de que o dotou a Natureza. Considerado como um ente moral, distinto do corpo, que anima, e cujos órgãos só ele pode pôr em acção, esse corpo, esses órgãos constituem necessariamente a sua primeira propriedade. Assim dizemos *o meu corpo, a minha cabeça, o meu coração, os meus braços*, etc.; e a ideia dessa propriedade é tão clara ao nosso espírito, absorve por tal arte todo o nosso ser, que nada sobre a terra pode interessar-nos, se de algum modo se não liga com ela. Esta propriedade recebeu em todas as línguas uma denominação especial;

– chamou-se liberdade; – palavra mágica, potência irresistível; que é o primeiro sentimento do homem selvagem, e o sumo bem do homem civilizado" (pág. 11).

"Mas desta primeira Propriedade, deste primeiro Direito, nasce um segundo Direito, não menos importante, pois que sem ele o primeiro seria quase totalmente anulado" (pág. 12). (...) "Ora, se a vida do homem depende não só do livre exercício de suas faculdades, mas de certos meios, que ele pode apropriar-se pela acção e ministério dessas mesmas faculdades, é forçoso concluir, que tem um Direito inauferível à aquisição desses meios, que, uma vez adquiridos, se tornam para ele uma segunda Propriedade, não menos importante, não menos inviolável que a primeira. A diferença consiste em que a primeira Propriedade nasce com o indivíduo, e não depende de acto algum seu. O sujeito e o objecto, proprietário e propriedade se confundem no mesmo Direito, na mesma pessoa: o que não sucede na segunda, que só pode existir pelo facto do indivíduo, que a assume e une a si" (págs. 12-13).

A referência à propriedade, a propósito da personalidade deve ser entendida no contexto do pensamento do Autor. Propriedade significa o que é próprio, qualidade ou faculdade própria de todos e cada um dos indivíduos. Há duas espécies de propriedade: a propriedade pessoal que corresponde à personalidade, e a propriedade patrimonial que tem o sentido de patrimónío. A mais importante é a propriedade pessoal – a personalidade – e dela decorre a patrimonial.

É muito rica de ensinamento esta passagem de SEABRA. Ela permite melhor compreender como podem os direitos de personalidade ser entendidos como propriedade do Homem. A propriedade não tem de ser exclusivamente referida a coisas corpóreas, como faz o actual Código Civil no seu artigo 1302.º (Só as coisas corpóreas, móveis ou imóveis, podem ser objecto do direito de propriedade regulado neste Código). Embora a própria letra do artigo 1302.º do Código Civil contenha a referência limitativa "regulado neste Código", existe muito generalizada a tendência para restringir o conceito de propriedade a coisas, a coisas corpóreas, principalmente a bens materiais, excluindo do seu âmbito outras realidades, como por exemplo os sinais distintivos do comércio, como, entre outros, as marcas, os bens de propriedade industrial, como as invenções, as patentes, os modelos de utilidades, etc., e as obras literárias e científicas. Entendida como o faz SEABRA, a propriedade alcança todo o seu sentido e conteúdo natural, como tudo aquilo que é próprio de alguém, seja material seja imaterial ou espiritual. Deixam, assim, de causar estranheza a propriedade intelectual e a propriedade industrial, e mesmo a concepção da personalidade e dos respectivos bens, como propriedade do seu titular, isto é, como algo que lhe é próprio. O sentido da propriedade aproxima-se também, como ressalta do texto de SEABRA, da ideia de qualidade própria e distintiva, o que não deixa de ser apropriado à personalidade e à dignidade da pessoa humana, como características distintivas da Pessoa em relação a tudo o mais.

É neste quadro que deve ser apreciada a construção dos direitos de personalidade que SEABRA imprime no articulado no seu *Projecto do Código Civil*[16].

Nos artigos 382.º a 390.º, do *Projecto do Código Civil*[17], SEABRA define como direitos originários, "os que o homem recebe da natureza, e que a lei civil reconhece e protege como fonte e origem de todos os *outros*". Enumera-os, em seguida: o direito de existência, o direito de liberdade e o direito de apropriação. O direito de existência, segundo o

---

[16] ANTÓNIO LUIZ DE SEABRA, *Codigo Civil Portuguez – Projecto*, Imprensa da Universidade, Coimbra, 1859.

[17] *Artigo 382.º* Dizem-se direitos originários os que o homem recebe da natureza, e que a lei reconhece e protege como fonte de todos os outros. – Estes direitos são:
 1.º O direito de existência;
 2.º O direito de liberdade;
 3.º O direito de apropriação.

Artigo 383.º O direito de existência não só compreende a vida e integridade física do homem, mas também a sua reputação e bom nome, em que consiste a sua vida moral.

Artigo 384.º O direito de liberdade consiste no livre exercício das faculdades físicas e intelectuais; e compreende o pensamento, a expressão e a acção.

Artigo 385.º O pensamento do homem é inviolável. – O homem só é responsável a Deus pelas suas cogitações.

Artigo 386.º O direito de expressão é livre como o pensamento; mas o que dele abusar em prejuízo da sociedade ou de outrem, é responsável segundo o disposto nas leis.

Artigo 387.º O direito de acção consiste no direito de praticar livremente todos os actos não proibidos pela lei.

Artigo 388.º O direito de apropriação consiste na faculdade de adquirir e gozar livremente dos direitos e cousas adquiridas. Este direito, considerado objectivamente, é o que se chama direito de propriedade.

Artigo 389.º Os direitos mencionados nos artigos precedentes, salvo o disposto no artigo 385.º, só podem ser limitados por lei formal e expressa. As suas violações importam a obrigação de reparação da ofensa, e serão punidas como delitos, segundo o disposto na Lei Penal.

Artigo 390.º Os agredidos poderão repelir a ofensa, no acto, em que for praticada, segundo o disposto no tit. 2.º, parte 4.ª.

artigo 383.º, "não só compreende a vida e a integridade física do homem, mas também a sua reputação e bom nome, em que consiste a sua vida moral". O direito de liberdade, conforme o artigo 384.º "consiste no livre exercício das faculdades físicas e intelectuais; e compreende o pensamento, a expressão e a acção". O direito de apropriação, estatui o artigo 388.º, "consiste na faculdade de adquirir e gozar livremente dos direitos ou coisas adquiridas" (...) "considerado objectivamente, é o que se chama direito de propriedade".

Ao passar do projecto para o Código Civil[18], a definição de direitos originários modifica-se e a respectiva lista alarga-se. No artigo 359.º, correspondente ao artigo 382.º do Projecto, os direitos originários são

---

[18] *Artigo 359.º* Dizem-se direitos originários os que resultam da própria natureza do homem, e que a lei civil reconhece, e protege como fonte e origem de todos os outros. Estes direitos são:
1.º O direito de existência;
2.º O direito de liberdade;
3.º O direito de associação;
4.º O direito de apropriação;
5.º O direito de defesa.
Artigo 360.º O direito à existência não só compreende a vida e integridade pessoal do homem, mas também o seu bom nome e reputação, em que consiste a sua dignidade moral.
Artigo 361.º O direito de liberdade consiste no livre exercício das faculdades físicas e intelectuais, e compreende o pensamento, a expressão e a acção.
Artigo 362.º O pensamento do homem é inviolável.
Artigo 363.º O direito de expressão é livre, como o pensamento; mas o que dele abusar, em prejuízo da sociedade ou de outrem, será responsável na conformidade das leis.
Artigo 364.º O direito de acção consiste na faculdade de praticar livremente quaisquer actos; mas o que dele abusar, atentando contra os direitos de outrem ou da sociedade, será responsável, nos termos das leis.
Artigo 365.º O direito de associação consiste na faculdade de pôr em comum os meios ou esforços individuais, para qualquer fim, que não prejudique os direitos de outrem ou da sociedade.
Artigo 366.º O direito de apropriação consiste na faculdade de adquirir tudo o que for conducente à conservação da existência e ao melhoramento da própria condição. Este direito, considerado objectivamente, é o que se chama direito de propriedade.
§ único. O direito civil só reconhece a apropriação, quando é feita por título ou modo legítimo.
Artigo 367.º O direito de defesa consiste na faculdade de obstar à violação dos direitos naturais ou adquiridos.
Artigo 368.º Os direitos originários são inalienáveis, e só podem ser limitados por lei formal e expressa. A violação deles produz a obrigação de reparar a ofensa.

definidos como "os que os que resultam da própria natureza do homem, e que a lei reconhece, e protege como fonte e origem de todos os outros". A mudança não é neutra: os direitos originários deixam de ser recebidos pelo homem da natureza e passam a ser da própria natureza do homem, deixam de lhe ser exteriores, transcendentes, e passam a ser-lhe imanentes, inerentes ao seu próprio ser. Também a listagem de direitos originários se alarga com mais dois: o direito de associação, que agora surge em terceiro lugar, entre o direito de liberdade e o direito de apropriação, e o direito de defesa, em quinto lugar.

6. Entre o primeiro e o segundo Código Civil

Já no século XX, GUILHERME MOREIRA[19] desvia-se da concepção jusnaturalista de SEABRA. O direito de personalidade deixa de ser inerente à natureza humana e passa a ser uma "resultante da ordem jurídica", embora reconheça que o legislador não pode "arbitrariamente criar sujeitos de direito" (pág. 159).

Na concepção do Autor, os direitos "que o Código Civil chama *originários*, que outros designam pela palavra *naturais*, e a que talvez mais propriamente se tem chamado *direitos de pessoa*, significando-se por estas palavras o complexo de poderes que, constituindo a personalidade, são garantidos por lei". "Representando os direitos subjectivos um poder tutelado pela lei, sendo por esta que o poder natural se torna jurídico, vê-se que as palavras *originários* e *naturais* são impróprias para designar qualquer categoria de direitos, e que os chamados direitos originários ou naturais não são mais do que o reconhecimento do direito de personalidade. Esta, em relação aos seres dotados de razão, nos quais a vontade real existe na própria pessoa, é uma personalidade *natural*. Para que essa personalidade se torne jurídica, é necessário que a lei como tal a reconheça e proteja, atribuindo-lhe um complexo de direitos, que representam garantias dessa personalidade" (págs. 159-160).

Afasta-se assim do jusracionalismo racionalista iluminista, que funda o Direito na Natureza, mas também do positivismo jacobino que subordina o Direito ao Legislador[20]. Os direitos de personalidade não são originários

---

[19] GUILHERME MOREIRA, *Instituições do Direito Civil Português*, I, Parte Geral, Universidade de Coimbra, Coimbra, 1907, págs. 153 e segs..

[20] Para melhor explicitar a sua concepção, esclarece que "assim como a ordem jurídica não representa uma criação do legislador, mas traduz o conceito que ele forma

nem inerentes à natureza humana, são reconhecidos ao homem pela ordem jurídica. A personalidade, no que respeita aos indivíduos, existe na própria pessoa, é natural, mas só ganha relevância jurídica quando é reconhecida pela ordem jurídica.

"É assim que, pela atribuição do direito de personalidade, o homem ficará com as condições necessárias para realizar por meio de factos jurídicos quaisquer interesses que não sejam proibidos pelo direito e, portanto: com o direito de *existência* ou de integridade física e moral (artt. 359.º n.º 1 e 360.º); com o direito de *liberdade*, ou de livre exercício das suas faculdades físicas e intelectuais, podendo manifestar o seu pensamento e praticar quaisquer factos dentro dos limites determinados pelas leis (artt. 359.º n.º 2 e 361.º-364.º); com o direito de *associação*, ou faculdade de pôr em comum os meios ou esforços individuais para qualquer fim que não prejudique os direitos de outrem ou da sociedade (artt. 359.º n.º 3 e 365.º); com o direito de *apropriação* ou de adquirir, por título legítimo, tudo o que for conducente à conservação da sua existência e à manutenção e melhoramento da própria condição (artt. 361.º n.º 4 e 366.º) e com o direito de *defesa*, ou faculdade de obstar à violação dos seus direitos subjectivos (artt. 359.º n.º 5 e 367.º). Sendo por estes direitos que o homem constitui uma personalidade jurídica, e sendo esta de ordem pública, segue-se que os direitos, de que acabamos de falar, são inalienáveis, porque constituem garantias da própria personalidade, não podendo assim, o homem, no todo ou em parte, renunciar a esses direitos, o que equivaleria a renunciar ao seu direito de personalidade, que só por lei pode ser limitado (art. 368.º)" (págs. 160-161).

José Tavares[21] trata dos direitos de personalidade a propósito dos direitos originários. Glosa sem originalidade os preceitos do Código de Seabra, mas manifesta a sua discordância quanto à categoria dos direitos originais, que considera "hoje completamente abandonada pela ciência jurídica, porque a verdade é que não há direitos originários; todos são adquiridos, porque resultam de facto e vontade dos homens". "Os chamados direitos originários" prossegue o Autor "não são uma simples resultante

---

acerca do modo por que devem coordenar-se os interesses sociais, também a personalidade jurídica não representa propriamente uma criação do legislador, mas a declaração das entidades a quem, em harmonia com as condições reais de existência num determinado meio, esse direito deve ser atribuído". Assim se afasta de uma construção jacobina, que não é a sua, de subordinação da ordem jurídica ao legislador(*loc. cit.*).

[21] José Tavares, *Os Princípios Fundamentais do Direito Civil*, I, Coimbra Editora, Coimbra, 1922, págs. 257 e segs..

da natureza humana, mas sim do facto da constituição e vida da sociedade. E tanto assim é que nem sempre foram reconhecidos e garantidos (*escravatura*)". E conclui: "Neste ponto a escola histórica venceu de vez a escola do direito natural" (pág. 258). Se já era clara em GUILHERME MOREIRA, a mudança de inspiração e de método, agora, é mesmo expressa.

Não obstante, o Autor não deixa de reconhecer: "Há princípios fundamentais de justiça que foram, são e serão sempre reclamados pela consciência jurídica universal. São os princípios que constituem a essência da personalidade e da dignidade humana, e que devem impor-se sempre à consideração e respeito do legislador da lei positiva. São enfim os princípios do direito natural científico, que importa opor e impor sempre às pretensões autoritárias e absorventes dos detentores do poder político. Interpretada neste sentido, a doutrina do nosso código civil, que é ainda hoje um dos monumentos mais grandiosos da legislação moderna, ela é aceitável" (pág. 259).

Ao tratar dos direitos sobre a própria pessoa, volta ao tema dos direitos da personalidade, para criticar e manifestar discordância quanto à construção do *jus in se ipsum*[22]. Partindo da construção de WINDSCHEID, que resume, conclui: "Exposta a teoria dos direitos sobre a própria pessoa, é fácil verificar que ela não resiste ao exame dum critério jurídico positivo". Opõe-lhe dois argumentos de princípio: "em primeiro lugar, nem as forças físicas, nem as psíquicas ou intelectuais, como concretizações da multiforme actividade humana, podem destacar-se do homem de quem promanam, e representar-se como entidades autónomas ou partes separadas da pessoa, a qual constitui um todo orgânico insusceptível de ser decomposto nas funções e nos elementos que o compõem; em segundo lugar, pretender-se que a própria pessoa seja objecto dum direito subjectivo é ir de encontro à dificuldade invencível de dar simultaneamente à pessoa duas funções contraditórias e inconciliáveis, isto é, ser ao mesmo tempo sujeito e objecto dum mesmo direito". A estes argumentos, que considera gerais e abstractos, acrescenta ainda outros argumentos, em particular e concreto: mesmo quando referido ao próprio corpo, o direito sobre si próprio é inadmissível por que "teria como necessária consequência o direito de suicídio, de venda da própria pessoa, de provocar ou consentir o aborto, de prostituição, e em geral, de dispor por qualquer modo do próprio corpo ou da própria liberdade, como de cousa que nos pertence"; (...)

---

[22] JOSÉ TAVARES, *Os Princípios Fundamentais do Direito Civil*, I, cit., págs. 270 e segs..

"relativamente ao cadáver, os próprios defensores da teoria reconhecem que se trata de cousa insusceptível de comércio, de que portanto não pode dispor o próprio sujeito nem a sua família". "Fica, pois, reduzido o direito sobre o próprio corpo às partes dele destacadas, o que na verdade não é um direito sobre a pessoa, mas simplesmente um direito sobre uma cousa pela pessoa produzida" (págs. 274-275). Finalmente os direitos de personalidade "sobre o seu elemento imaterial ou intelectual" são "direitos de defesa das suas qualidades essenciais ou atributos, ou das produções das suas faculdades, mas não de direitos sobre a própria pessoa" (pág. 275). Mesmo o direito à imagem "não é garantido por qualquer acção judiciária, a não ser como um meio de defesa contra os atentados ao direito à honra ou à dignidade da pessoa" (pág. 276).

Cunha Gonçalves[23], trata do "direito de personalidade" a propósito do objecto do direito subjectivo, mais concretamente dos "direitos sobre a própria pessoa" ou dos "jura in se ipsum".

Contesta que se trate verdadeiramente de um direito que tenha por objecto a pessoa do seu titular; é antes, em sua opinião, "o direito de cada um a ser reconhecido e tratado como pessoa".

Porém, quanto à existência de direitos que tenham como objecto "uma ou mais partes constitutivas ou os elementos da personalidade, as posições concretas que esta assume", como por exemplo "o direito sobre o próprio corpo, o direito à vida, à honra, ao nome, à posição social, etc", admite que "exceptuados os actos que a lei proíbe", (...) "o homem tem o direito de dispor de si como melhor entender, exercendo livremente a sua actividade para a realização dos seus fins", sendo inegável que "o homem pode exercer direito sobre a sua própria pessoa" que são "direitos sobre o seu próprio corpo". Trata-se de casos em que licitamente, o homem pratica actos da sua vida quotidiana, como "cortar o cabelo e as unhas, fazer a barba, fumar, medicar-se ou sujeitar-se a operações cirúrgicas" ou actos extraordinários, "tais como: ceder o sangue para uma transfusão, a fim de salvar um doente; atirar-se à água ou no meio das chamas para salvar uma vida alheia; sujeitar-se à experiência de novas terapêuticas, ou legar o cadáver ao teatro anatómico, ou uma das vísceras a uma cidade, como fez D. Pedro IV; alistar-se voluntariamente para uma guerra, mesmo em país estrangeiro; contratar-se para arriscados serviços desportivos nos circos ou nas barracas de saltimbancos, sujeitando-se a perigosas provas

---

[23] Cunha Gonçalves, *Tratado de Direito Civil*, I, Coimbra Editora, Coimbra, 1929, págs. 301 e segs..

como *fakir*, jejuador ou atleta". "De igual modo" acrescenta, "quem se constitui em refém em tempo de guerra, ou cede o seu nome para fins mercantis ou literários, etc., exerce direitos sobre parcelas da sua pessoa ou sobre manifestações da sua personalidade". E conclui: "se o homem pode dispor do corpo inteiro, com maior razão pode dispor de parcelas dele, que por sua vontade separou, (...) e bem assim dar destino ao seu cadáver". Como direito à própria pessoa, qualifica ainda o *"direito à própria imagem*: retrato fotográfico ou pintado", que não é propriamente um "direito sobre a pessoa, mas pode estar incluído no direito à honra e ao respeito, ou no direito de propriedade".

A propósito da aquisição dos direitos, mais concretamente dos direitos originários, em comentário aos artigos 359.º e seguintes do Código Civil de 1867, regressa ao tema dos direitos de personalidade[24]: "os direitos originários são o conjunto das condições de que dependem o respeito, a conservação e o desenvolvimento da personalidade em todas as suas manifestações. Por isso é que eles são designados modernamente (...) por *direitos da personalidade*". Para o Autor, os direitos de personalidade são absolutos, inalienáveis, irrenunciáveis e imprescritíveis, embora possam ser limitados por lei expressa.

Seguindo de perto a letra da lei, classifica os direitos de personalidade em seis categorias: o "direito de existência física", que comporta o "direito à vida e integridade pessoal", cujo lado activo compreende o "direito de subsistência", o "direito aos alimentos" e o "direito à assistência" e, cujo lado negativo se traduz no "dever de ninguém atentar *ilicitamente* contra a duração daquela ou a manutenção desta"; o "direito de existência moral", que consiste no "direito à honra"; o "direito de liberdade"; o "direito de associação"; o "direito de apropriação" e o "direito de defesa".

CABRAL DE MONCADA[25] não aceita que os chamados direitos de personalidade sejam direitos subjectivos. Opõe a tal qualificação o argumentário que já tinha sido invocado por JOSÉ TAVARES e que cita. A personalidade jurídica, para o Autor, é "a *susceptibilidade de direitos e obrigações*, que só ao homem pertence". (...) "esta capacidade ou personalidade (...) é atribuída a todos os homens pelo facto de serem homens, não é, porém (...) um direito em si mesmo. É uma qualidade, uma posição fundamental do homem perante a «ordem jurídica» que ela expressamente

---

[24] CUNHA GONÇALVES, *Tratado de Direito Civil*, III, cit., págs. 8 e segs..
[25] CABRAL DE MONCADA, *Lições de Direito Civil*, Parte Geral, I, 1931-1932, Atlântida, Coimbra, 1932, págs. 61 e 252.

reconhece" (pág. 252). "Não é propriamente um *direito subjectivo*, como os outros, mas uma *qualidade, condição* ou *posição* fundamental do homem perante a ordem jurídica, para ele poder adquirir direitos subjectivos" (pág. 61). A construção de MONCADA é francamente objectivista.

MANUEL DE ANDRADE, não autonomiza o tema dos direitos de personalidade. Não deixa, porém de se aproximar desta matéria ao tratar da personalidade jurídica e dos "jura in se ipsum".

A sua concepção de personalidade jurídica é formal, coincidindo com a de capacidade jurídica. Considera-as sinónimas: "A capacidade jurídica, enquanto capacidade de gozo de direitos, ou simplesmente de direitos (*Rechtsfähigkeit*), como se costuma dizer lá fora, é inerente à personalidade jurídica. São mesmo conceitos idênticos (cfr. art. 1.º do Cód. Civ.)". Define-a como a "idoneidade não só para exercitar direitos ou cumprir obrigações como também para os adquirir ou assumir, e para fazer tudo isto pessoalmente, por acto próprio e exclusivo da pessoa visada, sem haver lugar à intervenção dum *representante legal* (designado por outro modo que não pelo próprio representado) ou ser necessário o consentimento de outra pessoa (também não designada por aquela)" (...) ou a "aptidão de um sujeito jurídico para produzir efeitos de direitos por *mera actuação pessoal*; para exercitar *actividade jurídica própria*; para praticar, em suma, por si próprio ou através dum representante voluntário, *actos jurídicos* (actos produtivos de efeitos jurídicos) – que aliás tanto podem ser lícitos como ilícitos, Daí o ser costume agora, noutros países, chamar-lhe a *capacidade de agir* (juridicamente) ou capacidade de acções (*Handlungsfähigkeit*) – capacidade para realizar ou concluir actos jurídicos"[26].

A personalidade jurídica, para o Autor, é a qualidade de sujeito de direito[27].

Na linha de SAVIGNY, recusa a possibilidade de haver direitos sobre a própria pessoa. A este propósito refere os direitos de personalidade, sem todavia nomear a categoria, num trecho que releva o pouco interesse que a matéria lhe suscitou: "Outra será a questão de saber se realmente o nosso sistema jurídico ou, em geral, as legislações modernas admitem

---

[26] MANUEL DE ANDRADE, *Teoria Geral da Relação Jurídica*, 3.ª reimpressão, I, Almedina, Coimbra, 1972, págs. 30-31.

[27] A identificação da personalidade com a capacidade jurídica é criticada por GOMES DA SILVA, *Esboço de uma Concepção Personalista do Direito*, Separata do vol. XVII da Revista da Faculdade de Direito da Universidade de Lisboa, Lisboa, 1965, pág. 101.

qualquer verdadeiro direito subjectivo tendo por objecto a própria pessoa do seu titular. Não falta quem se pronuncie pela afirmativa, sustentando que existem, e estão neste caso certos direitos, como sejam o direito à inviolabilidade corporal, o direito à liberdade pessoal, o direito à honra, e porventura algum outro ainda. Outros admitem e qualificam por esta forma um direito único geral, abarcando a conservação, a incolumidade e a actuação da individualidade em todas as direcções ou irradiações que ela comporta, salvos certos limites legais. Quanto a averiguar se alguma destas posições é rigorosamente exacta é ponto que, revestindo uma importância mais teórica do que prática, pode ser omitido aqui sem grande inconveniente". Apenas em notas de pé-de-página vem a definir o direito à inviolabilidade corporal como o "poder de pretender e exigir que os outros não desrespeitem a nossa integridade física, mesmo que procedam até com intenção benéfica" (nota 1), e transcreve de FERRARA a definição da noção de honra, onde inclui, como "uma das manifestações mais recentes" o direito à imagem[28].

No anteprojecto relativo aos direitos de personalidade[29], ao redigir o n.º 1 do artigo 1.º, ANDRADE fez uma transposição quase literal do § 1 do BGB (*Die Rechtsfähigkeit des Menschen beginnt mit der Vollendung der Geburt*), com o texto: "*A personalidade jurídica adquire-se pelo nascimento completo e com vida*". Foi esta a origem do n.º 1 do artigo 66.º do Código Civil: "*A personalidade adquire-se no momento do nascimento completo e com vida*". Com esta transposição, foi introduzida no Código Civil e, consequentemente, no Direito Civil português a ambiguidade que o conceito de *Rechtsfähigkeit* assume do § 1 do BGB, entre a personalidade jurídica propriamente dita e a capacidade jurídica[30]. Porém, nos seguintes artigos 2.º e 3.º do seu anteprojecto, o Autor não deixou de referir especificamente a capacidade de gozo (*capacidade de direitos*) e a capacidade de exercício (*capacidade para actos jurídicos*). Na versão final do Código Civil, o artigo 2.º do anteprojecto deu lugar ao artigo 67.º com a epígrafe – *Capacidade jurídica* – e o texto: "As pessoas podem ser sujeitos de quaisquer relações jurídicas, salvo disposição legal em

---

[28] MANUEL DE ANDRADE, *Teoria Geral da Relação Jurídica*, I, cit., págs. 193-195.

[29] MANUEL DE ANDRADE, *Esboço de um Anteprojecto de Código das Pessoas e da Família, na Parte Relativa ao Começo e Termo da Personalidade Jurídica, aos Direitos da Personalidade, ao Domicílio*, BMJ 102, pág. 153.

[30] AGNES HILLMER, *Patientenstatus und Rechtsstatus von Frau und Fötus im Entwicklungsprozeâ der Pränatalmedizin*, Peter Lang, Frankfurt am Main, 2004, págs. 131 e segs..

contrário, nisto consiste a sua capacidade jurídica". O artigo 3.º do anteprojecto veio a ser omitida na versão definitiva do Código.

ANDRADE, como praticamente todos os civilistas portugueses, traduziu *Rechtsfähigkeit* por personalidade. Se o tivesse traduzido por capacidade – como talvez tivesse sido mais adequado – deixaria de haver, hoje, um problema jurídico relativo à personalidade pré-natal. A identificação entre personalidade jurídica e capacidade de gozo explicaria esta tradução. Mas a distinção claramente feita, nos artigos 1.º, 2.º e 3.º do anteprojecto, entre personalidade, capacidade de gozo e capacidade de exercício sugere fortemente que o Autor teria querido fixar no nascimento não apenas o início da capacidade, mas sim o da própria personalidade. A intencionalidade do Autor do anteprojecto não tem, todavia, valor quanto ao sentido da lei. Este terá de ser fixado em função do regime legal e da natureza das coisas.

Mais concretamente sobre os direitos de personalidade, o anteprojecto a que nos vimos referindo, contém os artigos 6.º a 16.º[31].

---

[31] *Capítulo II – Direitos de Personalidade*
Artigo 6.º (Tutela geral da personalidade)
§ 1.º – A lei protege os indivíduos contra qualquer ofensa ilícita à sua personalidade. Esta norma abrange as ofensas simplesmente receadas, se o receio for bastante sério para legitimar a necessidade de tutela jurídica.
§ 2.º – A parte directamente interessada pode exigir, independentemente de culpa, a eliminação do acto ofensivo. Pode exigir também, quando for caso disso, que a outra parte seja condenada a abster-se de renovar a ofensa ou de a consumar, sob a cominação de sofrer uma pena se, culpadamente, desacatar a sentença.
§ 3.º – Estas acções não prejudicam a responsabilidade civil a que possa haver lugar. A título de reparação do dano moral causado pode o juiz condenar o responsável numa soma pecuniária, ainda que de valor insignificante, ou estatuir outras determinações que se revelem apropriadas às circunstâncias do caso.
§ 4.º – Se a ofensa se referir directamente a uma pessoa já falecida, serão as partes legítimas para as acções previstas nos parágrafos anteriores os herdeiros imediatos, o cônjuge sobrevivo, os descendentes até terceiro grau, os ascendentes, os irmãos e seus descendentes até ao segundo grau, e os irmãos de ascendentes.
§ 5.º – Se a ilicitude da ofensa depender do consentimento dos interessados, será aplicável o disposto no artigo 13.º, § 2.º. Havendo desacordo entre as pessoas chamadas a prestar o seu consentimento, resolverão os tribunais com audiência do Ministério Público. Só essas pessoas terão legitimidade para os efeitos do § 4.º.
Artigo 7.º (Direito ao nome)
§ 1.º – Toda a pessoa tem direito a usar sem estorvo o seu nome completo ou abreviado.
§ 2.º – Se nisso tiver algum interesse atendível, pode também opor-se a que o seu nome seja usado ilicitamente por outrem, no todo ou em parte, para sua identificação ou para outras finalidades.

Artigo 8.º (Particularidades próprias das acções relativas à defesa do direito ao nome)

§ 1.º – As acções fundadas no artigo precedente podem ser exercidas por quem, não sendo portador do nome contestado ou indevidamente usado, tenha interesse em defendê-lo, a título de herdeiro, de cônjuge, ou de parente nos termos do § 4.º do artigo 6.º.

§ 2.º – Nas mesmas acções pode o juiz, sendo caso disso, ordenar a rectificação de assentos do registo civil.

Artigo 9.º (Restrições impostas ao uso do nome a que se tenha direito)

§ 1.º – O titular do nome não pode usá-lo, especialmente no exercício de uma actividade profissional, em termos de causar injusto prejuízo para interesses já criados a favor de outra pessoa que tenha direito a um nome total ou parcialmente idêntico.

§ 2.º – Em casos destes o juiz providenciará como for necessário e justo para reduzir o prejuízo a limites aceitáveis.

Artigo 10.º (Tutela do pseudónimo ou da alcunha)

O pseudónimo será equiparado ao nome, até onde for razoável, quando tenha adquirido notoriedade que assim o justifique. De modo análogo será tratada a alcunha quando dela faça uso a pessoa a quem foi atribuída.

Artigo 11.º (Dever de sigilo sobre o conteúdo das cartas missivas)

§ 1.º – O destinatário de uma carta missiva de natureza confidencial deve guardar reserva sobre o conteúdo da carta. Esse dever, cuja extensão deve ser apreciada conforme as circunstâncias do caso e das pessoas, pode impor ao destinatário a necessidade de não tirar partido dos elementos de informação que a carta tenha levado ao seu conhecimento.

§ 2.º – O autor da carta pode também estar obrigado a guardar reserva sobre o seu conteúdo.

§ 3.º – O destinatário de uma carta não confidencial deve usar dela em termos não contrários às legítimas expectativas do seu autor.

Artigo 12.º (Possíveis consequências da morte do destinatário das cartas missivas)

Falecido o destinatário de uma carta missiva confidencial, pode a sua restituição ser ordenada pelos tribunais, a requerimento do autor da carta ou dos seus herdeiros e representantes. Pode também ser ordenada a destruição da carta, o seu depósito em mão de pessoa idónea, ou qualquer outra providência apropriada.

Artigo 13.º (Publicação de cartas missivas)

§ 1.º – A publicação de cartas missivas, como tais, quando de natureza confidencial, exige o consentimento do seu autor e do destinatário ou o respectivo suprimento judicial; mas o consentimento do autor não pode ser suprido quando se trate de utilizar as cartas como documento literário, histórico ou biográfico.

§ 2.º – Depois da morte do autor ou do destinatário, cada um deles, se não tiver determinado outra coisa por escrito, será representado para este efeito pelos seus herdeiros imediatos e pelas pessoas da sua família. A vocação das pessoas da família terá lugar de acordo com a seguinte escala de precedência:

1.º – O cônjuge sobrevivo e os filhos;

Com GOMES DA SILVA dá-se uma viragem muito importante na doutrina privatista portuguesa. Na matéria que nos ocupa, do direito de personalidade, a inovação é radical e não pode deixar de ser assinalada com o relevo que merece.

Logo em *O Dever de Prestar e o Dever de Indemnizar*[32], a propósito da licitude como característica dos direitos subjectivos, alude à construção negativista de MONCADA, naquilo em que, adoptando a crítica de SAVIGNY, acusa a admissão da existência de direitos de personalidade de ter de admitir a objectivação do sujeito, mas, mais do que isso, de ter consequências imorais e anti-sociais, pois forçaria à admissão, pelo menos em princípio, de um direito ao suicídio, à escravidão e ao aborto.

2.º – Os pais;
3.º – Os irmãos;
4.º – Os outros ascendentes e descendentes mais próximos, nos termos do § 4.º do art. 6.º.
§ 3.º – Quando não tenha sido previamente autorizada a publicação, os tribunais devem apreciar se no caso deveria ser suprido o necessário consentimento, tomando na devida conta o resultado dessa apreciação.
§ 4.º – O disposto nos §§ 1.º e 2.º será extensivo, com as necessárias adaptações às memórias familiares e pessoais e a outros escritos que tenham carácter confidencial ou se refiram à intimidade da vida privada.
Artigo 14.º (Direito à imagem)
§ 1.º – O retrato de uma pessoa não pode ser exposto, reproduzido ou lançado no comércio sem o seu consentimento, fora dos casos previstos nos §§ 2.º e 3.º. Depois da morte da pessoa retratada aplica-se a disposição do § 2.º do artigo precedente.
§ 2.º – Não é necessário o consentimento da pessoa retratada, quando assim o justifiquem a sua notoriedade, o cargo que desempenhe, exigências de polícia ou de justiça, finalidades científicas, didácticas ou culturais, ou quando a reprodução da imagem venha enquadrada na de lugares públicos ou de factos, acontecimentos ou cerimónias de interesse público, ou que decorram em público.
§ 3.º – O retrato, contudo, não pode ser reproduzido, exposto ou lançado em comércio se daí resultar prejuízo para a honra, para a reputação ou para o simples decoro da pessoa retratada.
Artigo 15.º (Direito à reserva sobre a intimidade da vida privada)
Todos devem guardar reserva quanto à intimidade da vida particular de outrem. A extensão desse dever será apreciada conforme as circunstâncias do caso e das pessoas.
Artigo 16.º
Toda a limitação voluntária imposta ao exercício dos direitos da personalidade é nula quando contrária à ordem pública. Pode também ser apenas revogável, ainda que com a obrigação de ressarcimento pelo dano de confiança.

[32] GOMES DA SILVA, *O Dever de Prestar e o Dever de Indemnizar*, Lisboa, 1944, págs. 34 e segs..

Responde à primeira objecção com a afirmação, correcta, de que não se lhe afigura incontroverso que "seja essencial existir um poder para haver direito subjectivo" e, além disto, lhe não parece indispensável, para haver poder, que exista "algum objecto sobre que ele se exerça". Na sua construção, o poder consiste "em estar o indivíduo em condições físicas ou jurídicas que lhe permitam atingir determinado fim com certa actividade, isto é, possuir meios para alcançar esse fim". E explica: "ora, há fins que se atingem por simples actos humanos, sem necessidade de estes utilizarem qualquer coisa diferente da própria energia que os constitui. A noção de poder não pressupõe por isso a existência dum objecto, o qual pode constituir, mas não é o único, nem, por isso, essencial em todos os casos" (pág. 34).

À segunda objecção responde que os poderes que integrem o direito subjectivo estão submetidos à ideia de fim e não podem ser exercidos contra ou fora dos fins que os orientam, e que lhe constituem "simultaneamente a sua razão de ser e o seu limite". Não podem, pois, jamais, os poderes integrantes dos direitos subjectivos de personalidade ser exercidos ou utilizados de modo a permitir ou provocar a submissão do seu titular à escravidão, nem a licitude do suicídio ou do aborto, porque tal colide com o fim de defesa da dignidade humana que constitui o seu fundamento e limite (pág. 35).

Ficam deste modo refutados os argumentos que vinham já de SAVIGNY e que muito impressionavam os juristas de que a admissão de direitos subjectivos de personalidade, implicaria a colocação da pessoa na posição simultânea, incompatível, de sujeito e objecto do direito – "jus in se ipsum" – e que permitiria resultados axiologicamente inadmissíveis como a licitude da submissão voluntária à escravidão, do aborto, e até de um direito ao suicídio.

Mas é em *Esboço de uma Concepção Personalista do Direito*[33], um quarto de século depois, que se desenvolve em toda a sua riqueza a construção do Autor sobre a personalidade e a sua tutela.

Começa por aludir à teoria dos direitos de personalidade, que acusa, pensamos que com razão, de ter estado "entregue a toda a espécie de abstracções e ao mais intenso tecnicismo", donde decorrem "infindáveis controvérsias, em que à distância se aduzem os mesmos argumentos sem se conseguir convencer os adversários" e também "aquela estranha tendência para se assimilarem realidades que o senso comum impõe como diferentes,

---

[33] GOMES DA SILVA, *Esboço de uma Concepção Personalista do Direito*, cit..

ou para cindir outras cuja essência é manifestamente unitária – para cindir até o próprio homem, não obstante a unidade essencial do seu ser" (págs. 48-49).

Parece, depois, desistir de tomar como fulcro os direitos, para a investigação da teoria jurídica do cadáver, que o ocupa tematicamente nesta obra, sem deixar, todavia de comentar que "para se evitarem as dificuldades com que se tem debatido a doutrina dos chamados direitos de personalidade seria sempre necessário rever-se essa doutrina à luz de uma concepção substancial da personalidade" (pág. 54).

Esta concepção substancial da personalidade vem, depois, a surgir mais adiante, quando critica a construção formal que identifica personalidade e capacidade (pág. 101) que acaba por ter como consequência "o esvaziamento da ideia de personalidade de todo o conteúdo substancial" (pág. 105). Desenvolve em seguida esta sua concepção substancial da personalidade quando afirma, acerca do "primado da pessoa humana concreta", que "o primeiro aspecto que importa salientar é o de que a ideia de pessoa humana, ou, melhor, a pessoa humana viva e concreta tem o primado em toda a construção do direito" (pág 131); que "quando se afirma que o direito é inerente à personalidade e que o fim dele é salvaguardar a dignidade desta e concorrer para a realizar pelo cumprimento do fim último, não pode ter-se em vista a pessoa humana como uma realidade abstracta, mas sim o homem como ser real e concreto" (pág. 134); que "o carácter de essencial e de privativo do homem que distingue o direito baseia-se na autonomia e no fim último do ser humano, e por isso só faz sentido quando visto concretamente em relação a *cada homem* e, através dele, a *cada comunidade*, e não à «pessoa humana», vista abstractamente" e que "o que está em causa não são «fins», «interesses» ou «qualidades», mas o homem concreto e vivo, cuja realização o direito tem de assegurar" (pág. 135); "que o direito não tem em vista, por conseguinte, apenas a generalidade abstracta dos homens, nem somente aqueles que, de entre eles, pareçam melhores ou mais cultos, mas todos e cada um dos homens em concreto, com a sua dignidade de pessoas, mesmo que naturalmente eles se afigurem inúteis para si mesmos ou para os outros" (pág. 136); que "na base de toda a ordem jurídica encontra--se, portanto, a pessoa, como ente individual dotado de razão e de liberdade e destinado a um fim transcendente, fixo e necessário, cuja realização ao direito compete assegurar" e finalmente que " a máxima *omne jus hominum causa introductum est* não deve tomar-se com o significado restrito de que o direito só pode dirigir-se ao homem, por só ele ser capaz de o apreender e cumprir, por forma a admitir-se que, no entanto, o direito se lhe dirija para o sujeitar ao interesse alheio ou colectivo", mas "deve antes entender--se no sentido de que tudo quanto existe no direito se destina ao homem concreto e vivo e de (que) tudo quanto negar esta verdade não será direito, mas *torto*" (pág. 137).

Estas frases parecem repetidas, mas não o são verdadeiramente. Cada uma delas acrescenta à anterior algo de concretização e de aprofundamento, numa prática claramente retórica e orientada para a persuasão, mais que para a demonstração.

Com o texto donde são extraídas, de um modo inevitavelmente fragmentado, o Autor consegue exprimir algo que tinha já ficado esquecido no voluntarismo jacobino, no conceptualismo pandectista, no pragmatismo interessista e principalmente nas construções globais supra pessoais: a centralidade de cada uma das pessoas, concretas e vivas, no direito, como seu fundamento radical, como sua finalidade legitimadora e como sua orientação concretizadora.

São mais ricas de sentido estas poucas palavras – já tão esquecidas – de GOMES DA SILVA do que os milhares de páginas de construção abstracta que povoam as estantes, sem conseguir capturar o profundo sentido de que todas e cada uma das pessoas têm uma dignidade que é sagrada e é igual, e que o direito está ao seu serviço. O direito da personalidade é o núcleo central do direito ao serviço da dignidade de cada uma das pessoas "concretas e vivas".

7. O Segundo Código Civil e os direitos de personalidade

O Código Civil de 1966 inovou francamente, em matéria de direitos de personalidade, em relação ao anterior.

Sob a influência de MANUEL DE ANDRADE[34], cortou o cordão umbilical que os ligava aos direitos originários, próprio do jusnaturalismo racionalista e, embora estruturado ao modo do pandectismo, não comungou com ele a antipatia pelos direitos de personalidade, por influência talvez dos "ventos da história" e do artigo 1.º da Lei Fundamental de Bona. Os direitos de personalidade ganharam autonomia e vigor. O artigo 70.º do Código Civil, conjugado com os artigos 1474.º e 1475.º do Código de

---

[34] MANUEL DE ANDRADE, *Esboço de um Anteprojecto de Código das Pessoas e da Família, na Parte Relativa ao Começo de Termo da Personalidade Jurídica, aos Direitos de Personalidade, ao Domicílio*, cit..

Processo Civil, tem uma exequibilidade e uma eficácia poderosas, claramente distintas e superiores ao demais. Nota-se bem que os direitos de personalidade ocupam uma posição hierarquicamente superior aos demais direitos subjectivos.

Na sequência da entrada em vigor do actual Código Civil, é justo referir, desde logo, pelo importantíssimo papel que desempenharam na sua redacção final e na sua entrada em vigor, o contributo de PIRES DE LIMA e ANTUNES VARELA[35]. A estrutura das anotações ao Código, localizadas e sucintas, privou, talvez, de um maior aprofundamento a expressão do seu pensamento. Em contrapartida, a sua facilidade de leitura e a enorme divulgação do Código Civil Anotado, conferiu-lhes assinaláveis eficácia e êxito.

O comentário mais geral sobre os direitos de personalidade, nesta obra, está situado compreensivelmente em anotação ao artigo 70.º. Refere-se em primeiro lugar à responsabilidade civil emergente das ofensas à personalidade, e só depois às providências destinadas à sua tutela. Em seguida, refere-se propriamente ao preceito para dizer, singelamente, que "o artigo limita-se a declarar, em termos muito genéricos e muito sucintos, a ilicitude das ofensas ou das ameaças à personalidade física ou moral dos indivíduos, sem descer à minuciosa referência analítica". E prossegue: "mas daquela referência genérica pode, sem dúvida inferir-se a existência de uma série de direitos (à vida, à integridade física, à liberdade, à honra, ao bom nome, à saúde e até ao repouso essencial à existência física, etc.), que a lei tutela nos termos do n.º 1 do artigo". É interessante como aqui, em comentário à cláusula geral do artigo 70.º, não surge referência aos direitos especiais de personalidade que o Código deixou ancorados nos artigos seguintes. Os subsequentes direitos ao nome (artigos 72.º a 74.º), à reserva sobre escritos pessoais (artigos 75.º a 78.º), à imagem (artigo 79.º) e à privacidade (artigo 80.º), parecem assumir, deste modo, uma posição periférica, de "limes" da categoria dos direitos de personalidade.

Na anotação ao artigo 71.º, os Autores fazem um comentário interessante – e controverso – sobre a tutela post-mortal dos direitos de personalidade (artigo 71.º), que consideram "em certa medida, (...) um desvio à regra do artigo 68.º" (segundo a qual a personalidade se extingue com a morte). No comentário ao restante articulado, limitam-se a explicitar sucintamente, mas com clareza, o regime legal, sem se deixarem tentar

---

[35] PIRES DE LIMA/ANTUNES VARELA, *Código Civil Anotado*, I, 4.ª ed., Coimbra Editora, Coimbra, 1987, artigos 70.º a 81.º, págs. 103-110.

por construções dogmáticas, que não seriam, de qualquer modo, adequadas à natureza da obra.

Na Faculdade de Lisboa, foi PAULO CUNHA[36] quem primeiro ensinou a matéria dos direitos de personalidade segundo o novo Código.

Nas suas últimas lições, correspondentes ao ensino ministrado em 1971-1972, dedicou aos direitos de personalidade um espaço muito alargado. O conteúdo do seu ensino, tal como deste texto se pode extrair, é interessantemente misto, entre o que tinham sido os direitos de personalidade no Código de Seabra e o que passaram a ser no novo Código.

A propósito da esfera jurídica e, no seu âmbito, da esfera pessoal, desenvolve longamente a matéria dos direitos de personalidade que, segundo o Autor, "mais do que simples direitos subjectivos privados, dão a configuração concreta da personalidade jurídica e constituem dados fundamentais da construção de todo o sistema jurídico português" (...) "são direitos essenciais (...) que constituem o mínimo necessário do conteúdo da personalidade jurídica" (págs. 110-111). Têm como características fundamentais serem direitos absolutos, não patrimoniais e têm, do lado passivo, "vinculações de personalidade" que "se concentram no dever universal de respeito" (pág. 113). Enumera como principais direitos de personalidade os que já constavam do Código de Seabra e ainda os que estão expressamente enunciados no Código Civil de 1966, o que constitui uma interessante ponte entre os dois diplomas. A listagem de direitos especiais de personalidade sofre de uma notória inflação. No âmbito do direito ao nome, além do pseudónimo inclui ainda a alcunha e a própria firma do comerciante.

Além dos artigos do Código Civil alude ainda o "direito subjectivo de agir em juízo", o "direito de liberdade de praticar actos jurídicos privados, constitutivos de normas concretas e outros efeitos de direito" que denomina "direito de produção jurídica", o "direito sobre o próprio corpo", o "direito da pessoa dispor do próprio cadáver para efectivação dessa disposição «post mortem»", o "direito à individualização", o "direito ao pudor", o "direito à reparação civil de toda a lesão (quer de ordem material, quer mesmo de carácter moral)", o "direito à imunidade dos bens materiais afectos à personalidade do sujeito", o "direito a certas modalidades de tratamento justo (...) em matéria de responsabilidade

---

[36] PAULO CUNHA, *Teoria Geral do Direito Civil*, resumo das lições proferidas no ano lectivo de 1971-1972, edição dos Serviços Sociais da Universidade de Lisboa, págs. 111 e segs..

criminal e de processo penal (...), e ainda de privação da liberdade física", o "direito de «habeas corpus»", o "direito de resposta e de esclarecimento, em matéria de liberdade de imprensa", o "direito de assistência social", o "direito de assistência judiciária" e o "direito moral de autor" (págs. 144 e segs.).

Depois de tratar de todos estes direitos com detalhe de regime, acaba por propor o reagrupamento dos direitos de personalidade num novo quadro (págs. 194-196):

a. Direitos podrómicos de personalidade:
   1. Direito de liberdade
   2. Direito de associação
   3. Direitos de apropriação individual
   4. Direito de defesa
   5. Direito de ter nome civil
   6. Direito de produção jurídica
   7. Direito abstracto de reparação civil
   8. Direito a tratamento judiciário justo

b. Direitos concretos de personalidade:
   1) Direito de existência, física e moral, ou seja: direito à vida e à integridade pessoal, e direito ao bom nome e reputação (incluindo o direito ao simples decoro)
   2) Direito à identidade, incluindo o direito ao nome e a outras designações da pessoa
   3) Direitos em matéria de correspondência, abrangendo o direito e reserva sobre a correspondência e o direito a sigilo da correspondência
   4) Direito sobre o próprio corpo, incluindo o direito de disposição do próprio cadáver
   5) Direito ao pudor
   6) Direito de protecção da boa memória e individualidade moral de familiares falecidos, e de autores de sucessão "mortis causa" em que se tenha sido herdeiro
   7) Direito de agir em juízo, abrangendo o direito de acção judicial e o direito de defesa judicial
   8) Direito de assistência judiciária
   9) Direito à imunidade dos bens materiais afectos à individualidade física e moral do sujeito

10) Direito de "habeas corpus"
11) Direito de resposta e esclarecimento
12) Direito de assistência social
13) Direito moral de autor

c. Vinculações de personalidade

1) Dever universal de respeito
2) Deveres específicos, como deveres de boa fé, em direito substantivo e em direito adjectivo, e o dever de trabalho

Debruça-se finalmente sobre a limitação voluntária dos direitos de personalidade (págs. 197-198). Neste particular, a propósito do limite da contrariedade à ordem pública, critica com severidade a "variedade de fórmulas a que recorre a lei para fixar limites à liberdade de estipulação negocial ou limites ao exercício de direitos – variedade que está longe de corresponder a reais necessidades das situações contempladas, e antes provém quase sempre de falta de nitidez de conceitos e pouco rigor de terminologia".

Em Coimbra, foi a CARLOS MOTA PINTO que coube a introdução, no ensino da Teoria Geral do Direito Civil, dos direitos de personalidade tal como consagrados no Código de 1966.

Inicialmente, seguiu os passos de ANDRADE e, sobre a "teoria dos sujeitos", no âmbito da relação jurídica, nada disse sobre os direitos de personalidade[37].

Mais tarde, em 1973[38], encontra-se já a abordagem do tema na perspectiva dos princípios que informam o Direito Civil, mais concretamente no primeiro lugar de entre todos, "o reconhecimento da pessoa e dos direitos de personalidade". Importa apreciar o modo como concebe, primeiro, a personalidade jurídica do ser humano e, depois, os direitos de personalidade.

A personalidade jurídica, nestas suas lições é ainda tratada de um modo algo formal. Distingue a personalidade humana da personalidade

---

[37] MOTA PINTO, *Teoria Geral da Relação Jurídica*, notas sumárias em conformidade com as lições do Snr., Dr. Mota Pinto ao 2.º ano jurídico de 1966-67, Almedina, Coimbra, sem data, pág. 10.
[38] MOTA PINTO, *Teoria Geral do Direito Civil*, versão básica das lições do Prof. Doutor Carlos da Mota Pinto no ano lectivo de 1972-73 na Faculdade de Direito de Coimbra, Coimbra, 1973.

em sentido técnico-jurídico e admite que, "do ponto de vista lógico", "os seres humanos não são necessariamente pessoas em sentido jurídico: e aí está a experiência jurídica e histórica dos sistemas que aceitam a escravatura". Também "as pessoas em sentido jurídico não são necessariamente seres humanos: e aí estão certas organizações de pessoas (associações, sociedades) e certos conjuntos de bens (fundações) a quem o direito objectivo atribui personalidade jurídica". E prossegue: "o conceito técnico-jurídico de pessoa não coincide, portanto, necessariamente, com o de homem ou ser humano". (...) "num sentido puramente técnico, ser pessoa é precisamente ter aptidão para ser sujeito de direitos e obrigações; é ser um centro de imputação de poderes e deveres jurídicos, ser um centro de uma esfera jurídica" (pág. 95).

Sobre os direitos de personalidade, referindo o artigo 70.º do novo Código Civil, afirma que, embora a pessoa possa estar privada de todos os direitos patrimoniais, apesar de tal se lhe afigurar "praticamente inconcebível", "sempre a pessoa é titular de um certo número de direitos absolutos, incidindo *sobre os vários modos de ser físicos ou morais da sua personalidade*. São os chamados *direitos de personalidade*". Trata-se de "um *círculo de direitos necessários; um conteúdo mínimo e imprescindível da esfera jurídica de cada pessoa*", cujo carácter de direitos inatos se exclui apenas no direito ao nome. Incidem "sobre a vida da pessoa, a sua saúde física, a sua integridade física, a sua honra, a sua liberdade física e psicológica, o seu nome, a sua imagem, a reserva sobre a intimidade da sua vida privada". A sua violação constitui por vezes ilícito criminal e por vezes apenas ilícito civil, que desencadeia a responsabilidade civil do infractor "bem como certas *providências não especificadas* e adequadas às circunstâncias do caso, com o fim de evitar a consumação da ameaça ou atenuar os efeitos da ofensa já cometida". A concluir alude ao carácter irrenunciável dos direitos de personalidade, que "podem todavia ser objecto de *limitações voluntárias* que não sejam contrárias aos *princípios da ordem pública*" (págs. 99-101). Mais adiante, a propósito dos "jura in se ipsum" volta a tratar dos direitos de personalidade, como "possíveis objectos de relação jurídicas" e, então, explicita o seu pensamento sobre o regime legal dos direitos de personalidade, tal como constam nos artigos 70.º a 81.º do Código Civil (págs. 330-338).

Em 1976, na primeira edição, na forma actual, da sua Teoria Geral do Direito Civil[39], MOTA PINTO mantém a referência ao "reconhecimento

---

[39] MOTA PINTO, *Teoria Geral do Direito Civil*, 1.ª ed., Coimbra Editora, Coimbra, 1976

de um círculo de direitos de personalidade" (págs. 63-64) e, mais adiante, também acerca dos "possíveis objectos de relações jurídicas" trata especificamente dos direitos de personalidade (págs. 223-228), sem divergir, em ambos os casos das suas anteriores lições. Nesta primeira edição, na parte das pessoas singulares é esclarecido que a localização dos direitos de personalidade na área do objecto da relação jurídica se deve a "razões puramente circunstanciais", pois que, seria aqui, a propósito das pessoas singulares, a sua "sede mais própria" (pág. 160).

Nas segunda (págs. 204-211) e terceira edições (págs. 206-213), mantendo-se embora a referência, na área temática dos princípios fundamentais, ao "reconhecimento da pessoa e dos direitos de personalidade", o tratamento específico destes direitos regressa ao seu domicílio natural, no capítulo sobre as pessoas singulares. Aqui são definidos como "um certo número de poderes jurídicos pertencentes a todas as pessoas, por força do seu nascimento – verdadeiros direitos do homem no sentido das Declarações universais sobre a matéria (a de 1789, a de 1948), embora, pois estamos no plano do direito civil e não no do direito público, direitos integradores das relações entre particulares". Tal não significa, adverte o Autor, "que os direitos de personalidade não se imponham ao próprio Estado, – na verdade o Estado deve respeitá-los" (...) mas "apenas, que a doutrina civilística dos direitos de personalidade cura apenas das relações de direito privado". Sem se notar uma diferença fundamental de orientação de fundo, é de realçar a referência aos direitos de personalidade, no plural, como "poderes", com a qual estamos de acordo.

Recentemente, a última edição da Teoria Geral de Mota Pinto surgiu actualizada por PINTO MONTEIRO e PAULO MOTA PINTO[40]. No que respeita especificamente aos direitos de personalidade, esta edição não trai o espírito das anteriores, mas actualiza e completa-a, não só nas referências doutrinárias e jurisprudenciais, mas também no conteúdo, designadamente no que tange à cláusula geral contida no n.º 1 do artigo 71.º e à sua concretização em atenção "quer ao regime dos «direitos, liberdades e garantias pessoais» (arts. 24.º e segs. da Constituição) a que correspondem direitos de personalidade, que, como mínimo de protecção reconhecido, os tipos de crime que visam proteger bens jurídicos correspondentes aos direitos de personalidade", ao direito à privacidade e ao direito à imagem (págs. 211-213).

---

[40] MOTA PINTO, *Teoria Geral do Direito Civil*, 4.ª ed., por ANTÓNIO PINTO MONTEIRO e PAULO MOTA PINTO, Almedina, Coimbra, 2005, págs. 207-220.

O ensino de MOTA PINTO ultrapassou em muito os muros da Universidade de Coimbra, sendo a sua Teoria Geral adoptada em várias outras Faculdades que não dispunham de manuais próprios.

Também ORLANDO DE CARVALHO[41] exerceu o ensino dos direitos de personalidade na Faculdade de Direito de Coimbra. A sua concepção de personalidade é muito próxima da nossa. "A personalidade humana é um prius da personalidade jurídica do homem" (...) "é uma projecção no Direito (no mundo normativo jurídico) da personalidade humana". Já não nos revemos na sua construção dos direitos de personalidade como "jura in se ipsum" ou como um "jus in se ipsum" (...) "em que a pessoa é, ao mesmo tempo, sujeito e objecto de direitos". A esse respeito, "urge reconhecer um direito geral de personalidade ou um direito à personalidade no seu todo, direito que abrange todas as manifestações previsíveis e imprevisíveis da personalidade humana, pois é, a um tempo, direito à pessoa-ser e à pessoa-devir, ou melhor, à pessoa-ser em devir, entidade não estática mas dinâmica e com jus à sua «liberdade de desabrochar» (com direito ao «livre desenvolvimento da personalidade» de que falam já certos textos positivos)". O direito geral da personalidade não exclui os direitos especiais de personalidade, "antes os acolhe como naturais desenvolvimentos das áreas ou projecções da personalidade". São "formas descentralizadas da tutela jurídica da personalidade, o que significa que não se esgotam nessa tutela" o que exclui um seu carácter taxativo. O direito geral de personalidade, no entendimento do Autor, "é o seu direito-matriz ou direito fundante, aquele em que esses direitos se enraizam, pois os «objectos» deles são antes projecções do objecto verdadeiro desta tutela jurídica, que é a personalidade no seu todo". O que "condena uma consideração isolada de cada um desses direitos (ou dos bens ou «objectos» desses direitos) e o que explica a relativa mobilidade ou fungibilidade das repartições que deles se faz (como a sua multiplicabilidade relativa, pelo menos em alguns desses direitos, em outros direitos ainda mais especiais".

CASTRO MENDES[42], pouco chegou a escrever sobre os direitos de personalidade. Começa por distinguir em relação aos direitos fundamentais,

---

[41] ORLANDO DE CARVALHO, *Os Direitos do Homem no Direito Civil Português*, Edição do Autor, Coimbra, 1973, págs. 17 e segs., *Teoria Geral do Direito Civil*, Sumários desenvolvidos para uso dos alunos do 2.º ano jurídico (1.ª turma) do Curso Jurídico de 1980/81, Centelha, Coimbra, 1981, págs. 80 e segs., principalmente 89--97, *O Homem e o Tempo*, Fundação Eng. António de Almeida, Porto, 1999, pág. 541 e segs.

[42] CASTRO MENDES, *Teoria Geral do Direito Civil*, I, AAFDL, Lisboa, 1978, págs. 310-313.

aos direitos originários, aos direitos do homem, aos direitos pessoalíssimos e aos direitos pessoais. "Direitos de personalidade são os que incidem sobre elementos desta realidade e afins. O critério é o *objecto*".

Depois de enunciar os direitos originários consagrados no Código de Seabra, refere a fórmula geral do artigo 70.º do Código Civil que considera redundante: "a lei protege contra ofensas ilícitas, é uma verdade de La Palisse e certo círculo vicioso".

LEITE DE CAMPOS tem uma concepção declaradamente cristã e jusnaturalista dos direitos de personalidade.

Embora com antecedentes nos estóicos, "a raiz dos direitos da pessoa (privados e públicos) está inserida no cristianismo, ao determinar este a «dessacralização» da natureza e da sociedade, libertando o homem de ser objecto para o transformar em sujeito, portador de valores (pessoa)". "A busca da individualidade autónoma foi estranha à cultura oriental e grega clássica, sendo tal ideia típica da religião cristã, em que surgiu, pela primeira vez, a subjectividade, junta com a infinitude da auto-consciência". "A pessoa deve ao cristianismo a sua «base metafísica» que garante a passagem da noção de pessoa-membro-da-sociedade revestida de um «estado» social, à noção da pessoa humana, não-social (radicalmente)". Mas discorda que a descoberta da categoria da pessoa caiba já aos estóicos, "por duas razões: nunca lhe atribuíram a base metafísica que lhe foi dada pelo cristianismo, mantendo as «pessoas» como indivíduos desgarrados; nunca transformaram a categoria de pessoa em «problema a resolver pela comunidade filosófica, com consequências a retirar». A «questão» da pessoa humana surgiu só com o cristianismo, em que foi colocada no centro das preocupações a nível filosófico, ético, jurídico e social". (...) Até ao cristianismo, pessoas eram só, repito, os seres excepcionais que desempenhavam na sociedade os primeiros papéis; a partir do cristianismo, qualquer ser humano passou a ser pessoa (homens, mulheres, crianças, nascituros, escravos, estrangeiros, inimigos...), através das ideias de amor fraterno e de igualdade perante Deus"[43].

Os direitos de personalidade "são direitos naturais" (...) "expressão de tutela jurídica da estrutura e das funções da pessoa, do seu ser, da sua maneira-de-ser". (...) "A pessoa humana é «anterior» e superior à sociedade. Impõe-se, portanto ao Direito". (...) "Este tem de limitar-se a reconhecer

---

[43] LEITE DE CAMPOS, *Lições de Direitos da Personalidade*, Separata do vol. LXVI (1990) do Boletim da Faculdade de Direito da Universidade de Coimbra, 2.ª ed., 1995, págs. 12-14.

a pessoa humana e a declarar os seus direitos". Não esquece, contudo, "a dimensão social, de solidariedade dinâmica" do indivíduo na sociedade: "a família, nomeadamente, é um quadro essencial à humanização do homem. Sem um conjunto de valores sociais de coesão não há sociedade, só indivíduos"[44].

Adopta a construção do "direito geral de personalidade", vinda da dogmática alemã: os direitos individuados de personalidade "nada mais são do que manifestações, incompletas, empobrecidas e sempre em descoberta, deste direito"[45]. Distingue, depois, o direito à vida, o direito de morrer (não prolongar, artificialmente e sem esperança, a vida), o direito à integridade física e psíquica, o direito à imagem, o direito ao nome, e ainda, como "direitos de projecção da pessoa física", numa zona periférica dos direitos de personalidade, os direitos à igualdade e à diferença, os direitos à família e na família, o direito à privacidade, o direito a não estar subordinado a outro ser humano (a autonomia privada), o direito ao trabalho, ao médio de existência e à propriedade, e finalmente o direito à liberdade, ao bom nome e à reputação. Defende ainda que a pessoa humana tem início com a gestação e deve ser respeitado desde então; numa frase lapidar: "não é possível conceber a existência de seres humanos que não sejam pessoas"[46].

Mais recentemente, em *O Direito e os Direitos de Personalidade*[47], manifesta-se fortemente contrário à estrutura jurídica do direito subjectivo, mas apenas na sua versão como nominalista-voluntarista como poder da vontade, que pretende recuperar, numa "sociedade-de-iguais":

> "Os direitos do homem não servem para combater a lei e os outros. Mas, sim, e só, para limitar (ou eliminar) o arbítrio do legislador e dos outros. Através da substituição do primado da lei – expressão da vontade desvinculada do legislador, colectivo ou individual – pelo primado do Direito, consubstanciado nos sentimentos éticos da colectividade."

> "A solução do problema deve procurar-se no interior do próprios direitos da personalidade."

---

[44] LEITE DE CAMPOS, *Lições de Direitos da Personalidade*, cit., págs. 38-39.
[45] LEITE DE CAMPOS, *Lições de Direitos da Personalidade*, cit., pág. 49.
[46] LEITE DE CAMPOS, *O Início da Pessoa Humana e da Pessoa Jurídica*, ROA (2001), pág. 1256.
[47] LEITE DE CAMPOS, *O Direito e os Direitos de Personalidade*, em *Nós – Estudos sobre o Direito das Pessoas*, Almedina, Coimbra, 2004, págs. 130-131.

"A cada direito corresponde um dever do próprio titular do direito, para consigo mesmo, ou para com outrem. É o limite interno do direito, que o transforma num poder-dever ou, indo mais longe, o absorve numa complexa situação jurídica, integrada por direitos e deveres, intimamente ligados de modo a esbaterem e compreenderem o poder (absoluto) ligado ao direito subjectivo."

"Seja qual for a estrutura conceptual que decida construir-se deve assentar na «definitiva» ultrapassagem do carácter autoritário e egoísta do direito subjectivo."

"Afirmar o direito subjectivo como poder da vontade ao serviço de interesses do seu titular é, pelo menos, unilateral e incompleto. Esquece-se o «sujeito passivo» – que não é sujeito nem passivo; esquece-se a dimensão social, solidarística, de qualquer direito, de qualquer instrumento de relacionação."

OLIVEIRA ASCENSÃO[48] funda a categoria dos direitos de personalidade na dignidade humana, que afirma como o ponto de partida do ordenamento jurídico e como uma imposição ontológica: "a pessoa, com a sua dignidade, não é criatura do sistema jurídico".

A dignidade da pessoa humana, prossegue, "implica que a cada homem sejam atribuídos direitos, por ele justificados e impostos, que assegurem esta dignidade na vida social" e que "devem representar um mínimo, que crie o espaço no qual cada homem poderá desenvolver a sua personalidade"; "mas devem representar também um máximo, pela intensidade da tutela que recebem".

Rejeita a fórmula do "direito geral da personalidade", como uma "figura anómala", com uma desmesurada extensão, com a qual é, portanto, muito difícil de trabalhar e da qual não há necessidade, "porque o problema pode ser resolvido, mais satisfatoriamente até, pela via alternativa do reconhecimento, em regime de *numerus apertus*, de direitos especiais de personalidade"[49].

Cada um dos direitos especiais de personalidade tem a natureza de direito subjectivo, "como posição de vantagem, que resulta da atribuição ao sujeito de meios que permitem a sua tutela", pelo próprio sujeito, com autonomia, embora com limitações de disponibilidade, e que "são exigências

---

[48] OLIVEIRA ASCENSÃO, *Direito Civil – Teoria Geral*, 2.ª ed., Coimbra Editora, Coimbra, 2000, págs. 72 e segs..

[49] OLIVEIRA ASCENSÃO, *Direito Civil – Teoria Geral*, cit., pág. 87.

inelutáveis da personalidade humana", devendo "ser reconhecidos, baseiem-se ou não em previsão legal", embora a intervenção legal possa ser decisiva na determinação da sua "periferia"[50].

Evita a objecção da confusão entre sujeito e objecto nos direitos de personalidade, através da "reformulação da noção de objecto", não "como um *quid* exterior", o que "em rigor só se verifica nas coisas", mas antes como "o termo funcional de referência de uma dada afectação". "O bem da personalidade delimita a vantagem que é atribuída, sem que isso implique que precise de ser configurado como uma realidade exterior ao sujeito". "O objecto é simplesmente o ponto de referência da atribuição realizada"[51].

MENEZES CORDEIRO[52] desenvolve e aprofunda muito a matéria dos direitos de personalidade. Após uma introdução histórica, alude à jurisprudência portuguesa e, depois, distingue a doutrina geral do direito de personalidade e os direitos de personalidade em especial.

No que tange à doutrina geral, alude aos bens de personalidade que, segundo o seu ensino, "correspondem a aspectos específicos de uma pessoa, efectivamente presentes, e susceptíveis de serem desfrutados pelo próprio" e a sua ideia "é tanto mais útil quanto mais preciso e delimitado for o seu universo". Decompõe-nos em:

– "aspectos específicos: o bem será sempre algo de delimitado, para poder suportar um direito subjectivo; assim, a própria pessoa não opera como um bem delimitado, sob pena de termos um único direito de personalidade, com prejuízo de níveis analíticos importantes do sistema;"
– "de uma pessoa: estão em causa bens de personalidade e não quaisquer outros, ainda que vitais: assim, o bem "vida" não abrange o bem "alimentos", embora estes sejam essenciais àquela;"
– "efectivamente presentes: a vantagem futura, mesmo quando tutelada pelo direitos, não constitui algo *de* uma pessoa: uma carreira ou uma promoção podem, quando afectadas, dar azo a danos morais indemnizáveis: não são, todavia, bens de personalidade;"

---

[50] OLIVEIRA ASCENSÃO, *Direito Civil – Teoria Geral*, cit., págs. 82-84.
[51] OLIVEIRA ASCENSÃO, *Direito Civil – Teoria Geral*, cit., págs. 82-83.
[52] MENEZES CORDEIRO, *Tratado de Direito Civil Português*, I, III, Almedina, Coimbra, 2004, cit., págs. 29 e segs.. Ver também, do Autor, *Os Direitos de Personalidade na Civilística Portuguesa*, ROA (2001), págs. 1229-1256.

– "susceptíveis de serem desfrutados pelo próprio: o bem de personalidade opera como algo de "egoísta" ou "introvertido": o dano provocado noutro, por relevantes sofrimentos que cause ao próprio, não atinge um direito de personalidade deste."

Aborda depois, a este respeito a categoria do direito subjectivo, como "permissão normativa de aproveitamento de um bem". "O direito de personalidade é um espaço de liberdade concedido ao sujeito" que tecnicamente "implica uma norma permissiva". Trata-se de uma permissão que não é genérica, mas antes específica em relação à qual "está em causa o aproveitamento de um bem de personalidade" e que, "enquanto produto de regras de Direito" (...) "comunga de valores básicos do sistema em que se integre", o que se torna importante "quando se vise solucionar questões de conflito entre direitos de personalidade ou entre um direito de personalidade e qualquer outro direito, também legítimo" (págs. 79-80).

Rejeita o "direito geral" de personalidade, originário da doutrina alemã e crescentemente aceite pela doutrina portuguesa (págs. 80-81). Argumenta que como "direito quadro" ou "direito-fonte" já não exprime uma permissão específica de aproveitamento de um bem, preferindo seguir CANARIS na sua opção de "optar pela definição de âmbitos de protecção do direito de personalidade" (págs. 45-48).

Os direitos especiais de personalidade, no ensino do Autor, "dependem da existência dos bens a que se reportem". Estes bens não são típicos e não há, por isso, uma tipicidade dos direitos especiais de personalidade: "o artigo 70.º dispensa uma tutela geral, podendo dar azo a diversos direitos subjectivos de personalidade, em sentido próprio" (págs. 81-82). No seu relacionamento com os direitos fundamentais, estes correspondem a direitos de personalidade quando "se reportem a bens de personalidade".

Trata, em seguida, cada um dos direitos especiais de personalidade com grande profundidade e detalhe que não podem ser aqui descritos.

CARVALHO FERNANDES[53] define os direitos de personalidade como aqueles "que constituem atributo da própria pessoa e que têm por objecto bens da sua personalidade física, moral e jurídica, enquanto emanações ou manifestações da personalidade, em geral" (pág. 216). São direitos absolutos, não patrimoniais, indisponíveis, intransmissíveis e providos, em regra, de protecção penal.

---

[53] CARVALHO FERNANDES, *Teoria Geral do Direito Civil*, I, 3.ª ed., Universidade Católica Editora, Lisboa, 2001, págs. 214-232.

Tem dúvidas quanto à admissibilidade de um direito geral de personalidade como mais um direito subjectivo ao lado dos demais direitos de personalidade, mas aceita-o como referido "à pessoa na sua globalidade", (...) "como um princípio fundamental do sistema, que domina e orienta a categoria dos direitos de personalidade". "neste sentido", explicita, "o art. 70.º envolve a afirmação de uma tutela geral da personalidade – a frequentemente referida *cláusula geral* –, que se concretiza nos direitos de personalidade já reconhecidos no sistema, mas que neles não se esgota".

Capelo de Sousa[54] publicou aquela que continua a ser, hoje, a mais desenvolvida obra sobre direitos de personalidade. Como o próprio nome indica, adopta a construção alemã do direito geral de personalidade. Pugna pela qualificação do direito geral de personalidade como um direito subjectivo que tem como objecto, como bem jurídico, a personalidade humana.

Segundo o Autor, "o objecto da tutela civil geral prevista no art. 70.º do Código Civil fluirá directamente do teor naturalístico-cultural da personalidade humana de cada indivíduo, que por si mesmo se impõe ao sistema jurídico, e não de uma qualquer hipostasia jurídica da personalidade humana" (pág. 153). Esta sua concepção centra-se muito sobre a individualidade concreta de cada pessoa nas circunstâncias do caso.

Os direitos especiais de personalidade, reconhecidos pelo legislador através das normas especiais dos artigos 72.º a 80.º do Código Civil correspondem a "certas áreas ou bens parcelares da personalidade" e instituem "em certas hipóteses, formas específicas de garantia jurídica", sem prejuízo da aplicação das regras gerais (pág. 557).

"Todavia, o direito geral de personalidade, enquanto direito-mãe (*Mutterrecht*) ou direito-fonte (*Quellrecht*), tendo como objecto a personalidade humana no seu todo, fundamenta, enforma e serve de princípio geral mesmo aos próprios direitos especiais de personalidade *legais*, que, embora dotados de relativa autonomia, têm por objecto determinadas manifestações parcelares daquela personalidade" (págs. 559-560).

Os "direitos de personalidade jurisprudenciais ou doutrinais, especiais em termos de valoração jurídica, não esgotam o direito-mãe geral de personalidade, quer por traduzirem sedimentações de certos casos típicos dotados de alguma homogeneidade interna, quer, sobretudo, porque a unidade, a multiformidade, a complexidade, a dinâmica e o desenvolvimento

---

[54] Capelo de Sousa, *O Direito Geral de Personalidade*, Coimbra Editora, Coimbra, 1995 e *Teoria Geral do Direito Civil*, I, Coimbra Editora, Coimbra, 2003, págs. 55--56.

da personalidade postulam uma unidade jurídica essencial no bem jurídico geral da personalidade e comportam, e comportarão sempre, zonas, elementos ou expressões não traduzíveis, mesmo juridicamente, por sectoriais fórmulas abstractas, necessariamente redutoras e algo simplistas" (pág. 561).

A concepção do Autor sofre porém de uma excessiva expansividade que, no que respeita ao "desenvolvimento da personalidade" alcança uma amplidão tal que pouca coisa deixa de fora (págs. 352-359), o que acaba, na realidade, por banalizar do direito da personalidade.

HEINRICH HÖRSTER[55] aceita expressamente a construção do direito geral de personalidade ínsito no artigo 70.º do Código Civil. Este direito geral de personalidade "que visa a realização da autodeterminação e defende contra intervenções ou limitações injustificadas, abrange todos os casos dos direitos de personalidade que não são especialmente protegidos pelos artigos 72.º a 80.º".

Em caso de violação de direitos de personalidade, deve, em primeiro lugar recorrer-se aos regimes específicos dos artigos 72.º a 80.º e "só na sua insuficiência se recorre ao direito geral de personalidade do n.º 1 do art. 70.º".

A tutela "post mortem" dos direitos de personalidade "visa em primeira linha a defesa do falecido e apenas indirectamente contempla também os interesses dos respectivos familiares. Não obstante, os familiares, ao reagirem contra uma ofensa a pessoas falecidas, exercem um direito próprio (embora no interesse de outrem)".

Sobre temas específicos de direito da personalidade, foram ainda publicados estudos valiosos por RITA CABRAL[56], PAULO MOTA PINTO[57], NUNO PINTO OLIVEIRA[58] E CLÁUDIA TRABUCO[59].

---

[55] HEINRICH EWALD HÖRSTER, *A Parte Geral do Código Civil Português – Teoria Geral do Direito Civil*, Almedina, Coimbra, 1992, págs. 257-271.

[56] RITA CABRAL, *Direito à Intimidade da Vida Privada*, Estudos em Memória do Professor Doutor Paulo Cunha, Lisboa, 1989, págs. 373-406.

[57] PAULO MOTA PINTO, *O Direito à Reserva sobre a Intimidade da Vida Privada*, BFD, vol. LXIX, Coimbra, 1993, 479 e segs., *O Direito ao Livre Desenvolvimento da Personalidade*, Portugal-Brasil Ano 2000, Studia Iuridica 40, Universidade de Coimbra, 1999, págs. 148-246, e *A Limitação Voluntária do Direito à Reserva Sobre a Intimidade da Vida Privada*, Estudos em Homenagem a Cunha Rodrigues, II, Coimbra Editora, Coimbra, 2001, págs. 527 e segs.

[58] PINTO OLIVEIRA, *O Direito Geral de Personalidade e a "Solução do Dissentimento"*, Coimbra Editora, Coimbra, 2002.

[59] CLÁUDIA TRABUCO, *Dos Contratos Relativos ao Direito à Imagem*, O Direito, ano 133, II, págs. 432 e segs..

III. PROBLEMATICIDADE DO ENSINO DO DIREITO DE PERSONALIDADE

Todo o ensino em mestrado deve ser problemático. Diversamente da licenciatura, o mestrado dirige-se principalmente à investigação. A sua componente informativa é menor e acessória. Por isso, deve assentar fundamentalmente no discernimento de questões problemáticas e trabalhar sobre elas.

No mestrado de direito de personalidade, é importante que sejam suscitadas questões, levantados problemas, postos em causa os pontos de apoio em que os alunos assentam os seus conhecimentos e também aqueles que são acriticamente aceites ou geralmente indiscutidos. Nenhuma conclusão deve ser aceite sem uma prévia e profunda problematização.

Importa, pois, desde já, aludir ao que nos parece serem as principais questões a problematizar num mestrado de direito de personalidade. Não são as únicas e outras surgirão durante o curso, suscitadas pela curiosidade científica e pelo labor de investigação.

8. Direito de personalidade entre o direito objectivo e o direito subjectivo

I. A personalidade é a qualidade de ser pessoa. Esta qualidade tem uma relevância jurídica crucial. Todo o Direito é construído a partir dela e a seu propósito. Mais próxima ou mais remotamente, está sempre a Pessoa, a pessoa humana, única e irrepetível, infungível, irrecusável, inevitável. Não há Direito sem pessoas, sem pessoas humanas, de carne e osso, com amor e ódio, alegria e tristeza, prazer e dor, bondade e maldade, solidez e fragilidade, concepção e morte. São elas o fundamento ontológico do Direito. Seria impossível que o Direito não se ocupasse delas.

O Direito ocupa-se da personalidade de um modo objectivo e de um modo subjectivo.

II. A tutela da personalidade humana tem uma vertente objectiva e uma vertente subjectiva. A primeira pode designar-se *direito objectivo de personalidade* e a segunda, *direito subjectivo de personalidade*. Esta distinção corresponde à que existe, em geral, entre direito objectivo e direito subjectivo, referida agora especificamente à personalidade.

São notórias, na Doutrina, as divisões que têm como base diferentes concepções, objectivas ou subjectivas, da tutela jurídica da personalidade. Basta ler Cabral de Moncada[60] para compreender que a liberdade de exercício e a disponibilidade características do direito subjectivo não podem vigorar plenamente no domínio da tutela da personalidade. Nem tudo o que informa a tutela da personalidade é disponível. Valores como a vida e a dignidade não podem ser licitamente prescindidos pelo titular. O próprio corpo só limitadamente é disponível. Mas uma construção totalmente objectiva da tutela da personalidade, que prescinda completamente do direito subjectivo, é redutora e omite a centralidade da personalidade na pessoa do seu próprio titular.

Há uma zona importante da tutela da personalidade que é disponível, cujo exercício e defesa está na área da autonomia privada e que pode – e deve – ser juridicamente construída como direito subjectivo. É também indubitável que a tutela da personalidade assenta mais em razões pessoais do que em razões sociais e que as ofensas da personalidade agridem mais o próprio do que os outros ou a sociedade. Não pode ser retirada à própria pessoa do sujeito, e reservada ao Estado, a principal iniciativa e impulso da tutela da personalidade de cada um.

A Idade Moderna construiu a teoria dos direitos subjectivos como defesa da pessoa – de cada pessoa – da sua liberdade e dignidade, contra a opressão do Estado e as agressões dos outros. O direito subjectivo vem dar à defesa da personalidade e da dignidade humana um poderosíssimo instrumento. Não é suficiente clamar do Estado que cumpra o seu dever de proteger a dignidade de cada pessoa; é muito mais forte e eficiente que cada um exija o respeito da sua própria personalidade e da sua própria dignidade. É verdade que o respeito da personalidade e da dignidade humana constitui dever objectivo do Estado e de cada pessoa. Mas tal não pode reduzir nem limitar o direito que cada pessoa tem, de *per si* e independentemente do direito objectivo, defender a sua personalidade e a sua dignidade, apesar do Estado e mesmo contra o Estado, apesar dos outros e mesmo contra os outros.

---

[60] Cabral de Moncada, *Lições de Direito Civil*, I, cit., págs. 61-65.

A tutela da personalidade tem a ver com a colectividade e com a pessoa, com o Estado e com o Cidadão, com o próprio e com os outros. Nela se encontram e coexistem harmoniosamente a tutela objectiva e o direito subjectivo.

III. O relacionamento entre o direito objectivo e o direito subjectivo de personalidade está ancorado no diálogo entre o bem comum e o bem próprio, entre a comunidade e a pessoa.

Este diálogo deve ser aprofundado. Na sua origem está a grande diferença no modo de pensar a inserção da pessoa no mundo, entre o objectivismo platónico-aristotélico e o subjectivismo estóico. Estes dois modos de pensar dividiram e continuam a dividir o pensamento de matriz europeia.

O modo de pensar platónico-aristotélico parte da *polis* para a pessoa. O ponto de partida não é propriamente histórico-genético, não pretende que, no início do tempo, os seres humanos existissem em hordas. É, antes, um ponto de vista de relevância. No relacionamento entre a comunidade e as pessoas que a compõem dá primazia àquela. A *polis* é o estado natural da pessoa, o indivíduo é membro da *polis*. Fora da *polis*, o homem isolado é um ser desenraizado, anti ou associal, é anómalo e até perigoso. Esta construção é muito clara na Ética de Aristóteles. Teve sempre, e continua a ter, uma influência fortíssima na História.

O modo estóico de pensar a relação da pessoa com a *polis* é o inverso. Parte de cada uma das pessoas – pessoalmente consideradas – para a construção da *polis*. Também esta construção não deve ser vista de um modo histórico-genético. O contrato social com que normalmente se explica a génese da sociedade não é uma reconstrução histórica, mas antes uma explicação sociológica. O ponto de ancoragem está em cada pessoa; a *polis* é um modo de existência das pessoas no mundo. O homem isolado não é algo de estranho. Também este modo de pensar a existência das pessoas no mundo teve e continua a ter uma poderosíssima influência na História.

O modo platónico-aristotélico tem influência dominante na Idade Média: primeiro o platonismo agostiniano, depois o aristotelismo tomista. São então dominantes a Cidade de Deus, como paradigma, e o bem comum, como princípio de acção. O Direito é uma ordem objectiva de dever ser, regida pelo princípio do bem comum, e orientada por um padrão de sociedade hierarquizada e estável, onde os papéis na sociedade estão atribuídos e os bens da terra estão distribuídos, e a cada um deve ser reconhecido o que lhe cabe: "jus suum quique tribuere". Constitui padrão ético e intelectual do "ancién regime" e das monarquias absolutas.

O modo estóico tem influência no sentido universalista da humanidade, na importância da alma, da consciência e da salvação pessoais, na república romana e na projecção histórica e política do seu modelo. São de influência estóica o humanismo e o iluminismo, o contrato social, as revoluções republicanas, as declarações dos direitos do homem, a democracia liberal.

No Direito, o pensamento platónico-aristotélico alimenta o objectivismo realista; o pensamento estóico estrutura o subjectivismo voluntarista.

É neste quadro que, num mestrado de Direito de Personalidade, deve ser problematizada a relação entre o direito objectivo de personalidade e os direitos subjectivos de personalidade, a tutela da personalidade como direito objectivo e como direito subjectivo. Não se deve assumir todo o direito objectivo de personalidade como filiado no objectivismo, nem todo o direito subjectivo de personalidade como de influência exclusivamente subjectivista. As influências cruzam-se.

a. Direito objectivo de personalidade

I. Constitui o direito objectivo de personalidade a regulação jurídica relativa à defesa da personalidade consagrada, quer no direito supranacional, quer na lei constitucional, quer na lei ordinária, cuja *ratio* se funda em razões de ordem pública e de bem comum, e que é alheia à autonomia privada. Tem a ver com a defesa da Humanidade, da globalidade de toda a Espécie Humana, e com a exigência moral de respeitar não só a Humanidade, considerada como um todo, mas também cada um dos seus membros; tem ainda a ver com os Bons Costumes, com a Ordem Pública, com o Bem Comum.

Assumem grande importância no Direito os princípios e normas jurídicas injuntivas que regem sobre a tutela de personalidade e que são indisponíveis. Estas regras constituem direito objectivo e são impostas pelo respeito da dignidade humana, que se impõe ao próprio legislador. Ao legislá-las o Estado cumpre um dever de soberania e concretiza em lei uma ordem jurídica que lhe é superior. Não está no poder do Estado legislar ou não nestas matérias, consagrar ou revogar o direito à vida e à dignidade pessoal. Também as próprias pessoas, individualmente consideradas, não têm o poder de prescindir, de alienar ou de renunciar ao direito à vida e à dignidade pessoal. Estes direitos estão fora da disponibilidade, quer do legislador, quer dos seus titulares, que não podem prescindir, nem alienar, nem dispor deles. No âmbito material do direito objectivo, a tutela da personalidade institui para todos, quer para o Estado, os seus organismos e pessoas colectivas públicas, quer para os particulares, sejam eles pessoas singulares ou colectivas, um dever de respeito pela dignidade humana de todas e quaisquer pessoas singulares ou, na terminologia do artigo 70.º do Código Civil, de todos os indivíduos.

II. Fazem parte do direito objectivo de personalidade o direito internacional sobre direitos humanos, o direito constitucional sobre os direitos fundamentais relativos à dignidade humana, o direito penal das pessoas, e ainda o direito civil.

No direito internacional, abundam as declarações de direitos[61]. Desde a Revolução Americana e a Revolução Francesa, há uma tendência irreprimível para a proclamação de declarações que, embora com alguma flutuação de texto, consagram invariavelmente a mesma coisa: o respeito pela Pessoa Humana e pela sua dignidade. É quase um rito penitencial com que as pessoas tentam redimir-se das selvajarias que ciclicamente voltam a cometer umas sobre as outras. Não nos cabe aqui tratar delas. Com interesse directo para o nosso Direito são de ressaltar a Convenção Universal dos Direitos do Homem e a Convenção Europeia dos Direitos do Homem, que vinculam os órgãos do Estado Português e vigem na ordem interna portuguesa segundo o artigo 8.º da Constituição[62].

Também as Constituições contêm listas, cada vez mais longas, de direitos, liberdades e garantias, com as quais se tenta limitar e orientar os legisladores e os governantes. Com elas se visa também garantir o respeito pela dignidade das pessoas. Cada vez mais excedem o âmbito dos direitos de personalidade. No entanto, contêm normalmente o seu núcleo fundamental. No caso da Constituição Portuguesa[63] em vigor, são principalmente de assinalar, desde logo o princípio da igualdade (artigo 13.º)[64], o

---

[61] PAULO OTERO, *A Democracia Totalitária*, Principia, S. João do Estoril, 2001, págs. 153 e segs..

[62] JORGE MIRANDA / RUI MEDEIROS, *Constituição Portuguesa Anotada*, I, Coimbra Editora, Coimbra, 2005, págs. 88 e segs..

[63] JORGE MIRANDA / RUI MEDEIROS, *Constituição Portuguesa Anotada*, I, cit., págs. 221 e segs.. Note-se como (págs. 286 e segs.) se demonstra a menor amplitude do "direito ao livre desenvolvimento da personalidade" no artigo 26.º da Constituição em relação ao seu correspondente fixado no artigo 2.º da Lei Fundamental alemã.

[64] 1 – Todos os cidadãos têm a mesma dignidade social e são iguais perante a lei. 2 – Ninguém pode ser privilegiado, beneficiado, prejudicado, privado de qualquer direito ou isento de qualquer dever em razão de ascendência, sexo, raça, língua,

direito à vida (artigo 24.º)⁶⁵, à integridade pessoal (artigo 25.º)⁶⁶ e outros direitos pessoais (artigo 26.º)⁶⁷. Estes direitos são directamente aplicáveis e vinculam todos, quer o Estado, as suas organizações e os respectivos titulares e agentes, quer os particulares (artigo 18.º)⁶⁸.

Nas leis penais têm lugar de relevo os crimes contra as pessoas. No Código Penal Português, estão previstos os crimes contra a vida (artigos 131.º a 139.º), contra a vida intra-uterina (artigos 140.º a 142.º), contra a integridade física (artigos 143.º a 152.º), contra a liberdade pessoal (artigos 153.º a 162.º), contra a liberdade e autodeterminação sexual (artigos 163.º a 179.º), contra a honra (artigos 180.º a 189.º), contra a reserva da vida privada (artigos 190.º a 198.º), contra outros bens jurídicos pessoais (artigos 199.º a 201.º), contra a identidade cultural e integridade pessoal (artigos 240.º a 245.º), contra a família (artigos 247.º a 249.º), contra sentimentos religiosos (artigos 251.º e 252.º) e contra o respeito devido aos mortos (artigos 253.º e 254.º). Todos estes crimes atentam contra a dignidade humana, uns mais, outros menos.

Também na lei civil se encontra consagrada a tutela da personalidade em moldes objectivos. Nem tudo o que, nos artigos 70.º a 81.º, rege sobre

---

território de origem, religião, convicções políticas ou ideológicas, instrução, situação económica, condição social ou orientação sexual.

⁶⁵ 1 – A vida humana é inviolável. 2 – Em caso algum haverá pena de morte.

⁶⁶ 1 – A integridade moral e física das pessoas é inviolável. 2 – Ninguém pode ser submetido a tortura, nem a tratos ou penas cruéis, degradantes ou desumanos.

⁶⁷ 1 – A todos são reconhecidos os direitos à identidade pessoal, ao desenvolvimento da personalidade, à capacidade civil, à cidadania, ao bom nome e reputação, à imagem, à palavra, à reserva da intimidade da vida privada e familiar e à protecção legal contra quaisquer formas de discriminação. 2 – A lei estabelecerá garantias efectivas contra a obtenção e utilização abusivas, ou contrárias à dignidade humana, de informações relativas às pessoas e famílias. 3 – A lei garantirá a dignidade pessoal e a identidade genética do ser humano, nomeadamente na criação, desenvolvimento e utilização das tecnologias e na experimentação científica. 4 – A privação da cidadania e as restrições à capacidade civil só podem efectuar-se nos casos e termos previstos na lei, não podendo ter como fundamento motivos políticos.

⁶⁸ 1 – Os preceitos constitucionais respeitantes aos direitos, liberdades e garantias são directamente aplicáveis e vinculam as entidades públicas e privadas. 2 – A lei só pode restringir os direitos, liberdades e garantias nos casos expressamente previstos na Constituição, devendo as restrições limitar-se ao necessário para salvaguardar outros direitos ou interesses constitucionalmente protegidos. 3 – As leis restritivas de direitos, liberdades e garantias têm de revestir carácter geral e abstracto e não podem ter efeito retroactivo nem diminuir a extensão e o alcance do conteúdo essencial dos preceitos constitucionais.

direitos de personalidade é matéria de direito subjectivo. Tal resulta com muita clareza do artigo 81.º que comina com nulidade as limitações voluntárias ao exercício de direitos de personalidade, se forem "contrárias aos princípios da ordem pública"[69]. A ordem pública aqui referida é de direito objectivo e estabelece o limite ao exercício do direito subjectivo de personalidade.

b. Direito subjectivo de personalidade

I. O entendimento da defesa da personalidade como direito subjectivo é qualitativamente diverso. São profundamente diferentes, embora não deixem de estar intimamente ligadas, a tutela objectiva e a tutela subjectiva da personalidade. A primeira é construída como um dever de agir perante os outros; a segunda como o direito subjectivo absoluto que cada um tem de defender a sua própria dignidade como Pessoa.

Na tutela subjectiva da personalidade, não se trata já de um dever geral de respeito, mas antes de um direito pessoal, de um direito subjectivo de defender a dignidade própria, de exigir o seu respeito e de lançar mão dos meios juridicamente lícitos que sejam necessários, adequados e razoáveis para que essa defesa tenha êxito. Estes meios traduzem-se em poderes jurídicos que existem na titularidade de cada indivíduo, que são inerentes à sua qualidade humana e cujo exercício é livre e depende da autonomia de cada um.

Da letra da Constituição da República e do Código Penal resulta a consagração de um dever poderosamente tutelado de respeito pela dignidade dos outros. É formalmente direito objectivo. Já quando, no Código Civil, se estatui sobre o direito ao nome, à privacidade ou à imagem, por exemplo, é de direito subjectivo que se trata.

O direito objectivo e o direito subjectivo de personalidade têm naturezas e regimes distintos. O direito objectivo de personalidade é indisponível e situa-se no campo da heteronomia; o direito subjectivo de personalidade, diferentemente, é disponível e situa-se no âmbito da autonomia privada. Naquilo que o direito de personalidade é objectivo, o titular não tem autonomia no seu exercício, não pode dele prescindir, não

---

[69] 1 – Toda a limitação voluntária ao exercício dos direitos de personalidade é nula, se for contrária aos princípios da ordem pública. 2 – A limitação voluntária, quando legal, é sempre revogável, ainda que com obrigação de indemnizar os prejuízos causados às legítimas expectativas da outra parte.

pode dispor dele; no que é apenas subjectivo, já o titular pode livremente tolerar as ofensas, prescindir da sua defesa, ou mesmo dispor dele gratuita ou onerosamente. Esta diferença é notória no regime jurídico dos crimes contra a personalidade em que as ofensas à vida, por exemplo, constituem crimes públicos, as ofensas à integridade física de menor gravidade constituem crimes semipúblicos, as ofensas à honra e à privacidade constituem, em princípio, crimes meramente particulares, e a ofensa ao nome ou à imagem, por exemplo, não constituem crime.

Mas a indisponibilidade não significa só por si a objectividade. A vida é indisponível pelo próprio, mas nem por isso deixa de haver, na sua esfera jurídica o direito subjectivo à vida, porque continua a caber ao próprio a legitimidade para o defender e para reagir contra as ameaças e agressões que o aflijam. Se o direito à vida se tornasse apenas objectivo, cada pessoa que visse a sua vida em perigo poderia apenas dirigir-se ao Estado e reclamar dele que cumprisse o seu dever de a proteger. Tal deixaria a vida do reclamante em bem má situação sempre que o Estado, como é frequente, não tivesse meios ou diligência suficientes para cumprir o seu dever, ou que, como infelizmente não deixa de acontecer, fosse o Estado o próprio autor da ofensa ou do perigo. As pessoas não podem ser deixadas à completa mercê do Estado quando a sua própria vida está em questão. Sem prejuízo do dever que vincula o Estado a abster-se de pôr em perigo e de lesar a vida humana, e de fazer o que estiver ao seu alcance para remover as ameaças e salvar a vida das pessoas, não deixam essas mesmas pessoas, cujas vidas estão em questão, de poder defendê-las pelos seus próprios meios. As pessoas mantêm autonomia na defesa da sua vida, quer quanto à escolha do meio de defesa, quer quanto à decisão de o fazer. A indisponibilidade da vida, não torna o direito à vida totalmente objectivo: ele tem uma componente objectiva, naquilo que é indisponível pela pessoa de cuja vida se trata e também no dever que incumbe ao Estado de a defender, mas mantém uma componente subjectiva, no poder que cabe à pessoa de a defender por si própria, com o Estado, sem ele, apesar dele e mesmo contra ele, e também no poder de, lúcida e informadamente, decidir não o fazer.

A letra do artigo 81.º do Código Civil reflecte a interpenetração e o relacionamento entre esta dupla natureza pública e privada quando admite a disposição negocial de bens de personalidade, quando não seja "contrária aos princípios de ordem pública". No que concerne ao direito objectivo de personalidade, as limitações convencionais são contrárias à lei e à ordem pública; já no que respeita ao direito subjectivo estão submetidas à autonomia privada. Os princípios de ordem pública referidos no artigo 81.º do Código Civil são os que informam a tutela do direito objectivo de personalidade.

O direito objectivo e o direito subjectivo de personalidade diferem ainda na natureza da sua tutela. O direito objectivo de personalidade impõe a todos um dever de respeitar a dignidade de cada indivíduo, incluindo a sua própria. Tem como conteúdo um dever, uma vinculação, cujo garante é o Estado, no exercício do seu poder-dever, de fazer respeitar a Lei e o Direito. A sua garantia é desencadeada pela participação à entidade pública competente que assim toma conhecimento da violação e deve reagir para a fazer cessar, por mera actuação administrativa ou policial, e, se for caso disso, para a fazer punir, se constituir crime. O direito subjectivo, diferentemente, tem o seu conteúdo preenchido por poderes que o seu titular pode exercer directa e livremente, se assim o desejar, contra particulares ou contra o Estado, se necessário mesmo em acção directa ou em legítima defesa (verificados os respectivos pressupostos), sem ficar à mercê da iniciativa e da disponibilidade dos órgãos do Estado.

Como bem observa CAPELO DE SOUSA[70] "o titular do direito subjectivo geral de personalidade não está, pois, colocado na situação de não ter qualquer meio para reagir contra o adversário, se este não observasse o comportamento que a respectiva norma lhe determinaria, aguardando apenas que o adversário adoptasse esse comportamento, já que a lei veria nisso o cumprimento de um dever de justiça" e "tem diversas garantias jurídicas". Ao defender o seu direito subjectivo de personalidade o titular não se limita a chamar a atenção do Estado para o facto de ter sido violada a ordem jurídica objectiva e a esperar que este aja em conformidade, mas antes pode exercer por si próprio, por sua iniciativa, e exigir com energia e na defesa da sua dignidade, o que for adequado. O direito objectivo de personalidade tem a ver com o *suum quique tribuere*; no direito subjectivo de personalidade é da defesa do *meum* que se trata.

II. Sem entrarmos na discussão sobre o conceito de direito subjectivo, partimos do seu entendimento como uma posição jurídica pessoal de vantagem, de livre exercício, dominantemente activa, inerente à afectação com êxito de bens e dos correspondentes meios, isto é, de poderes jurídicos e materiais, necessários, convenientes ou simplesmente úteis, à

---

[70] CAPELO DE SOUSA, *O Direito Geral de Personalidade*, Coimbra Editora, Coimbra, 1995, pág. 608(10).

realização de fins específicos de um seu concreto titular. A nossa concepção de direito subjectivo está exposta noutras obras de nossa autoria e para as quais remetemos[71]. Não cabe aqui, nem agora, repeti-la, mas apenas recordar os seus aspectos mais relevantes.

O direito subjectivo de personalidade é uma posição jurídica: a posição jurídica daquele indivíduo, na sua qualidade de pessoa no direito, perante as circunstâncias que o envolvem e as outras pessoas que o cercam e que estão em contacto pessoal, familiar, profissional, de vizinhança, ou de outra ordem, com ele. É uma posição pessoal concreta, não é uma posição objectiva, abstracta, como a de cidadão. Não é a posição de qualquer indivíduo, é a daquele indivíduo, que é ele e não outro, que tem nome, amigos e familiares, amores e ódios. É uma posição jurídica individual concreta. É uma posição jurídica, porque é uma posição no Direito, com conteúdo jurídico, que se não confunde com a sua posição moral, embora tenha com ela um contacto estreito.

É uma posição vantajosa. Ser pessoa jurídica individual é bom, não é mau. É melhor sê-lo que não o ser. A posição da pessoa no Direito é melhor do que a dos animais, do que a das coisas. Passados séculos e milénios de aperfeiçoamento do Direito, não se concebe já a identificação entre pessoas e animais, entre pessoas e coisas. É verdade, que circunstancialmente, há certas pessoas que sofrem um tratamento pior do que certos animais e certas coisas; e também há certos animais e certas coisas que são circunstancialmente melhor tratadas que certas pessoas. Trata-se porém de situações circunstanciais. Quando se traduzem no aviltamento de pessoas, são ilícitas; quando, diversamente, envolvem apenas o tratamento privilegiado de animais e de coisas, poderão dar razão a estranheza, mas não deixam de ser lícitas desde que não envolvam o aviltamento de pessoas. A ilicitude de certos comportamentos – mesmo quando persistente – não as torna lícitas. No Mundo dos Homens nunca será alcançada a ausência total de mal, por isso a Justiça é uma tensão, uma procura permanente, a *constans ac perpetua voluntas suum quique tribuendi*. Mas, não obstante certas circunstâncias ilícitas que a contrariem, a posição jurídica da personalidade humana é uma posição de vantagem.

É livre o exercício do direito subjectivo de personalidade. A pessoa pode exercer com a energia necessária e razoável a defesa da sua perso-

---

[71] PAIS DE VASCONCELOS, *Teoria Geral Direito Civil*, 3.ª ed., Almedina, Coimbra, 2005, págs. 631 e segs., e *A Participação Social nas Sociedades Comerciais*, Almedina, Coimbra, 2005, págs. 420 e segs..

nalidade, da sua dignidade, mesmo fora dos tribunais, em acção directa (artigo 336.º), em legítima defesa (artigo 337.º), em estado de necessidade (artigo 339.º). Mas pode também consentir na lesão (artigo 340.º). É livre de escolher qual a atitude a adoptar. Tem autonomia no seu livre arbítrio.

O direito subjectivo de personalidade está povoado de meios jurídicos hábeis para o êxito da defesa da dignidade do seu titular. Estes meios jurídicos são poderes. Estes poderes são estruturalmente diferenciados. Há poderes de domínio, que permitem, por exemplo, reivindicar o nome ou a imagem e impedir que sejam utilizados por outrem. Há poderes creditícios, que facultam ao titular a cobrança de quantias, como por exemplo, cobrar a contrapartida da sua imagem cuja publicação ou utilização tenha sido facultada onerosamente. Há poderes potestativos, que permitem ao titular requerer e obter em juízo as providências preventivas e atenuantes consagradas no n.º 2 do artigo 70.º, ou o poder de desvinculação unilateral em relação às limitações voluntárias de direitos de personalidade, consagrado no artigo 81.º. Há ainda o poder de ser indemnizado pela sua violação. Estes poderes constituem os meios que o titular do direito subjectivo de personalidade tem ao seu alcance para assegurar o êxito da defesa da sua personalidade.

O fim que o direito subjectivo de personalidade visa proteger é a dignidade do seu titular, a sua dignidade enquanto pessoa, não uma pessoa em geral, nem um membro da humanidade, mas aquela pessoa única, individual e individuada, irrepetível e infungível. A dignidade humana é frequentemente agredida. Desde que há memória, é desrespeitada. A sua violação ocorre em contextos muito diferentes e de modos muito diversos. A sua defesa exige meios adequados à especificidade da lesão. Pode ter de ser preventiva. Se estiver consumada, já só poderá ser atenuadora. Pode necessitar de modos de tutela muito variados. O n.º 2 do artigo 70.º é muito aberto na tutela que confere à personalidade: admite todas "as providências [que sejam] adequadas às circunstâncias do caso". O critério é o da adequação, quer dizer, o da eficácia. São adequadas as providências que resultarem, que obtiverem êxito. O fim é determinante: importa alcançá-lo, realizá-lo do modo que for mais adequado. O fim é fixo, os meios são variáveis. É o fim que determina os meios.

É, pois, de direito subjectivo que se trata.

III. Savigny objectou à admissibilidade de um direito subjectivo de personalidade. Argumentou contra o "jus in se ipsum", por um lado, porque a pessoa é sujeito e não pode, por isso, ser o objecto de um direito;

por outro, que a se admitir um tal direito subjectivo seria abrir a porta à licitude do suicídio[72].

Este entendimento do direito subjectivo de personalidade como um "jus in se ipsum", como um direito sobre si próprio, é antigo e vem da construção do direito subjectivo, no Humanismo e na Idade Moderna, no âmbito do grande movimento de libertação pessoal que culminou na Revolução Francesa, nas revoluções burguesas que se lhe seguiram, na abolição dos privilégios e dos vínculos medievais, sobretudo da escravatura.

Sem pretender citar todos os autores que participaram neste movimento, que foram muitos e excelentes, importa concentrar em dois que são especialmente paradigmáticos: Pico de la Mirandola[73] e John Locke[74].

No primeiro descortina-se aquela que é, em nossa opinião, a mais significativa construção da centralidade, para não dizer mesmo, da sacralidade, do Homem no Universo. No sétimo dia da Criação, Deus criou o Homem, à sua imagem e semelhança. Ao contrário do que fez com os animais, não criou o Homem com uma natureza fixa e pré-determinada. Ao Homem foi dado o privilégio de determinar a sua próprio natureza. E, assim, se escolher reger-se pelas sensações, será um bruto; mas se preferir determinar-se pelo intelecto, será quase um Santo. O Homem de Mirandola tem uma natureza intermédia entre os outros animais e o próprio Deus e tem o poder de se autoformar, de se autodeterminar na sua própria essência, de se degradar à mais baixa natureza como um bruto ou de crescer pela razão da sua alma até à mais elevada natureza que é divina. Ele tem o domínio de si próprio e um domínio sobre si mesmo[75].

---

[72] Savigny, *System des heutingen römischen Rechts*, I, Aalen, Scientia Verlag, reimpressão da edição de Berlin, 1840, págs. 335 e segs.. Na mesma linha, Ennecerus / Nipperdey, *Tratado de Derecho Civil*, I, 1.º, *Parte General*, Bosch, Barcelona, 1953, págs. 380.

[73] Pico della Mirandola, *On The Dignity of Man, On Being and the One, Heptaplus*, The Bobbs-Merrill Company, Indianapolis, 1977.

[74] John Locke, *Of Civil Government, Two Treatises*, J. M. Dent & Sons, London, E. P. Dutton & Co., New York, 1940.

[75] Pico della Mirandola, *On the Dignity of Man*, cit., págs. 4-5. Segundo o Autor, no último dia da Criação, Deus disse a Adão: "We have given thee, Adam, no fixed seat, no form of thy very own, no gift peculiarly thine, that thou mayest feel as thine own, have as thine own, possess as thine own the seat, the form, the gifts which thou thyself shalt desire. A limited nature in other creatures is confined within the laws written down by Us. In conformity with thy free judgement, in whose hands I have placed thee, thou art confined by no bounds; and thou will fix limits of nature for

Mais tarde, LOCKE, em resposta a Sir Robert Filmer, centra a humanidade sobre o homem individual, singular, sobre cada homem. Os homens são todos iguais, e são livres de reger sobre si mesmos[76]. Da recusa radical dos vínculos e das servidões pessoais surge a ideia de Liberdade como o domínio de cada um sobre si mesmo: o "jus in se ipsum".

Desde então e até SAVIGNY, a fórmula do "jus in se ipsum" vulgariza-se e banaliza-se. Ela simboliza a liberdade essencial e originária do Homem. O Homem pode dispor de si mesmo, do seu corpo e da sua alma, do seu destino: o Homem tem o poder de ser aquilo que se construir.

A neutralização ideológica do direito subjectivo operada por SAVIGNY e pela sua Escola[77] substitui a ideia de liberdade, no sentido de autodeterminação, pela de vontade livre, de vontade psicológica. O proprietarismo do "Code Civil" é ainda hoje deturpado. É muito claro, em SEABRA[78], o sentido amplo de propriedade, como conjunto de qualidades (propriedades) que nos são inerentes, e que abrangem as propriedades pessoais, personalidade, capacidade, liberdade, honra, etc., e as propriedades patrimoniais, que se referem aos bens materiais que nos pertencem. A neutralização ideológica do Direito Civil operada pela Escola Histórica deturpou e restringiu também a Propriedade.

Esta objecção constitui um argumento "ad terrorem". Visava intimidar e historicamente intimidou. Mas sem razão. Basta para o desmentir o preceito do n.º 1 do artigo 81.º do Código Civil português: nem todas as limitações voluntárias do exercício do direito subjectivo de personalidade são admitidas. São ilícitas todas as ofensas que forem contrárias à ordem

---

thyself. I have placed thee at the center of the world, that from there thou mayest more conveniently look around and see whatsoever is in the world. Neither heavenly nor earthly, neither mortal nor immortal have We made thee. Thou, like a judge appointed for being honorable, art the molder and maker of thyself; thou mayest sculpt thyself into whatever shape thou dost prefer. Thou canst grow downward into the lower nature which are brutes. Thou canst again grow upwards from thy soul's reason into the higher natures which are divine".

[76] LOCKE, *An Essay Concerning the True Original, Extent and End of Civil Government*, cit., II. 4: "To understand political power aright, and derive it from its original, we must consider what estate all men are naturally in, and that is, a state of perfect freedom to order their actions, and dispose of their possessions and persons as they think fit, within the bounds of the law of Nature, without asking leave or depending upon the will of any other man".

[77] PAIS DE VASCONCELOS, *A Participação Social nas Sociedades Comerciais*, cit., págs. 464 e segs.

[78] ANTÓNIO LUÍS DE SEABRA, *A Propriedade*, cit., págs. 9 e segs..

pública; são também ilícitas as que contrariarem os bons costumes. O suicídio e o aborto foram e continuam a ser praticados, na companhia da eutanásia, mas não é por causa do direito subjectivo de personalidade que assim sucede. Muito pelo contrário. O "jus in se ipsum" tem de ser entendido no seu próprio contexto, como um direito à liberdade pessoal ou, melhor, à condição de pessoa livre. Porém, a liberdade que postula não é sem limite. Por isso, os argumentos de SAVIGNY são falaciosos: o "jus in se impsum" não implica a licitude do suicídio, assim como não permite a renúncia à liberdade nem a livre redução à escravatura.

Também o argumento de que um direito subjectivo de personalidade implicaria a dupla qualidade de sujeito e objecto na pessoa do seu titular é falacioso. Encontra resposta em GOMES DA SILVA[79]. Ao tratar dos direitos de personalidade, o Autor dispensa a intromissão do objecto, ao escrever: nos direitos de personalidade "se a vida foi concedida ao homem para atingir determinados fins objectivos e se, utilizando as possibilidades que ela lhe oferece, pode, na verdade, atingi-los, isto é bastante para se dizer que ele tem um poder. A ideia de objecto nada interessa para aqui" (...) "a noção de poder não pressupõe por isso a existência de um objecto sobre que ele se exerça". A dispensa do objecto é correcta. Se um direito real, mormente o direito de propriedade tem por objecto uma coisa corpórea, se o direito de crédito tem por objecto uma prestação, nem todos os direitos subjectivos podem ou devem ter um objecto. Necessário é que, na sua construção, exista um fim do seu titular e os meios (bens) que assegurem o êxito na realização desse fim. O objecto é próprio de certos direitos subjectivos, mas não necessariamente de todos. O direito subjectivo de personalidade não é um "direito sobre si próprio" e não tem como objecto a pessoa do seu próprio titular. Tem como fim a realização, o respeito e a protecção da dignidade pessoal e humana do seu titular e tem como meios uma pluralidade de poderes de diversa ordem que são hábeis para assegurar o êxito na realização desse fim.

---

[79] GOMES DA SILVA, *O Dever de Prestar e o Dever de Indemnizar*, cit., pág. 34. No mesmo sentido, também OLIVEIRA ASCENSÃO, *Direito Civil – Teoria Geral*, I, cit., págs. 90-91, sem dispensar completamente a necessidade de um objecto na construção do direito subjectivo, nega que tenha de ser constituído por uma coisa: "o objecto é antes o termo funcional de referência de uma dada afectação" (...) "é simplesmente o ponto de referência da atribuição realizada".

9. O direito da personalidade e os direitos de personalidade: unidade ou pluralidade no direito de personalidade

A Lei e a Doutrina referem-se usualmente a um direito subjectivo geral de personalidade e a vários direitos subjectivos especiais de personalidade. O direito geral de personalidade estaria sediado no artigo 70.º do Código Civil e os direitos especiais de personalidade em preceitos avulsos da lei, designadamente e sem exaustividade, nos artigos 72.º a 74.º (direito ao nome), nos artigos 75.º a 78.º e 80.º (direito à privacidade), no artigo 80.º (direito à imagem) do Código Civil, ou no artigo 24.º da Constituição (direito à vida). Importa esclarecer o relacionamento entre o chamado direito geral e os direitos especiais de personalidade.

a. O direito geral e direitos especiais de personalidade

Foi no direito alemão que se instituiu um sistema em que coexiste um direito geral de personalidade com vários direitos especiais de personalidade[80].

Este sistema teve uma origem histórica. O BGB não previa um direito geral de personalidade. Sobre direitos de personalidade, continha apenas o § 12, sobre o direito ao nome[81], e o § 823, sobre a responsabilidade civil emergente da lesão, dolosa ou negligente, da vida, do corpo, da saúde, da liberdade, da propriedade ou de outro direito de uma pessoa[82]. Estavam, assim, legalmente tipificados, os direitos à vida, à integridade física, à liberdade, e ao nome.

---

[80] Por todos, HEINRICH HUBMANN, *Das Persönlichkeitsrecht*, Böhlnau, Köln,Graz, 1967, págs. 85 e segs.

[81] *§ 12 (Namensrecht)*
Wird das Recht zum Gebrauch eines Namens dem Berechtigten von einem anderen bestritten oder wird das Interesse des Berechtigten dadurch verletzt, daâ ein anderer unbefugt den gleichen Namen gebraucht, so kann der Berechtigte von dem anderen Beseitigung der Beeinträchtigung verlangen. Sind weitere Beeinträchtigungen zu besorgen, so kann er auf Unterlassung klagen.

[82] *§ 823 (Schadensersatzpflicht)*
Wer vorsätzlich oder fahrlässig das Leben, den Körper, die Gesundheit, die Freiheit, das Eigentum, oder ein sonstiges Recht eines anderen widerrechtlich verletzt, ist dem anderen zum Ersatze des daraus entstehenden Schadens verpflichtet.
Die gleiche Verpflichtung trifft denjenigen, welcher gegen ein den Schutz eines anderen bezweckendes Gesetz verstöât. Ist nach dem Inhalte des Gesetzes ein Verstöâ gegen dieses auch ohne Verschulden möglich, so tritt die Ersatzpflicht nur im Falle des Verschuldens ein.

No pós-guerra, a "Grundgesetz" consagrou, no seu § 1, a dignidade das pessoas[83] e, no § 2, o livre desenvolvimento da personalidade[84]. Da conjugação destes preceitos constitucionais com os que já constavam do BGB, resultou no direito alemão a construção de um sistema dual em que, para além de alguns direitos especiais de personalidade tipificados na lei, existe também um direito geral de personalidade, ancorado nos §§ 1 e 2 da Constituição "Grundgesetz".

O relacionamento entre ambos é bem ilustrado por LARENZ[85]: o direito geral de personalidade serviu para colmatar as lacunas que se sentiam já na tutela da personalidade e também para as prevenir no futuro, evitando que fiquem sem protecção em relação a novas lesões da personalidade que o avanço da técnica potencia. O direito geral de personalidade enquadra-se nos §§ 1 e 2 da GG e também no § 823 I do BGB, como "sonstiges Recht". Na aplicação, deve começar-se por aferir se uma certa lesão corresponde a um direito especial de personalidade. Se não corresponde a qualquer deles, será então o direito geral de personalidade a intervir. O direito geral de personalidade é, assim, um "direito-fonte" (Quellrecht), ou um "direito-quadro" (Rahmenrecht), do qual se irão separando, novos direitos especiais logo que se forem tornando necessários.

Esta construção foi recebida na doutrina portuguesa por ORLANDO DE CARVALHO[86], ANTUNES VARELA[87], SINDE MONTEIRO[88], CAPELO DE SOUSA[89],

---

[83] § 1 (*Menschenwürde; Grundrechtsbindung der staatlichen Gewalt*)
1 – Die Würde des Menschen is unantasbar. Sie zu achten und zu schützen ist Verpflichtung aller staatlichen Gewalt.
2 – Das Deutsche Volk bekennt sich darum zu unverletzlichen und unveräuâerlichen Menschenrechten als Grundlage jeder menschlichen Gemeinschaft, des Friedens und der Gerechtigkeit in der Welt.
3 – Die nachfolgenden Grundrechte binden Gesetzgebung, vollziehenden Gewalt und Rechtsprechung als unmittelbar geltendes Recht.

[84] § 2 (*Allgemeine Handlungsfreiheit; Freiheit der Person; Recht auf Leben*)
1 – Jeder hat das Recht auf die freie Entfaltung seiner Persönlichkeit, soweit er nicht die Rechte anderer verletzt und nicht gegen die verfassungsmääige Ordnung oder das Sittengesetz verstöât.
2 – Jeder hat das Recht auf Leben und körperliche Unversehrtheit. Die Freiheit der Person ist unverletzlich. In diese Rechte darf nur auf Grung eines Gesetzes eingegriffen werden.

[85] LARENZ/WOLF, *Allgemeiner Teil des bürgerlichen Rechts*, Beck, München, 1997, § 8 I, págs. 14 e segs..

[86] ORLANDO DE CARVALHO, *Teoria Geral da Relação Jurídica*, cit., págs. 36 e segs., *Teoria Geral do Direito Civil*, Centelha, Coimbra, 1981, págs. 89 e segs..

[87] ANTUNES VARELA, *Alterações Legislativas do Direito ao Nome*, RLJ, 116, n.º 3710, pág. 140 e segs..

CARVALHO FERNANDES[90], MOTA PINTO[91], HÖRSTER[92], PAULO MOTA PINTO[93], PINTO OLIVEIRA[94], LUÍSA NETO[95]. Também os tribunais têm adoptado esta construção do direito geral de personalidade, quer o Tribunal Constitucional[96] quer o Supremo Tribunal de Justiça[97]. No direito português, o direito de personalidade está legislado de um modo diferente. A Constituição trata primeiro da República, e só depois dos Cidadãos. O Código Civil trata primeiro da "tutela geral da personalidade" (artigo 70.º), e só depois dos direitos especiais de personalidade (artigos 72.º a 80.º).

---

[88] SINDE MONTEIRO, *Responsabilidade por Conselhos, Recomendações ou Informações*, Almedina, Coimbra, 1989, págs. 223-237.

[89] CAPELO DE SOUSA, *O Direito Geral de Personalidade*, cit., págs. 513 e segs. e 606 e segs..

[90] CARVALHO FERNANDES, *Teoria Geral do Direito Civil*, I, cit., pág. 224 e segs..

[91] MOTA PINTO, *Teoria Geral do Direito Civil*, cit., pág. 210.

[92] HÖRSTER, *A Parte Geral do Código Civil*, cit., págs. 259 e segs..

[93] PAULO MOTA PINTO, *Direito ao Livre Desenvolvimento da Personalidade*, cit., págs. 171 e segs..

[94] PINTO OLIVEIRA, *O Direito Geral de Personalidade e a "Solução do Dissentimento"*, cit., págs. 78 e segs..

[95] LUÍSA NETO, *O Direito Fundamental à Disposição Sobre o Próprio Corpo*, Coimbra Editora, Coimbra, 2004, pág. 151.

[96] TC 18.I.84 (n.º 6/84), BMJ 340, 177: "III – Não se afigura que o facto de a Constituição acolher e consagrar a existência de um direito geral de personalidade (o que tem diversos afloramentos no texto constitucional, desde logo no artigo 1.º que apela à «dignidade da pessoa humana» possa autorizar a conclusão de que todo e qualquer acto praticado pela pessoa deva considerar-se como um direito especial da personalidade cabendo, por isso, no direito geral". No caso, um motorista de um transporte colectivo tinha sido multado por se encontrar ao serviço com a barba por fazer, o que violava o Regulamento dos Transportes Automóveis que, no seu artigo 187.º, alínea g) impunha a obrigação de o pessoal em serviço nos transportes colectivos de passageiros de se apresentar devidamente uniformizado e barbeado. O juiz de primeira instância tinha recusado a aplicação daquele preceito legal, que considerou inconstitucional por colidir com o artigo 26.º, n.º 1 da Constituição. O Tribunal Constitucional julgou não haver essa inconstitucionalidade. Do texto do acórdão vale a pena enfatizar o seguinte excerto: "o artigo 79.º do Código Civil tem em vista proteger a pessoa contra a utilização abusiva da sua imagem, e não o conceder o direito, bem distinto daquele, da pessoa determinar a sua própria aparência externa, que é sem dúvida um direito a acolher, mas que não pode ser isento de limitações, designadamente as que tenham por objecto a protecção dos direitos dos outros, impedindo a sua ofensa".

[97] STJ 27.VI.95, BMJ 448, 378: I – A ordem jurídica portuguesa reconhece, designadamente através do artigo 70.º do Código Civil, o direito geral de personalidade, compreendendo, complexivamente, a personalidade física e moral.

Pode dizer-se que, perante a lei portuguesa, não se verifica a necessidade, sentida na Alemanha, de construir um direito geral de personalidade. Esta é, no fundo, a crítica de OLIVEIRA ASCENSÃO[98]. Mas, se é verdade que o direito português não enfrentou a dificuldade legislativa do direito alemão, também o é que, no fundo, esse problema foi resolvido pelo próprio legislador quando redigiu o artigo 70.º do Código Civil.

A tutela geral da personalidade corresponde sem dificuldade a um direito geral de personalidade, desde que se entenda o direito de personalidade como direito subjectivo.

Este direito subjectivo, independentemente de ser ou não qualificado como um direito-fonte, ou um direito-mãe, que são expressões fundamentalmente verbalistas, só implica dificuldades conceptuais para quem entender o direito subjectivo como um poder, ao modo nominalista.

Para quem, diferentemente, conceber o direito subjectivo substancialmente como uma posição jurídica vantajosa e dominantemente activa, inerente ao aproveitamento jurídico de um bem, que integra e da qual emergem os poderes e também as vinculações necessários ao êxito desse aproveitamento, nenhum desconforto conceptual causa o direito geral de personalidade.

b. Tipicidade dos direitos de personalidade

I. OLIVEIRA ASCENSÃO contraria a transposição para o direito português de um "direito geral de personalidade", por influência do direito alemão, como foi feito por CAPELO DE SOUSA[99]. Na sua opinião, a construção alemã ter-se-ia tornado necessária pelo carácter lacunoso do BGB em matéria de direitos de personalidade. Essa necessidade não existe no direito português e por isso, a transposição é desnecessária e sem justificação.

Na construção de OLIVEIRA ASCENSÃO, existe uma tipicidade de direitos de personalidade no direito português. Essa tipicidade não é fechada nem exaustiva, mas antes enunciativa, como um "numerus apertus"[100]

Em nossa opinião, o direito subjectivo de personalidade tem unidade, e essa unidade decorre da unidade da pessoa e da sua dignidade. O titular do direito é uno e a sua dignidade também o é. Não há lugar para uma separação, nem ontológica, nem pragmaticamente.

---

[98] OLIVEIRA ASCENSÃO, *Direito Civil – Teoria Geral*, I, cit., págs. 86 e segs..
[99] CAPELO DE SOUSA, *O Direito Geral de Personalidade*, cit.. págs. 513 e segs. e 606 e segs..
[100] OLIVEIRA ASCENSÃO, *Direito Civil – Teoria Geral*, I, cit., págs. 88 e segs..

II. Esta unidade não é contrariada nem antagonizada pela tipificação, em várias leis, de uma pluralidade de "direitos de personalidade". Trata-se de uma constelação de tipos ideais axiológicos, que nasceram de tipos reais de frequência, de experiências reiteradas de agressões da personalidade que, pela gravidade que assumiram e assumem e pela sistemática repetição, foram ganhando autonomia de regime. Os tipos de direitos de personalidade que estão consagrados na lei, que vão sendo estabelecidos na prática, de onde a lei os vai recolhendo e estruturando, são as cicatrizes deixadas pelas feridas que são repetidamente infligidas à dignidade das pessoas, correspondem a uma "memória do sistema". O Direito de Personalidade vai-se infelizmente habituando à reiteração de certas ofensas à personalidade e, sem se conformar com elas, vai construindo regimes específicos (típicos) de defesa e de reacção contra elas. O tempo, a persistência da maldade humana, a evolução e o acréscimo das possibilidades humanas de acção, boa e má, vai possibilitando novas e mais graves agressões à dignidade humana que reclamam e vão obtendo respostas adequadas.

Os direitos de personalidade, como concretizações da tutela da personalidade, podem tipificar-se e têm sido tipificados consoante o aspecto da personalidade que estiver em causa. Deve precisar-se que a tipificação não é exaustiva, mas antes simplesmente exemplificativa[101]. Os tipos de direitos de personalidade previstos na lei e enunciados pela doutrina são tipos representativos[102]. Quer isto dizer que, para além dos tipos enunciados, outros podem surgir, e que os que são referidos correspondem apenas a casos especialmente exemplares e elucidativos que servem para exprimir modelos de comportamento, são casos paradigmáticos de tutela da personalidade. Para lhes dar maior eficácia, a lei constrói-os como tipos jurídicos estruturais e a doutrina configura-os como tipos normativos[103]. Dentro da perspectiva exposta, os direitos de personalidade podem ser tipificados, como paradigmas mais importantes da tutela da personalidade e como concretizações mais relevantes do princípio do respeito pela personalidade, em direito à vida, à integridade física e psíquica, à inviolabilidade moral, à honra e à privacidade.

---

[101] Sobre a tipicidade exemplificativa, OLIVEIRA ASCENSÃO, *A Tipicidade dos Direitos Reais*, Lisboa, 1968, págs. 50 e 51

[102] Sobre os tipos representativos, PAIS DE VASCONCELOS, *Contratos Atípicos*, cit., pág. 55.

[103] Sobre os tipos jurídicos estruturais e os tipos normativos, PAIS DE VASCONCELOS, *Contratos Atípicos*, cit., págs. 56 e 57.

A constelação de tipos de direitos de personalidade é, no fundo uma constelação de respostas a agressões típicas à dignidade humana. Estes tipos não são alternativos à regra geral do artigo 70.º, mas antes casos típicos que lhe são inerentes e que ganharam já um regime próprio, típico, sem prejuízo da regra geral que não deixa de lhes ser aplicável. Não são casos especiais, mas antes manifestações típicas. Contêm critérios e modelos de solução que podem ser transpostos transtipicamente, por analogia, sempre que a comparação de casos permite aproveitar parcelas de regime que a comunhão ou a semelhança de sentido permita adaptar.

A tipificação de direitos de personalidade não constitui um limite material do direito de personalidade, por duas razões. Por um lado, porque não é esse o seu sentido: não responde a uma necessidade de delimitar, para excluir os casos que lhe sejam exteriores, mas antes facultam modelos e critérios de decisão e de concretização. Por outro lado, como tipos ideais com origem em tipos reais de frequência, são fragmentários e não cobrem a totalidade dos casos possíveis: traduzem apenas a tipificação de casos frequentes.

A diferença entre a regra geral do artigo 70.º e os tipos contidos na lei, reside na técnica legislativa. O artigo 70.º, tal como os artigos 71.º e 81.º, estão construídos de acordo com uma técnica conceptual subsuntiva; aqueles que regem tipos de direitos de personalidade estão construídos tipologicamente. Como demonstrámos já[104], o método conceptual subsuntivo e o método tipológico não são incompatíveis nem conflituais. Podem aplicar-se conjuntamente com ganho de qualidade na concretização. Assim, em nossa opinião, sempre que o caso corresponder a um tipo legal, deve ser concretizada a sua disciplina própria, conjuntamente com a dos artigos 70.º, 71.º e 81.º; sempre que o caso for social, mas não legalmente, típico, também as regras gerais dos artigos 70.º, 71.º e 81.º lhe serão aplicáveis, mas podem ainda, na sua concretização, beneficiar de critérios dos tipos legais que com ele tenham analogia, e com as necessárias adaptações; se o caso for legal e socialmente atípico, não deixará de encontrar disciplina e critério de decisão nos regimes gerais dos artigos 70.º, 71.º e 81.º, sem prejuízo de, mesmo atípico, poder recolher sentido e critério em algum dos tipos legais com o qual tenha alguma semelhança, após devidamente adaptado em função da diferença.

---

[104] PAIS DE VASCONCELOS, *Contratos Atípicos*, cit., págs. 85 e segs., e 182 e segs., *Teoria Geral do Direito Civil*, cit., págs. 409-411.

III. Como temos repetidamente advertido, tem sido uma constante na Doutrina designar acriticamente por "direitos", quer os direitos subjectivos propriamente ditos, quer os poderes que respectivamente os integram. Assim, por exemplo, são usualmente designados por "direitos" o poder do credor de interpelar o devedor, que não passa de um poder potestativo que integra o direito de crédito do credor, ou o poder de voto que integra o direito subjectivo do sócio de uma sociedade. Este hábito reflecte-se também na redacção da lei. Importa, porém, na construção dogmática distinguir o que é direito subjectivo e o que são os poderes que o integram, mesmo que a lei e a doutrina os designe incorrectamente, embora usualmente, por direitos.

Em nossa opinião, os chamados "direitos especiais de personalidade" não são direitos subjectivos autónomos, são poderes que integram o direito subjectivo de personalidade. O direito de personalidade, como direito subjectivo que tem como fim a defesa da dignidade humana de cada uma das pessoas singulares, integra no seu conteúdo um número, em princípio, não limitado de poderes, que constituem a sua estrutura. Estes poderes são aqueles que forem necessários, ou mesmo apenas convenientes, ou simplesmente úteis, para que o fim do direito de personalidade seja realizado com êxito. Todos estes poderes se agregam num conjunto coerente, unificado pelo fim comum de defesa da dignidade do seu titular.

O direito à vida, ou à honra, ou à integridade física, ou à privacidade, ou à imagem, por exemplo, não constituem direitos subjectivos autónomos, mas antes poderes jurídicos que integram o direito de personalidade do seu titular, poderes estes que são exercidos quando a dignidade do seu titular for posta em causa através de ameaças ou ofensas àqueles específicos bens de personalidade. A tipificação dos chamados direitos especiais de personalidade é um reflexo da tipificação de específicos bens de personalidade que integram a dignidade humana e das lesões que historicamente se foram tornando típicas. A dignidade humana pode ser ameaçada ou ofendida em diversos bens que a integram – vida, integridade física, honra, privacidade, imagem, nome, etc. – para a defesa de cada um dos quais o direito de personalidade contém específicos meios ou bens, que beneficiam de específicos poderes jurídicos.

IV. O dualismo entre o chamado direito geral subjectivo de personalidade e os direitos subjectivos especiais de personalidade é assim superado. A questão do seu relacionamento é apenas designativa e nominal.

A matéria do direito de personalidade costuma ser referida como "direitos de personalidade". Esta formulação plural sugere uma concepção atomista que autonomiza vários, ou os vários, direitos de personalidade, como direitos subjectivos autónomos que têm em comum a tutela da personalidade. No entanto, não há consenso, no pensamento jurídico, sobre a unidade ou pluralidade do direito de personalidade ou dos direitos de personalidade. Há um direito subjectivo de personalidade uno, global ou geral, ou há uma pluralidade de tipos de direitos subjectivos de personalidade?

Este é outro dos problemas que deve ser enfrentado no mestrado sobre Direito de Personalidade: o da unidade ou pluralidade do ou dos direitos de personalidade.

10. Tipos legais de direitos de personalidade

Assentámos já que os tipos legais de direitos de personalidade não são direitos subjectivos autónomos, mas antes poderes que integram o direito subjectivo de personalidade e que contribuem para o seu êxito na tutela da personalidade sempre que agredida em certos aspectos ou bens que, pela reiteração se foram tornando típicos. Não obstante, e fazendo uma concessão à terminologia jurídica corrente, designá-los-emos agora como direitos de personalidade.

Temos tipificado os direitos de personalidade em direito à vida, à integridade física, à inviolabilidade moral, à honra, à privacidade, à identidade pessoal e ao nome, e à imagem. Vale a pena apreciá-los um por um, porque cada um deles suscita problemas científicos que importa tratar no mestrado de Direito de Personalidade.

a. O direito à vida

I. O direito à vida é o mais importante dos direitos de personalidade. Está formalmente consagrado no artigo 24.º da Constituição da República que declara que "a vida humana é inviolável" e que "em caso algum haverá pena de morte". Do direito à vida decorre a ilicitude do suicídio, do auxílio e da instigação ao suicídio e da eutanásia.

O direito à vida, na sua formulação típica, não é discutido. Mas podem suscitar-se dificuldades em zonas periféricas deste tipo de tutela da personalidade. Assim, não existe ainda um consenso sobre as condições da ilicitude do aborto ou mesmo sobre se a ilicitude do aborto decorre da tutela do bem "vida" ou de outra valoração específica. Também suscitam problemas a definição legal da morte, o prolongamento da vida com recurso a meios de suporte vital artificiais e a interrupção da vida meramente vegetativa artificialmente suportada.

II. É lícita a interrupção voluntária da gravidez em determinadas situações. É hoje cientificamente incontestável que o embrião e o feto têm vida humana que lhes é comunicada pela mãe e pelo pai na gestação. Esta permissão da interrupção da vida só pode ser eticamente justificada por razões muito graves e ponderosas, e continua a ser fortemente controversa e discutida na sociedade. Assim, a Lei n.º 6/84, de 11 de Maio, considera lícita a interrupção voluntária de gravidez em caso de perigo de morte ou de grave lesão para a saúde física ou psíquica da mãe, em caso de doença ou malformação do feto, desde que a interrupção ocorra dentro das primeiras vinte e quatro semanas da gravidez, e em caso de violação da mãe desde que a interrupção ocorra dentro das primeiras doze semanas de gravidez.

Não deve, todavia, entender-se o aborto como um acto da livre disponibilidade da mãe, como um direito ao próprio corpo, porque não é do corpo da mãe que se trata; é antes de uma vida nascente, que foi gerada pela mãe e também pelo pai (que neste debate é demasiadamente esquecido) e que tem já uma dignidade própria.

A questão do aborto – ou, da interrupção voluntária da gravidez, como alguns preferem referir – é altamente problemática, não só política e eticamente mas também numa perspectiva jurídica e não pode deixar de ser problematizada num mestrado de Direito de Personalidade.

III. É também controversa a eutanásia, como interrupção voluntária da vida humana[105].

A sua discussão envolve divergências éticas e desentendimentos conceptuais. Desde logo, é necessário não confundir as práticas médicas de alívio do sofrimento na morte com o encurtamento da vida de doentes incuráveis. O Direito entrega à Medicina a determinação do estado de agonia. Nesse estado, podem – e devem – os médicos fazer o possível para aliviar o sofrimento da morte. Na agonia, mas não antes, é lícito ministrar ao moribundo medicamentos que aliviem ou mesmo eliminem o sofrimento, ainda que com o efeito de encurtar a vida. Tal não deve,

---

[105] NUNO FERREIRA, *Revisiting Euthanasia – A Comparative Analysis of a Right to Die in Dignity*, ZERP – Zentrum für Europäische Rechtspolitik an der Universität Bremen, Bremen, 2005.

porém, ser confundido com a intenção suicida do doente que pede ao médico que lhe provoque a morte. O auxílio ao suicídio é ilícito e constitui um crime punido no artigo 135.º do Código Penal. Também o homicídio a pedido da vítima constitui crime (artigo 134.º do Código Penal), ainda que esse pedido seja "instante, consciente, livre e expresso".

Diferente, porém, é a situação em que o paciente, lúcida e informadamente, opta por não se submeter a um tratamento ou pela cessação do mesmo depois de iniciado, decidindo que é tempo de entregar a sua vida. Os meios modernos de prolongamento da vida humana podem, por vezes, perverter-se no prolongamento artificial do sofrimento e da agonia. Ao paciente, desde que esteja lúcido, não deve ser recusada a decisão sobre o tratamento.

Também a eutanásia deve ser tema de investigação e questionamento no mestrado de Direito de Personalidade.

IV. O suicídio é um acto ilícito, embora sem natureza penal.

O suicídio é um mal social e pessoal. A ilicitude do suicídio decorre da indisponibilidade da vida, tanto pelo próprio como por outrem. Razões de criminologia e de penologia desaconselham a incriminação do suicídio. Na verdade, não é razoável punir criminalmente aquele que tentou sem êxito suicidar-se. Porém, a não criminalização não significa licitude.

Mas já constituem crime o incitamento e a ajuda ao suicídio (artigo 135.º), o homicídio a pedido da vítima (artigo 134.º) e a própria propaganda do suicídio (artigo 139.º do Código Penal).

É persistente e recorrente a defesa de um chamado "direito à morte", que se traduziria na disponibilidade da própria vida.

A controvérsia entre a ilicitude do aborto, da eutanásia e do suicídio e das práticas que lhe estão ligadas, e o chamado "direito à morte", da "cultura de morte"[106] é mais um tema de problematização, aprofundamento e investigação no mestrado de Direito de Personalidade.

b. O direito à integridade física e psíquica

O direito à integridade física e psíquica constitui um paradigma de defesa da personalidade contra ameaças e agressões que se traduzam em lesões da integridade física e psíquica das pessoas.

Não há razão para separar a defesa da integridade física da defesa contra ameaças e agressões à sua integridade psíquica. Não existe uma

---

[106] PAULO OTERO, *A Democracia Totalitária*, cit., págs. 157 e segs..

fronteira nítida entre a integridade física e a integridade psíquica, como bens da personalidade a defender, e mesmo muitas vezes as ameaças e agressões atingem necessariamente quer o físico, quer o psíquico, ou atingem um através do outro. Embora possa também haver lesões da integridade física que não tenham sequelas ou consequências na integridade psíquica e vice-versa, parece ser de englobar num único tipo de tutela da personalidade a integridade física e psíquica.

A integridade física e psíquica são postas em causa sempre que algo existe que as põe em perigo ou as ofende. Uma simples agressão física – ofensa corporal – constitui lesão da personalidade, assim como a tortura física ou as práticas de lavagem de cérebro são violações da integridade física e psíquica.

Também as práticas não intencionalmente dirigidas à lesão da integridade física ou psíquica, mas que a tenham como resultado são ilícitas. Tal sucede, nomeadamente, no caso de ruídos intensos produzidos durante a noite por obras ou estabelecimentos de diversão, que sejam de molde a impedir o sono, ou com a emissão de gases de instalações industriais, que sejam nocivos à saúde, ou de maus cheiros insuportáveis.

São muitas as sentenças judiciais de "casos de ruído". Os tribunais têm-se pronunciado numa orientação jurisprudencial constante, no sentido de que o ruído que impeça o sono, constitui violação do direito de personalidade, direito ao repouso, ainda que o nível do ruído não exceda os limites fixados no respectivo Regulamento.

Esta orientação é correcta, dado que o direito de personalidade não pode ser restringido por um simples regulamento. A compatibilização jurídica do Regulamento do Ruído com o direito de personalidade deve ser feita no sentido de que todos devem limitar a emissão de ruídos, em geral, ao estabelecido no Regulamento; mas desse Regulamento não resulta um "direito a fazer ruído" e muito menos a licitude do impedimento do repouso alheio. O direito de personalidade prevalece sobre o regulamento do ruído[107].

É também frequente na controvérsia judiciária a invocação do direito fundamental à liberdade e iniciativa económica para contrariar ou bloquear

---

[107] Podem ser citados, neste sentido, entre muitos outros, os segs. acórdãos: TRCoimbra 16.V.00 (CJ, 2000, III, 16), STJ 28.X.99, STJ 6.V.98, (CJ-STJ, II, 76), TRÉvora 2.X.97 (CJ, 1997, IV, 275), TRCoimbra 8.VII.97 (CJ, 1997, IV, 23), TRLisboa 1.X.96 (CJ, 1996, IV, 104) e TRPorto 14.III.96 (CJ, 1996, II, 193), STJ 9.I.96 (BMJ, 453, 417), TRPorto 27.IV.95 (BMJ 446, 350)

o direito à integridade física e psíquica sempre que o ruído, o mau cheiro ou outra emissão nociva provêm de uma actividade empresarial. Os tribunais não têm atendido a essa argumentação.

A integridade física e psíquica são de uma vastíssima amplidão e abrangem a saúde em geral, quer a saúde física, quer a psíquica. Sempre que a saúde de alguma pessoa esteja ameaçada ou agredida, quer por condições ambientais concretas, como por exemplo, lixeiras a céu aberto ou emissões industriais venenosas, pode essa pessoa requerer ao Tribunal que adopte as providências adequadas à prevenção ou cessação da ofensa, ou à atenuação dos seus efeitos.

Este é mais um tema de grande interesse para a investigação e questionamento no mestrado de Direito de Personalidade.

c. O direito à inviolabilidade moral

Numa outra perspectiva, embora próxima da integridade psíquica, pode ser tipificada a tutela da inviolabilidade moral.

As pessoas são seres morais, que vivem num ambiente povoado de valores éticos que são da maior importância, que integram a sua personalidade e que merecem tutela jurídica, designadamente civil. É neste campo que se inserem a autonomia moral, a liberdade religiosa de convicção e de culto, o respeito pelos mortos e pela sua memória, o respeito pela honra, pela privacidade e pelo pudor. São valores da maior dignidade cuja defesa não pode ser encarada com ligeireza.

A Constituição da República garante, no seu artigo 41.º, a liberdade de consciência, de religião e de culto, estatuindo que ninguém pode ser discriminado por causa da sua crença religiosa, ou mesmo perguntado acerca dela. O mesmo preceito garante a objecção de consciência. O respeito pelos mortos e pela sua memória é também uma concretização da defesa da inviolabilidade moral dos seus familiares. O artigo 71.º do Código Civil, ao afirmar que "os direitos de personalidade gozam também de protecção depois da morte do respectivo titular", está a defender, na esfera dos respectivos familiares, o mandamento ético de respeito pela memória dos mortos, conferindo-lhes – ao cônjuge sobrevivo, e a qualquer descendente, ascendente, irmão, sobrinho ou herdeiro – legitimidade para requererem os remédios previstos no artigo 70.º.

Mas a liberdade de culto não pode tornar lícitas práticas que agridam direitos de personalidade alheios. Quando assim suceda, ocorre um conflito de direitos de personalidade que deve ser resolvido de acordo com os critérios gerais do artigo 335.º do Código Civil.

A crescente conflitualidade religiosa, principalmente no que concerne ao islamismo, e a algumas das suas práticas, justifica que seja problematizada e investigada no mestrado de Direito de Personalidade. A liberdade religiosa torna lícitas todas e quaisquer práticas que tenham confirmado suporte numa religião, ainda que com ofensa da personalidade alheia e até da própria? A liberdade de culto, justifica homicídio "de honra", amputações, sacrifícios rituais, limitações da liberdade e da dignidade? Ou, haverá, com vigência generalizada – ou muito espalhada – uma imposição dos padrões religiosos e culturais do cristianismo, com a consequente recusa de um igual padrão de relevância a outras culturas e a outras religiões? Como devem – ou podem – ser dirimidos os conflitos daí decorrentes?

Será de admitir um "direito à diversidade religiosa e cultural" que imponha a licitude de práticas que a nossa cultura não suporta? Não terá de haver um limite e qual esse limite?

É também esta uma questão que deve ser problematizada num mestrado sobre Direito de Personalidade.

d. O direito à identidade pessoal e ao nome

No artigo 26.º da Constituição da República está previsto, como direito fundamental, o direito à identidade pessoal. É um direito de personalidade porque orientado funcionalmente à tutela da dignidade humana, através da defesa daquilo que garante a infungibilidade, a indivisibilidade e a irrepetibilidade de cada uma das pessoas humanas.

Toda a pessoa tem o direito à sua individuação, como pessoa única com uma dignidade própria, não susceptível de ser amalgamada na massa nem hipostasiada numa transpessoa.

A identidade pessoal inclui também a identidade genética e o património genético, que assumem recentemente uma imensa importância perante os riscos nascentes de manipulação[108]. O direito à identidade e ao património genéticos, e mesmo à integridade genética, proscrevem a duplicação da pessoa pela clonagem integral, e ofensas possíveis que incidam sobre o genoma humano.

---

[108] PAULO OTERO, *Personalidade e Identidade Pessoal e Genética do Ser Humano*, Almedina Coimbra, 1999; CLÁUDIA MARTINS ALVES, *Direito à Identidade Genética*, relatório de mestrado, Faculdade de Direito de Lisboa, 2002, pág. 7, STELLA NEVES BARBAS, *Direito ao Património Genético*, Almedina, Coimbra, 1998.

Nos artigos 72.º, 73.º e 74.º, o Código Civil prevê o direito a ter nome, a usá-lo, completo ou abreviado, e a protegê-lo contra o uso ilícito que dele seja feito. A pessoa pode, por exemplo, impedir que numa obra de ficção seja usado um nome idêntico ou que possa ser confundido com o seu, em moldes que ofendam a sua dignidade.

No caso, relativamente frequente, de haver mais de uma pessoa com o mesmo nome, incumbe ao tribunal decretar "as providências que, segundo juízos de equidade, melhor conciliem os interesses em conflito". Ao nome é equiparado o pseudónimo, quando seja notório.

Neste tema se concentram duas áreas problemáticas com elevadíssimo interesse dogmático, que não devem ser deixadas esquecidas no mestrado de Direito de Personalidade: por um lado, o direito à identidade, à individuação, a ter um nome e a defendê-lo; por outro, as novas questões induzidas pelo avassalador avanço da biociência no que concerne à identidade genética.

e. O direito ao livre desenvolvimento da personalidade

I. Na revisão constitucional de 1997, foi introduzido no artigo 26.º, n.º 1 o direito ao livre desenvolvimento da personalidade. Tratou-se de uma transferência jus-cultural do direito alemão, do artigo 2, § 1 da Lei Fundamental[109].

II. São particularmente representativos, na doutrina portuguesa, sobre o direito ao livre desenvolvimento da personalidade, as obras de CAPELO DE SOUSA e de PAULO MOTA PINTO.

CAPELO DE SOUSA[110] trata do desenvolvimento de personalidade em termos muito amplos. Liga-o à concreta personalidade de cada ser humano vivo, à "emergência de forças energéticas e transformadoras, interiores, de cada homem" à "garantia de meios e condições existenciais e convivenciais, tanto naturais como sociais, suficientes para todo o homem se poder desenvolver" e à "salvaguarda do poder de auto-determinação de cada homem e de auto-constituição da sua personalidade individual".

---

[109] "Jeder hat das Recht auf die freie Entfaltung seiner Persönlichkeit, soweit er nicht die Rechte anderer verletzt und nicht gegen die verfassungsmäßige Ordnung oder das Sittengesetz verstößt.". HUBMANN, *Das Persönlichkeitsrecht*, cit., págs. 175 e segs..

[110] CAPELO DE SOUSA, *O Direito Geral de Personalidade*, cit., págs. 352 e segs..

Para PAULO MOTA PINTO[111], o direito ao livre desenvolvimento da personalidade tem "uma *dupla dimensão*: "a tutela da personalidade, enquanto substracto da individualidade e nos seus múltiplos aspectos, e a tutela da liberdade geral de acção pessoal humana". (...) "A protecção da personalidade pressupõe a liberdade para o seu desenvolvimento segundo o seu próprio projecto, situação e possibilidades, ligado a uma determinada mundividência, credo ou religião que não seja resultante da própria pessoa como ente dotado de capacidade de escolha". Como tutela da liberdade de acção humana é "antes do mais, um direito integrante do *status negativus*" que se traduz na defesa contra "imposições ou proibições violadoras da liberdade geral de acção".

III. Na referência ao "livre desenvolvimento da personalidade", a palavra "personalidade" tem um sentido que parece desviar-se daquele que adoptamos, como "qualidade de ser pessoa", mas que na realidade dele não diverge senão aparentemente.

A própria ideia de uma personalidade susceptível de desenvolvimento assenta numa concepção de pessoa, como a de MIRANDOLA[112], em que o ser humano tem o dom, dado por Deus, de poder determinar a sua própria natureza, de ser auto-constituinte. A pessoa, neste sentido desenvolve-se naquilo que é, naquilo que vai sendo e naquilo que virá a ser. Esta possibilidade, quase divina, é inerente à própria natureza humana, é-lhe constituinte. Daí que um dos direitos de personalidade tenha especificamente por missão essa qualidade.

A dupla qualidade que lhe é apontada traduz uma sua perspectiva positiva e negativa: por um lado, defende a sua liberdade de se auto-formar, por outro, a de remover os obstáculos que as limitações da sua liberdade de acção oponha à mesma auto-formação. A pessoa, deve poder ser e devir o que bem entender.

Importa, porém, não esquecer o que a lei fundamental alemã deixa bem expresso: que tal só pode licitamente subsistir enquanto não colidir com os direitos dos outros, com a ordem constitucional e com a Moral. Quem quiser desenvolver-se e realizar-se com desrespeito pelo outro, seu semelhante, pelos outros que são a sua comunidade, e pelas leis morais, como adverte MIRANDOLA, será um bruto.

---

[111] PAULO MOTA PINTO, *O Direito ao Livre Desenvolvimento da Personalidade*, cit., passim.
[112] PICO DELLA MIRANDOLA, *On the Dignity of Man*, cit., págs. 4-5.

Isto vem a propósito da invocação do direito ao livre desenvolvimento da personalidade como argumento para o mais radical egoísmo, postulando a remoção de todos os regimes jurídicos de protecção geral, desde os mais banais, como a obrigatoriedade de uso de capacete nos motociclos e do cinto de segurança no automóvel, até ao direito ao suicídio, que vem sendo acusado de "paternalismo", com excepção apenas dos que tenham por fim a tutela dos menores e dos deficientes mentais[113]. Não deixa de ser virtuosa a chamada de atenção contra o excessivo proteccionismo estatal e legal que, sob a invocação da tutela de tudo e de nada, comprime inadmissivelmente a liberdade humana.

f. O direito à honra

I. O direito à honra, à defesa do bom nome e reputação, insere-se também no âmbito da inviolabilidade moral, assim como a tutela da privacidade e do pudor. Merece uma atenção particular.

O direito à honra é uma das mais importantes concretizações da tutela e do direito da personalidade. A honra é um preciosíssimo bem da personalidade. A honra é a dignidade pessoal pertencente à pessoa enquanto tal, e reconhecida na comunidade em que se insere e em que coabita e convive com as outras pessoas.

A honra existe numa vertente pessoal, subjectiva, e noutra vertente social, objectiva. Na primeira, traduz-se no respeito e consideração que cada pessoa tem por si própria; na segunda traduz-se no respeito e consideração que cada pessoa merece ou de que goza na comunidade a que pertence[114]. A perda ou lesão da honra – a desonra – resulta, ao nível pessoal, subjectivo, na perda do respeito e consideração que a pessoa tem por si própria, e ao nível social, objectivo, pela perda do respeito e consideração que a comunidade tem pela pessoa. A lesão da honra pode não ser total – só em casos excepcionais o será – e limitar-se a um seu detrimento. A honra, neste caso, é lesada, mas não perdida. O respeito e consideração que a pessoa tem por si própria ou de que goza na comunidade, são então apenas diminuídos, agravados, feridos, mas não perdidos.

---

[113] KAI MÖLLER, *Paternalismus und Persönlichkeitsrecht*, Dunker & Humblot, Berlin, 2005.

[114] No mesmo sentido, BELEZA DOS SANTOS, *Algumas considerações jurídicas sobre crimes de difamação e de injúria*, Revista de Legislação e Jurisprudência, ano 92.º, pág. 165.

Todas as pessoas têm direito à honra pelo simples facto de existirem, isto é, de serem pessoas. É um direito inerente à qualidade e à dignidade humana. Mas as pessoas podem perder a honra ou sofrer o seu detrimento em virtude de vicissitudes que tenham como consequência a perda ou diminuição do respeito e consideração que a pessoa tenha por si própria ou de que goze na sociedade. As causas de perda ou do detrimento da honra – de desonra – são, em termos muito gerais, acções da autoria da própria pessoa ou que lhe sejam imputadas, e que sejam consideradas reprováveis na ordem ética vigente, quer ao nível da própria pessoa, quer ao nível da sociedade.

Esta ordem ética não é geralmente diferente, ou fundamentalmente diferente, na sociedade e em cada uma das pessoas que a integram, mas pode divergir, quer no conteúdo, quer no grau de exigência. Isto explica que possa haver divergência no gravame à honra, nos níveis pessoal subjectivo e social objectivo. Uma determinada pessoa pode ser eticamente mais exigente, ou menos exigente, do que a sociedade ou que certo sector da sociedade; e assim, perante uma concreta vicissitude desonrosa, pode sentir-se mais ou menos desonrada em termos pessoais e subjectivos do que em termos sociais objectivos. Quer isto dizer que, num caso concreto, pode a pessoa sentir mais gravemente a perda de respeito e consideração que tem por si própria do que a medida em que a sociedade perde de respeito e consideração por ela. E vice-versa.

Esta realidade abre o caminho para uma dualização da problemática da honra em duas perspectivas: a pessoal, subjectiva, e a social, objectiva. A honra continua a ser só uma, mas as perspectivas pessoal e social podem ser diferentes e suscitar questões diversas. Ambas tuteladas pelo Direito. São ilícitas as ofensas à honra, quer se traduzam em gravame ao respeito e consideração que a pessoa tem por si própria, quer prejudiquem o respeito e consideração de que a pessoa goza no meio social em que se insere ou mesmo na colectividade em geral.

II. São particularmente gravosas – e merecem especial atenção – as ofensas à honra cometidas através da comunicação social[115]. O impacto

---

[115] Sobre a problemática da colisão do direito à honra com a liberdade de imprensa, nas perspectivas constitucional e penal, FIGUEIREDO DIAS, *Direito de Informação e Tutela da Honra no Direito Penal da Imprensa Portuguesa*, Revista de Legislação e Jurisprudência, ano 115.º, págs. 100-106, 133-137 e 170-173. Nas páginas 101 e 102 da obra citada, o Autor considera inevitável a colisão entre o direito à honra e o direito à informação. "Para este conflito", pode ler-se aí, "abre a própria Constituição

que os meios de comunicação de massa – imprensa, rádio e televisão e internet – têm na sociedade e a credibilidade de que, porventura imerecidamente, beneficiam, agravam brutalmente as lesões causadas. É sabido que a generalidade das pessoas acredita acriticamente no que os jornais, a rádio e principalmente a televisão comunicam e como são ineficazes os desmentidos posteriormente publicados, quase sempre tarde e com impacto insuficiente. As ofensas à honra assim cometidas são extremamente gravosas e dificilmente reparáveis.

A liberdade de imprensa não sobreleva o direito à honra. Embora ambos estejam formalmente consagrados na Constituição da República como direitos, liberdades e garantias, a defesa da honra situa-se no âmbito superior dos direitos de personalidade e é, por isso, hierarquicamente superior à liberdade de imprensa[116].

A questão tem sido colocada a propósito das pessoas com notoriedade, também chamadas "figuras públicas", que, segundo algumas opiniões, beneficiariam de uma menor tutela da honra e da privacidade. Esta "capitis deminutio" fundar-se-ia no carácter voluntário da sua exposição pública o que, segundo o velho brocardo "volentis non fit injuria", excluiria a ilicitude das ofensas à sua honra e privacidade.

Em nossa opinião, a questão está mal colocada. O direito à honra e à privacidade podem ter de ser, em concreto, compatibilizados com o interesse público da revelação de certos factos ou situações. Quando o interesse público o imponha, o direito à honra e à privacidade, não podem impedir a revelação daquilo que for estritamente necessário e apenas do que for estritamente necessário. A exclusão da ilicitude resulta, então, do carácter público do interesse em questão e não do carácter público da pessoa atingida ou da sua exposição. É esse o sentido da cláusula de exclusão da ilicitude contida no artigo 180.º, n.º 2 do Código Penal. Só deve admitir-se a exclusão da ilicitude se e quando se demonstre convin-

---

uma via de solução, ao reconhecer expressamente a existência de *limites* ao exercício do direito de exprimir e divulgar livremente o pensamento e, por aí, ao exercício da liberdade de imprensa".

[116] São frequentes as decisões dos tribunais no sentido da superioridade hierárquica dos direitos de personalidade, mesmo em relação a outros direitos fundamentais. Podem ser citados a esse propósito STJ 24.X.95 (BMJ 450, 403), STJ 26.IV.95 (BMJ 446, 224), TRLisboa 15.VI.99 (CJ, 1999, III, 115), TRLisboa 25.II.97 (CJ, 1997, I, 145), TRLisboa 27.II.97 (CJ, 1997, I, 145), TRLisboa 24.XI.94 (CJ, 1994, V, 112), TRPorto 2.II.98 (CJ, 1998, I, 203), TRPorto 19.XI.96 (CJ, 1996, V, 188), TRPorto 14.III.96 (CJ, 1996, II, 193).

centemente que o interesse público sofreria dano grave e real sem a agressão à honra ou à privacidade da pessoa ofendida. Trata-se de casos muito graves e sem dúvida excepcionais.

Com estes casos não devem ser confundidos os casos, sem dúvida ilícitos, em que a ofensa à honra ou a violação da privacidade ocorrem por simples interesse comercial ou de lucro, como sucede com os meios de comunicação social sensacionalista que exploram o "voyeurismo" e a curiosidade malsã de algum público, revelando a vida privada de pessoas com notoriedade e acusando escândalos que possam aumentar tiragens ou audiências[117].

Quando o interesse público exija a agressão do direito à honra ou à privacidade, o princípio do mínimo dano[118] impõe que o meio utilizado não seja excessivo e deva ser o menos pesado possível para a honra e a privacidade do atingido. A ofensa à honra continuará a ser ilícita, ainda que exista interesse público, quando haja excesso. O excesso fará cessar a licitude da acção, mesmo que se mantenha o interesse público.

g. O direito à privacidade

Muito próximo do direito à honra está o direito à privacidade[119]. A dignidade da pessoa exige que lhe seja reconhecido um espaço de privacidade em que possam estar à vontade, ao abrigo da curiosidade dos outros, sejam eles simplesmente os vizinhos, ou sejam as autoridades públicas ou os meios de comunicação social, ou sejam quaisquer outras pessoas. O direito à privacidade obsta à devassa da vida privada de cada um. É, de certo modo, o direito de ser deixado em paz.

Qual o âmbito material dessa esfera de privacidade? Desde logo, sem dúvida, o da vida doméstica, familiar, sexual e afectiva.

Mas, mais do que uma delimitação positiva do âmbito material da esfera de privacidade, há que proceder à sua delimitação negativa. Quer isto dizer que, em vez de se procurar a determinação de quais as zonas da vida que merecem estar ao abrigo da curiosidade alheia, se deve antes acertar em que condições, matérias da vida das pessoas podem ficar fora dessa esfera de protecção.

---

[117] FIGUEIREDO DIAS, *Direito de Informação e Tutela da Honra no Direito Penal da Imprensa Portuguesa*, cit., pág. 137.

[118] PAIS DE VASCONCELOS, *Teoria Geral do Direito Civil*, cit., pág. 63.

[119] Sobre o direito à privacidade, RITA CABRAL, *O Direito à Intimidade da Vida Privada*, cit., págs. 373-406, e PAULO MOTA PINTO, *O Direito à Reserva sobre a Intimidade da Vida Privada*, cit., págs. 479-586.

Tem sido tentado um critério de determinação do conteúdo do direito à privacidade assente sobre a distinção de três esferas concêntricas: a esfera da vida íntima, a esfera da vida privada e a esfera da vida pública[120]. Na esfera da vida íntima compreender-se-ia o que de mais secreto existe na vida pessoal, que a pessoa nunca ou quase nunca partilha com outros, ou que comunga apenas com pessoas muitíssimo próximas, como a sexualidade, a afectividade, a saúde, a nudez; na esfera da privacidade, que é já mais ampla, incluir-se-iam aspectos da vida pessoal, fora da intimidade, cujo acesso a pessoa permite a pessoas das suas relações, mas não a desconhecidos ou ao público; a esfera pública abrangeria tudo o mais, aquilo a que, na vida de relação e na inserção na sociedade, todos têm acesso.

Esta construção permite a ilusão de exactidão e rigor na aplicação do direito, mas não resiste a um olhar atento. A questão é de relacionamento da pessoa com os outros. Nesse campo, se há que distinguir estratos, não se encontra justificação para que sejam apenas estes três. A intimidade e a privacidade são gradativas e não podem ser rigidamente distribuídas por prateleiras fixas. Como bem se diz no artigo 80.º do Código Civil, a sua intensidade depende da natureza do caso e da condição das pessoas. E, quando se fala da condição das pessoas, não é apenas da pessoa do titular da privacidade, mas também das pessoas que com ela estão em contacto e em relação a quem o problema se coloca.

Os limites da intimidade e da privacidade de certa pessoa não são os mesmos em relação a este ou outro dos seus irmãos, dos seus familiares, dos seus amigos ou dos seus colegas de trabalho. Além disso, também nesta matéria há dias e dias, assim como há circunstâncias e circunstâncias. A distinção das três esferas é formal e introduz fracturas artificiais num "continuum" gradual de intensidade. Numa imagem plástica, a teoria das três esferas quebrou uma rampa suave e subtil com três degraus abruptos.

Entre o segredo total daquilo que não se conta a ninguém e a publicidade daquilo a que se dá abertura total, há uma relação de polaridade. Não se deve, pois, concluir que isto é íntimo, aquilo é privado e o resto é público; mas antes que isto é mais íntimo ou mais privado que aquilo, e que esta pessoa nos é mais íntima do que aquela. Se fosse possível distinguir estratos, eles teriam de ser inúmeros, tantos que a sua operacionalidade se frustraria. Em nossa opinião, a teoria dos três círculos é uma tentativa falhada que tem, todavia, o mérito de sugerir a polaridade.

---

[120] RITA CABRAL, *O Direito à Intimidade da Vida Privada*, cit., págs. 398 e segs..

A polaridade entre o público e o privado corresponde a uma escala progressiva e gradual, sem quebras de continuidade nem saltos bruscos, entre o que é totalmente privado e vedado ao conhecimento e ao contacto dos outros e o que é completamente aberto que se partilha com toda a gente. É difícil, senão mesmo impossível, estabelecer padrões previamente definidos e precisamente delimitados de níveis de privacidade. Tudo depende de tudo. Das pessoas, de cada pessoa, da sua sensibilidade e das suas circunstâncias; das necessidades e exigências da sociedade relativas ao conhecimento e à transparência da vida em comum. É a sempre presente dialéctica entre o eu e os outros, entre o interesse pessoal e o bem comum, entre o subjectivo e o objectivo, entre direito subjectivo e direito objectivo. É inevitável o casuísmo, porque as pessoas e as circunstâncias não são iguais. Em matéria de uma tão intensa intimidade não é possível tipificar.

A reserva da privacidade deve ser considerada a regra e não a excepção. É esse o sentido que se retira, por um lado, da natureza do direito à privacidade como direito de personalidade e, por outro, da sua consagração constitucional como direito fundamental. O direito à privacidade só pode ser licitamente agredido quando – e só quando – um interesse público superior o exija, em termos tais que o contrário possa ser causa de danos gravíssimos para a comunidade.

Tal como sucede com o direito à honra, o direito à privacidade colide frequentemente com o direito à liberdade de expressão, principalmente com a liberdade de imprensa. A questão não é substancialmente diferente. As ofensas à privacidade cometidas através da comunicação social são sempre de uma brutal gravidade. A divulgação e a credibilidade dos meios de comunicação social agravam a ofensa e tornam-na praticamente irreparável. Cai, portanto, sobre os meios de comunicação social um dever agravado de prudência na divulgação de comunicações que possam agredir a privacidade.

As condições de licitude das ofensas à privacidade cometidas através da comunicação social são as mesmas que atrás foram expostas acerca das ofensas à honra. Só uma necessidade imperiosa de interesse público pode tornar lícita a ofensa. O modo de aferir, em concreto, a ponderação da licitude ou ilicitude da ofensa deve ser feito no quadro do abuso do direito. A ofensa é lícita quando o interesse público em jogo seja de tal modo ponderoso e a necessidade da ofensa seja de tal modo imperiosa que o exercício do direito à privacidade se torne abusivo, quando "exceda manifestamente os limites impostos pela boa fé, pelos bons costumes ou pelo fim social ou económico desse direito". Em casos como estes, há um dever de cidadania e de solidariedade que sobreleva, em concreto, e que leva a qualificar como egoísta e eticamente insustentável a persistência na defesa da reserva da esfera privada. Tratar-se-ia, então, de abuso do direito à privacidade.

É ilícita a agressão à privacidade quando o interesse que a impulsiona seja eticamente pouco relevante como o simples interesse de lucro, de tiragem ou de audiência, ou eticamente negativo, como o sensacionalismo, a inveja, o ódio, ou os intuitos de difamar ou de injuriar.

Tal como sucede com as ofensas à honra, não deve admitir-se um estatuto degradado, de menor dignidade, para as chamadas "figuras públicas", pessoas que gozam, ou que sofrem, de maior notoriedade, designadamente na comunicação social, em virtude da titularidade de cargos públicos ou políticos de maior relevância, ou de posições profissionais ou sociais que as tornem mais notadas. Segundo algumas opiniões, a notoriedade dessas pessoas, por um lado, tornaria justificada a curiosidade pública sobre a sua vida privada e, por outro lado, o facto de a exposição pública da pessoa ser tolerada, ou mesmo intencionalmente procurada, implicaria uma espécie de consentimento objectivo que, como indica o brocardo "volentis non fit injuria", tornaria lícitas as ofensas à sua privacidade. De acordo com estas opiniões, as pessoas públicas não teriam privacidade.

As chamadas "figuras públicas", as pessoas com maior notoriedade, têm o mesmo direito à privacidade que todas as pessoas. Admitir para elas um estatuto pessoal degradado seria inconstitucional e colidiria com o princípio da igualdade. Como ficou já exposto acerca do direito à honra, a compressão da esfera de privacidade que eventualmente possam sofrer só pode fundar-se na publicidade e relevância do interesse em questão e nunca pode resultar simplesmente da notoriedade da pessoa.

No articulado do Código Civil, o artigo 80.º consagra um aspecto parcelar do direito à privacidade, estatuindo que " todos devem guardar reserva sobre a intimidade da vida privada de outrem". Esta fórmula, na sua letra, só refere a proibição da divulgação do que respeite à intimidade da vida privada de outrem. Trata-se apenas dos casos em que o conhecimento dos factos atinentes à intimidade privada alheia foi lícito, porque permitido pelos próprios, mas em que deve ser mantida reserva sobre os mesmos.

Mas o direito à privacidade é mais amplo e proscreve, além da divulgação, também a penetração abusiva nesse âmbito. Da fórmula restrita do artigo 80.º não pode ser retirada "a contrario" a licitude da invasão da privacidade alheia desde que mantida a reserva. A fórmula restrita tem apenas o efeito de limitar o âmbito da restrição contida no n.º 2 do artigo à reserva, sem que a mesma se aplique à invasão da intimidade da vida privada alheia. É proibido espreitar para dentro da casa dos outros, mesmo sem revelar o que aí se vê.

Também as matérias dos artigos 75.º a 78.º se compreendem no âmbito do direito à privacidade, embora sem o esgotar. Os artigos 75.º a 78.º tratam de questões sobre memórias, cartas e outros escritos, que tradicionalmente suscitam problemas, e reconhece-lhes a dignidade de se inserirem no âmbito da tutela da personalidade.

Distingue os escritos confidenciais dos que o não são. No que respeita aos primeiros, protege a confidencialidade dos escritos, impondo a reserva sobre o seu conteúdo e proibindo o aproveitamento das informações que contenham. Depois de morto o destinatário, permite que o tribunal ordene a sua restituição ao autor ou aos seus familiares referidos no artigo 71.º, a sua destruição, o seu depósito em mão de pessoa idónea ou outra medida apropriada.

No que respeita aos escritos não confidenciais, só permite a sua utilização em termos que não contrariem a expectativa do autor, e só permite a sua publicação com o consentimento do autor ou das pessoas enumeradas no artigo 71.º, ou com o seu suprimento judicial desse consentimento, salvo quando sejam utilizados como documentos literários, históricos ou artísticos.

O direito à privacidade envolve, como se viu, um riquíssimo manancial de problemas e questões dignos de ser tratados no mestrado de Direito de Personalidade.

h. O direito à imagem

O artigo 79.º do Código Civil consagra, como direito de personalidade, o direito à imagem. Trata-se da defesa da pessoa contra a exposição, reprodução ou comercialização do seu retrato, sem o seu consentimento.

O consentimento é dispensado, segundo o n.º 2 do artigo, "quando assim o justifiquem a sua notoriedade, o cargo que desempenhe, exigências de polícia ou de justiça, finalidades científicas, didácticas ou culturais, ou quando a reprodução da imagem vier enquadrada na de lugares públicos, ou na de factos de interesse público ou que hajam ocorrido publicamente.

Mas esta dispensa cessa, segundo o n.º 3 do artigo, quando "do facto resultar prejuízo para a honra, reputação ou simples decoro da pessoa retratada".

Este artigo permite confirmar o que já atrás se tinha concluído quanto à eventual limitação dos direitos à honra e à privacidade de pessoas com notoriedade. A dispensa do consentimento justificada pela notoriedade e pelas outras circunstâncias referidas no n.º 2 do artigo deixa de se verificar quando daí resultar prejuízo para a honra. O que significa a confirmação da superioridade hierárquica do direito à honra.

Num interessante aresto, o Supremo Tribunal de Justiça[121] julgou ilícita a publicação, na primeira página de um jornal diário, da fotografia de uma senhora seminua, tirada numa praia onde usualmente se pratica o nudismo, sem que tenha sido obtido o consentimento da pessoa fotografada. O facto de a pessoa ter livremente consentido em expor a sua nudez na praia não significa que tenha perdido o controlo da sua imagem e não possa opor-se a que essa imagem seja publicada na primeira página dum jornal ou noutro local qualquer. Além disso, não é a mesma coisa a exposição voluntária do corpo numa praia de nudismo ou a sua exposição num jornal. Caso o jornal tivesse querido publicar uma simples fotografia da praia, na qual estivesse necessariamente abrangida aquela pessoa, a

---

[121] STJ 24.V.89 (BMJ, 387, 531): I – A Constituição da República, no seu artigo 26.º, consagra o direito de todos os cidadãos «à imagem e à reserva da intimidade da vida privada e familiar». II – Por sua vez, o artigo 79.º do Código Civil, inserido na secção II sobre direitos de personalidade, estipula também, no seu n.º 1 que «o retrato de uma pessoa não pode ser exposto, reproduzido ou lançado no comércio sem consentimento dela», e no seu n.º 2 que «não é necessário o consentimento da pessoa retratada quando assim o justifiquem a sua notoriedade, o cargo que desempenha, exigências de polícia ou de justiça, finalidades científicas, didácticas ou culturais, ou quando a reprodução da imagem vier enquadrada na de lugar público ou na de factos de interesse público ou que hajam decorrido publicamente» e ainda no seu n.º 3 se consigna que «o retrato não pode, porém, ser reproduzido, exposto ou lançado no comércio se do facto resultar prejuízo para a honra, reputação ou simples decoro da pessoa retratada». III – Age com culpa, praticando facto ilícito passível de responsabilidade civil nos termos do artigo 70.º e do artigo 483.º e segs. do Código Civil, o jornal que, sem o seu consentimento e não sendo ela pessoa pública, fotografa determinada pessoa desnudada e publica essa fotografia numa das edições, não obstante o facto de a fotografia ter sido obtida quando a pessoa em causa se encontrava quase completamente nua na «praia do Meco», considerada um dos locais onde o nudismo se pratica com mais intensidade, número e preferência, mesmo que se admita ser essa pessoa fervorosa adepta do nudismo. IV – É facto notório que a publicação em um jornal de grande divulgação e expansão de um retrato da autora em «*topless*» sem o seu consentimento se tinha de repercutir forçosamente na reputação e honra da retratada e, só por si, gerar prejuízos para ela, tendo, por isso, direito a ser ressarcida pelos mesmos.

Tem também interesse o TRLisboa 5.II.91 (BMJ, 404, 498) que julgou que "os direitos à imagem e à reserva da intimidade privada não permitem a publicação na imprensa de imagens ou factos dessa natureza, quando não haja um interesse público relevante na sua divulgação".

fotografia deveria ser tratada de modo que essa pessoa não fosse identificável nem reconhecível.

A imagem tem recentemente assumido uma nova feição como bem económico, susceptível de ser lançado e explorado no comércio de um modo lucrativo. Modelos, desportistas e outras "celebridades" mercadejam a sua imagem por quantias frequentemente muitíssimo importantes. Por isso, defendem-na, não já como algo ligado à sua personalidade e à sua dignidade, mas como um bem patrimonial. A comercialização da imagem é permitida pelo artigo 81.º do Código Civil e nos seus moldes.

Estas questões de imagem suscitam problemas jurídicos sofisticados e interessantíssimos que constituem também um tema de eleição para o mestrado de Direito de Personalidade.

11. A grande controvérsia

a. Os artigos 8.º e 10.º da Convenção Europeia dos Direitos do Homem

Tem o maior interesse para a investigação em mestrado sobre Direito de Personalidade a controvérsia que tem grassado na Europa sobre a colisão, por um lado, do direito à privacidade e à imagem, e de certo modo também a honra e, por outro, a liberdade de imprensa, a liberdade de criação artística, o direito de informar e de ser informado, e até o de crítica pública.

Para além de vários casos avulsos que os tribunais têm decidido num ou noutro sentido e em que a constância ou a diversidade de soluções decorre mais das circunstâncias do caso do que de uma tomada de posição ou de uma orientação assumida, houve recentemente uma série de decisões que suscitaram – e continuam a suscitar – aplauso e crítica, e das quais parece ser já possível descortinar ou discernir uma orientação geral e duradoura susceptível de constituir modelo de decisão de modo a permitir prever com segurança razoável o modo como os tribunais virão a julgar.

Nesta matéria, como noutras, não é saudável que se prolongue por demasiado tempo a incerteza. A formação e a estabilização de critérios de decisão não é normalmente repentina e carece de amadurecimento. Mas acaba por ter de se estabilizar uma orientação suficientemente sólida para permitir que se conheçam antecipadamente os critérios de licitude na acção. Prolongar a imprevisibilidade, para além de um tempo razoável, constitui arbítrio. E o arbítrio é o contrário do Direito.

Mas esta orientação, embora se vislumbre já com alguma segurança, não se sabe se está já estabilizada. Por isso tem o maior interesse dogmático colocar como tema esta questão.

Cabe agora descrevê-la.

b. *A Resolução 1165 (1998) da Assembleia Parlamentar do Conselho da Europa*

A morte da Princesa de Gales, perseguida por «paparazzi», chocou as pessoas. Foi reclamado o reforço da protecção da privacidade, principalmente das chamadas "pessoas públicas", ao nível europeu. Houve quem pretendesse a elaboração de uma nova convenção, e houve quem acreditasse que a privacidade já estava suficientemente protegida pelas legislações nacionais e pela Convenção Europeia dos Direitos do Homem.

Foi assim que teve origem a Resolução 1165 da Assembleia Parlamentar do Conselho da Europa, de 26 de Junho de 1998[122]. Desta resolução

---

[122] *Resolution 1165 (1998) Right to privacy*

1. The Assembly recalls the current affairs debate it held on the right to privacy during its September 1997 session, a few weeks after the accident which cost the Princess of Wales her life.
2. On that occasion, some people called for the protection of privacy, and in particular that of public figures, to be reinforced at the European level by means of a convention, while others believed that privacy was sufficiently protected by national legislation and the European Convention on Human Rights, and that freedom of expression should not be jeopardised.
3. In order to explore the matter further, the Committee on Legal Affairs and Human Rights organised a hearing in Paris on 16 December 1997 with the participation of public figures or their representatives and the media.
4. The right to privacy, guaranteed by Article 8 of the European Convention on Human Rights, has already been defined by the Assembly in the declaration on mass communication media and human rights, contained within Resolution 428 (1970), as the right to live one's own life with a minimum of interference.
5. In view of the new communication technologies which make it possible to store and use personal data, the right to control one's own data should be added to this definition.
6. The Assembly is aware that personal privacy is often invaded, even in countries with specific legislation to protect it, as people's private lives have become a highly lucrative commodity for certain sectors of the media. The victims are essentially public figures, since details of their private lives serve as a stimulus to sales. At the same time, public figures must recognise that the position they occupy in society in many cases by choice automatically entails increased pressure on their privacy.
7. Public figures are persons holding public office and/or using public resources

and, more broadly speaking, all those who play a role in public life, whether in politics, the economy, the arts, the social sphere, sport or in any other domain.

8. It is often in the name of a one-sided interpretation of the right to freedom of expression, which is guaranteed in Article 10 of the European Convention on Human Rights, that the media invade people's privacy, claiming that their readers are entitled to know everything about public figures.

9. Certain facts relating to the private lives of public figures, particularly politicians, may indeed be of interest to citizens, and it may therefore be legitimate for readers, who are also voters, to be informed of those facts.

10. It is therefore necessary to find a way of balancing the exercise of two fundamental rights, both of which are guaranteed in the European Convention on Human Rights: the right to respect for one's private life and the right to freedom of expression.

11. The Assembly reaffirms the importance of every person's right to privacy, and of the right to freedom of expression, as fundamental to a democratic society. These rights are neither absolute nor in any hierarchical order, since they are of equal value.

12. However, the Assembly points out that the right to privacy afforded by Article 8 of the European Convention on Human Rights should not only protect an individual against interference by public authorities, but also against interference by private persons or institutions, including the mass media.

13. The Assembly believes that, since all member states have now ratified the European Convention on Human Rights, and since many systems of national legislation comprise provisions guaranteeing this protection, there is no need to propose that a new convention guaranteeing the right to privacy should be adopted.

14. The Assembly calls upon the governments of the member states to pass legislation, if no such legislation yet exists, guaranteeing the right to privacy containing the following guidelines, or if such legislation already exists, to supplement it with these guidelines:

i. the possibility of taking an action under civil law should be guaranteed, to enable a victim to claim possible damages for invasion of privacy;

ii. editors and journalists should be rendered liable for invasions of privacy by their publications, as they are for libel;

iii. when editors have published information that proves to be false, they should be required to publish equally prominent corrections at the request of those concerned;

iv. economic penalties should be envisaged for publishing groups which systematically invade people's privacy;

v. following or chasing persons to photograph, film or record them, in such a manner that they are prevented from enjoying the normal peace and quiet they expect in their private lives or even such that they are caused actual physical harm, should be prohibited;

vi. a civil action (private lawsuit) by the victim should be allowed against a photographer or a person directly involved, where paparazzi have trespassed or used

ficou a constar, *inter alia*, que o direito à privacidade tinha já sido definido, na Resolução n.º 428 (1970)[123] como o direito que cada pessoa tem de viver a sua própria vida com um mínimo de interferência.

"visual or auditory enhancement devices" to capture recordings that they otherwise could not have captured without trespassing;

vii. provision should be made for anyone who knows that information or images relating to his or her private life are about to be disseminated to initiate emergency judicial proceedings, such as summary applications for an interim order or an injunction postponing the dissemination of the information, subject to an assessment by the court as to the merits of the claim of an invasion of privacy;

viii. the media should be encouraged to create their own guidelines for publication and to set up an institute with which an individual can lodge complaints of invasion of privacy and demand that a rectification be published.

15. It invites those governments which have not yet done so to ratify without delay the Council of Europe Convention for the Protection of Individuals with regard to Automatic Processing of Personal Data.

16. The Assembly also calls upon the governments of the member states to:

i. encourage the professional bodies that represent journalists to draw up certain criteria for entry to the profession, as well as standards for self-regulation and a code of journalistic conduct;

ii. promote the inclusion in journalism training programmes of a course in law, highlighting the importance of the right to privacy vis-à-vis society as a whole;

iii. foster the development of media education on a wider scale, as part of education about human rights and responsibilities, in order to raise media users' awareness of what the right to privacy necessarily entails;

iv. facilitate access to the courts and simplify the legal procedures relating to press offences, in order to ensure that victims' rights are better protected.

http://assembly.coe.int/Mainf.asp?link=/Documents/AdoptedText/ta98/ERES1165.htm

[123] *Resolution 428 (1970) containing a declaration on mass communication media and human rights*

The Assembly,

1. Having considered the proceedings of the Symposium on human rights and mass communication media held in Salzburg in September 1968;

2. Expressing its satisfaction with the results of the Symposium which have contributed to the solution of problems in this field;

3. Having regard to its recommendation on mass communication media and human rights proposing that the Committee of Ministers take action on a number of specific points;

4. Considering that, besides action to be taken by the Council of Europe, certain principles affirmed at the Salzburg Symposium should be embodied in a special declaration,

5. Adopts the declaration on mass communication media and human rights hereafter:

Declaration on mass communication media and human rights
A. *Status and independence of the press and the other mass media*
1. The press and the other mass media, though generally not public institutions, perform an essential function for the general public. In order to enable them to discharge that function in the public interest, the following principles should be observed:
2. The right to freedom of expression shall apply to mass communication media.
3. This right shall include freedom to seek, receive, impart, publish and distribute information and ideas. There shall be a corresponding duty for the public authorities to make available information on matters of public interest within reasonable limits and a duty for mass communication media to give complete and general information on public affairs.
4. The independence of the press and other mass media from control by the state should be established by law. Any infringement of this independence should be justifiable by courts and not by executive authorities.
5. There shall be no direct or indirect censorship of the press, or of the contents of radio and television programmes, or of news or information conveyed by other media such as news reels shown in cinemas. Restrictions may be imposed within the limits authorised by Article 10 of the European Convention on Human Rights. There shall be no control by the state of the contents of radio and television programmes, except on the grounds set out in paragraph 2 of that Article.
6. The internal organisation of mass media should guarantee the freedom of expression of the responsible editors. Their editorial independence should be preserved.
7. The independence of mass media should be protected against the dangers of monopolies. The effects of concentration in the press, and possible measures of economic assistance require further consideration.
8. Neither individual enterprises, nor financial groups should have the right to institute a monopoly in the fields of press, radio or television, nor should government-controlled monopoly be permitted. Individuals, social groups, regional or local authorities should have – as far as they comply with the established licensing provisions – the right to engage in these activities.
9. Special measures are necessary to ensure the freedom of foreign correspondents, including the staff of international press agencies, in order to permit the public to receive accurate information from abroad. These measures should cover the status, duties and privileges of foreign correspondents and should include protection from arbitrary expulsion. They impose a corresponding duty of accurate reporting.

B. *Measures to secure responsibility of the press and other mass media*
It is the duty of the press and other mass media to discharge their functions with a sense of responsibility towards the community and towards the individual citizens. For this purpose, it is desirable to institute (where not already done):
(a) professional training for journalists under the responsibility of editors and journalists;
(b) a professional code of ethics for journalists; this should cover inter alia such matters as accurate and well balanced reporting, rectification of inaccurate information,

Com estas duas Resoluções, o Conselho da Europa, mantendo embora a paridade de princípio entre o direito à privacidade, e a liberdade de imprensa, como dois direitos fundamentais consagrados respectivamente nos artigos 8.° e 10.° da Convenção Europeia dos Direitos do Homem,

clear distinction between reported information and comments, avoidance of calumny, respect for privacy, respect for the right to a fair trial as guaranteed by Article 6 of the European Convention on Human Rights;

(c) press councils empowered to investigate and even to censure instances of unprofessional conduct with a view to the exercising of self-control by the press itself.

C. Measures to protect the individual against interference with his right to privacy

1. There is an area in which the exercise of the right of freedom of information and freedom of expression may conflict with the right to privacy protected by Article 8 of the Convention on Human Rights. The exercise of the former right must not be allowed to destroy the existence of the latter.

2. The right to privacy consists essentially in the right to live one's own life with a minimum of interference. It concerns private, family and home life, physical and moral integrity, honour and reputation, avoidance of being placed in a false light, non-revelation of irrelevant and embarrassing facts, unauthorised publication of private photographs, protection against misuse of private communications, protection from disclosure of information given or received by the individual confidentially. Those who, by their own actions, have encouraged indiscreet revelations about which they complain later on, cannot avail themselves of the right to privacy.

3. A particular problem arises as regards the privacy of persons in public life. The phrase "where public life begins, private life ends" is inadequate to cover this situation. The private lives of public figures are entitled to protection, save where they may have an impact upon public events. The fact that an individual figures in the news does not deprive him of a right to a private life.

4. Another particular problem arises from attempts to obtain information by modern technical devices (wire-tapping, hidden microphones, the use of computers etc.), which infringe the right to privacy. Further consideration of this problem is required.

5. Where regional, national or international computer-data banks are instituted the individual must not become completely exposed and transparent by the accumulation of information referring even to his private life. Data banks should be restricted to the necessary minimum of information required for the purposes of taxation, pension schemes, social security schemes and similar matters.

6. In order to counter these dangers, national law should provide a right of action enforceable at law against persons responsible for such infringements of the right to privacy.

7. The right to privacy afforded by Article 8 of the Convention on Human Rights should not only protect an individual against interference by public authorities, but also against interference by private persons or institutions, including the mass media. National legislations should comprise provisions guaranteeing this protection.

reconheceu que "é frequentemente em nome de uma interpretação unilateral (one-sided interpretation) do direito de liberdade de expressão, garantido no artigo 10.º da Convenção, que os "media" invadem a privacidade das pessoas, argumentando que os seus leitores têm o direito de saber tudo sobre as figuras públicas" e que, "embora certos factos relativos à vida privada dessas pessoas, particularmente de políticos, possam atrair o interesse dos cidadãos e, por isso, possa ser legítimo que os leitores, que são também votantes, saibam tudo acerca das figuras públicas", é necessário encontrar um modo de equilibrar o seu exercício e deixou claro que o direito à privacidade consagrado no artigo 8.º da Convenção Europeia dos Direitos do Homem deve, não apenas proteger os indivíduos contra a interferência das autoridades públicas, mas também contra a interferência de pessoas privadas ou instituições, incluindo os meios de comunicação social.

Esta tomada de posição não podia deixar de vir a ter consequências.

c. O caso von Hannover v. Alemanha

Em 24 de Junho de 2004, o Tribunal Europeu dos Direitos do Homem julgou o caso *von Hannover v. Germany*[124] que passou a constituir um "leading case" em matéria de conflito ou de compatibilização entre o direito à privacidade e a liberdade de imprensa.

Este caso teve início a requerimento da Princesa Carolina do Mónaco (nele identificada como Caroline von Hannover) que se queixou de violação pelos tribunais alemães do artigo 8.º da Convenção Europeia dos Direitos do Homem. Na sua petição disse que desde os anos noventa tinha tentado evitar a publicação de fotografias da sua vida privada pela imprensa tablóide.

Referiu três séries de fotografias. Na primeira série incluíam-se:

(a) cinco fotografias publicadas em 22 de Julho de 1993 na primeira página da revista *Freizeit Revue* em que era retratada, com um amigo, numa zona afastada do pátio interior de um restaurante em Saint-Rémy-de-Provence, com os títulos *"die zärtlichsten Fotos Ihrer Romanze mit Vincent"* e *"diese Fotos sind der Beweis für die zärtlichste Romanze unserer Zeit"*;

---

[124]http://cmiskp.echr.coe.int/tkp197/view.asp?item=1&portal=hbkm&action =html&highlight=von%20%7C%20Hannover%20%7C%20v.%20%7C%20Germany &sessionid =5445295&skin=hudoc-en

(b) duas fotografias publicadas em 5 de Agosto de 1993 na revista *Bunte*, na primeira das quais era retratada montando um cavalo, com o título *"Caroline und die Melancholie. Ihr Leben ist ein Roman mit unzähligen Unglücken, sagt Autor Roig"*, e na segunda das quais surgia com os seus filhos Peter e Andrea, com o título *"ich glaube nicht, dass ich die ideale Frau für einen Mann sein kann"*;

(c) sete fotografias publicadas em 19 de Agosto de 1993 na revista *Bunte*, a primeira das quais a retratava numa canoa com a sua filha Charlotte, a segunda mostrava o seu filho Andrea com um ramo de flores nos braços, a terceira continha a sua imagem nas compras, a quarta com um amigo num restaurante, a quinta sozinha andando de bicicleta, a sexta com um amigo e o seu filho Pierre e a sétima fazendo compras, num mercado, acompanhada de um guarda costas, com o título *"vom einfachen Glück"*.

Na segunda série de fotografias incluíam-se:

(a) dez fotografias publicadas em 27 de Fevereiro de 1997 na revista *Bunte* em que a mostravam em férias de ski com o título *"Caroline ... eine Frau kehrt ins Leben zurück"*;

(b) sete fotografias publicadas em 13 de Março de 1997 na revista *Bunte* em que era retratada com o Príncipe Ernst August von Hannover numa exibição de cavalos em Rémi-de-Provence, com o título *"Der Küss. Oder: jetzt verstecken sie sich nicht mehr"*, e quatro outras fotografias em que era retratada saindo de casa, em Paris, com o título *"Mit Prinzessin Caroline unterwegs in Paris"*;

(c) sete fotografias publicadass em 10 de Abril de 1997 na revista *Bunte* em cuja capa era mostrada com o Príncipe Ernst August von Hannover e em páginas interiores a jogar ténis e a andar de bicicleta com ele.

Na terceira série de fotografias incluía-se uma sequência de fotografias publicadas na revista *Neue Post*, em que era retratada no *Monte Carlo Beach Club* em fato de banho, envolta numa toalha, tropeçando num obstáculo e caindo, com o título *"Prinz Ernst August haute auf den Putz und Prinzessin Caroline fiel auf die Nase"*

A princesa Carolina requereu no tribunal de Hamburgo (*Landgericht*) uma providência (*injunction*) para a proibição de publicação pela *Burda* (editora da *Bunte* e da *Freizeit Revue*) da primeira série de fotografias, com fundamento na violação dos seus direitos de personalidade com invocação dos artigos 1.º e 2.º da *Grundgesetz* e invocou ainda o direito de controlar a sua própria imagem, com fundamento nos §§ 22 e segs. da Lei de Direitos de Autor (*Kunsturhebergesetz*). Este tribunal atendeu parcialmente a sua pretensão e, distinguindo de acordo com o direito internacional privado, proibiu a publicação daquelas fotografias em França, mas não na Alemanha. No que concerne à publicação das fotografias na Alemanha fundamentou a sua decisão no § 23.º do *Kunsturhebergesetz*, por considerar que a requerente como *"eine absolute Person der Zeitgeschichte"* teria de tolerar a publicação. Acrescentou ainda o tribunal, como argumento, não ter a requerente feito prova de ter um interesse juridicamente protegido (*berechtigtes Interesse*) à proibição da publicação porque no que concerne às figuras da sociedade contemporânea, o direito de protecção da privacidade acabava na porta de casa, e todas as fotografias tinham sido tiradas em lugares públicos[125].

Interposto recurso, o *Oberlandesgericht* manteve a decisão, acrescentando não ser necessário o consentimento da pessoa retratada quando se tratasse de uma figura pública, desde que as fotografias fossem tiradas em locais públicos e que mesmo que a perseguição constante por fotógrafos

---

[125] § 22 *[Das Recht am eigenen Bild]*
Bildnisse dürfen nur mit Einwilligung des Abgebildeten verbreitet oder öffentlich zur Schau gestellt werden. Die Einwilligung gilt im Zweifel als erteilt, wenn der Abgebildete dafür, daß er sich abbilden ließ, eine Entlohnung erhielt. Nach dem Tode des Abgebildeten bedarf es bis zum Ablaufe von 10 Jahren der Einwilligung der Angehörigen des Abgebildeten. Angehörige im Sinne dieses Gesetzes sind der überlebende Ehegatte oder Lebenspartner und die Kinder des Abgebildeten, und wenn weder ein Ehegatte oder Lebenspartner noch Kinder vorhanden sind, die Eltern des Abgebildeten.

§ 23 *[Ausnahmen]*
(1) Ohne die nach §22 erforderliche Einwilligung dürfen verbreitet und zur Schau gestellt werden:
1. Bildnisse aus dem Bereiche der Zeitgeschichte;
2. Bilder, auf denen die Personen nur als Beiwerk neben einer Landschaft oder sonstigen Örtlichkeit erscheinen;
3. Bilder von Versammlungen, Aufzügen und ähnlichen Vorgängen, an denen die dargestellten Personen teilgenommen haben;
4. Bildnisse, die nicht auf Bestellung angefertigt sind, sofern die Verbreitung oder Schaustellung einem höheren Interesse der Kunst dient.

(2) Die Befugnis erstreckt sich jedoch nicht auf eine Verbreitung und Schaustellung, durch die ein berechtigtes Interesse des Abgebildeten oder, falls dieser verstorben ist, seiner Angehörigen verletzt wird.

lhes tornasse difícil a sua vida quotidiana, tal decorria de um desejo legítimo de informar o público em geral.

O recurso subsequente, para o *Bundesgerichtshof*, deu razão à Princesa e ordenou a proibição de novas publicações das fotografias que haviam sido publicitadas na *Freizeit Revue* em que era retratada no pátio interior do restaurante, considerando que interferiam com o direito ao respeito pela sua vida privada. Admitiu que a privacidade não terminava à porta de casa, como até então era orientação pacífica na Alemanha, mas que, mesmo fora de casa, as pessoas públicas tinham direito à privacidade conquanto estivessem num local reservado (*in eine örtliche Abgeschiedenheit*), fora da vista do público, onde fosse objectivamente claro para toda a gente que queriam estar sós e onde, confiantes de estar protegidos de olhares indiscretos, se comportassem de um modo diferente do que o fariam num local público. Haveria violação da privacidade, nestas circunstâncias, quando fossem fotografadas secretamente ou sem consciência de o serem. No restante, o *Bundesgerichtshof* manteve a decisão recorrida, insistindo em que "*eine absolute Person der Zeitgeschichte*" tem de tolerar a publicação de fotografias tiradas em público mesmo que fora do âmbito do exercício de funções públicas: o público tinha o direito de saber onde estavam e como se comportavam em público.

A Princesa Carolina recorreu para o Tribunal Federal Constitucional (*Bundesverfassungsgericht*). Argumentou que os critérios da tutela da personalidade utilizados no caso, eram de tal modo estreitos que, na prática, ela podia ser fotografada fora de casa, a todo o tempo, e que as suas fotografias podiam depois ser livremente publicadas, ainda que sem qualquer finalidade informativa, e para mero entretenimento do público. O Tribunal Constitucional, por decisão de 15 de Dezembro de 1999, reconheceu-lhe razão apenas no que respeita às fotografias tiradas no pátio traseiro do restaurante porque, aquelas circunstâncias e o facto de terem sido obviamente tiradas à distância, revela que a Princesa podia legitimamente ter assumido que não estava exposta à observação pública. No que respeita às fotografias que incluíam os seus filhos, ordenou a baixa do processo para reapreciação, perante o artigo 6 da *Grundgesetz*[126]. No

---

[126] *Artikel 6 [Ehe und Familie; nichteheliche Kinder]*

(1) Ehe und Familie stehen unter dem besonderen Schutze der staatlichen Ordnung.

(2) Pflege und Erziehung der Kinder sind das natürliche Recht der Eltern und die zuvörderst ihnen obliegende Pflicht. Über ihre Betätigung wacht die staatliche Gemeinschaft.

mais, manteve a decisão recorrida, reafirmando o critério, vigente no direito alemão: o direito à privacidade não confere às pessoas públicas o poder de impedir a publicação de fotografias que lhes sejam tiradas em locais públicos, ainda que fora do exercício de funções públicas e com fins de mero entretenimento. Houve ainda nova decisão de primeira instância e respectivos recursos em que os tribunais decidiram de acordo com o julgamento de 15 de Dezembro de 1999.

Foi contra estas decisões que a Princesa Caroline von Hannover apresentou queixa por violação do artigo 8.º da Convenção Europeia dos Direitos Humanos. O Tribunal Europeu dos Direitos do Homem atendeu o pedido e julgou ter havido violação daquele artigo 8.º.

Na sua fundamentação e na sua decisão propriamente dita, o Tribunal formulou considerações que, em nossa opinião, ultrapassam o campo dos "obter dicta" e contribuem decisivamente para a fixação de uma orientação com que as pessoas – sejam os meios de comunicação social, sejam as pessoas cujas imagens ou factos da vida são registados ou divulgados – possam contar previamente e de acordo com a qual possam determinar os seus comportamentos e formar as suas expectativas quanto a comportamentos alheios:

63. É necessário estabelecer uma clara distinção (n.º 60) entre, por um lado, o relato de factos – mesmo de factos controversos – capazes de contribuir, numa sociedade democrática, para um debate relativo, por exemplo, a políticos em exercício de funções e, por outro lado, o relato de factos da vida privada de um indivíduo que, sobretudo, como neste caso, não exerce funções oficiais. Enquanto naquela caso, a imprensa exerce o seu vital papel de guardião numa democracia contribuindo para disponibilizar informação e ideias em matérias de interesse público, tal não sucede no último caso.

64. Do mesmo modo, embora o público tenha direito a ser informado, o que constitui um direito essencial numa sociedade democrática

---

(3) Gegen den Willen der Erziehungsberechtigten dürfen Kinder nur auf Grund eines Gesetzes von der Familie getrennt werden, wenn die Erziehungsberechtigten versagen oder wenn die Kinder aus anderen Gründen zu verwahrlosen drohen.

(4) Jede Mutter hat Anspruch auf den Schutz und die Fürsorge der Gemeinschaft.

(5) Den unehelichen Kindern sind durch die Gesetzgebung die gleichen Bedingungen für ihre leibliche und seelische Entwicklung und ihre Stellung in der Gesellschaft zu schaffen wie den ehelichen Kindern.

que, em certas circunstâncias especiais, pode mesmo estender--se a aspectos da vida privada de figuras públicas, particularmente no que concerne a políticos, não é isto o que sucede no caso presente. A situação, aqui, não se insere no âmbito de qualquer debate político ou público, porque as fotografias publicadas e os comentários que as acompanhavam respeitam exclusivamente a detalhes da vida privada da requerente.

65. Como em outros casos apreciados, o Tribunal considera que a publicação das fotografias e dos artigos em questão, cuja única finalidade consistiu em satisfazer a curiosidade de certos leitores em relação a detalhes da vida privada da requerente, não podem ser tidos como contributos para qualquer debate de interesse geral para a sociedade, apesar de a requerente ser conhecida do público.

66. Nestas condições a liberdade de expressão exige uma interpretação mais estreita.

67. A esse propósito o Tribunal leva também em conta a resolução da Assembleia Parlamentar do Conselho da Europa sobre o direito à privacidade, quando refere a "interpretação unilateral do direito de liberdade de expressão" por certos meios de comunicação social que tentam justificar a infracção dos direitos tutelados pelo artigo 8.º da Convenção alegando que "os seus leitores têm o direito de saber tudo acerca das figuras públicas".

68. O Tribunal enfatiza ainda outro ponto importante: ainda que, nos seus estritos termos, este processo se refira apenas à publicação de fotografias e artigos por várias revistas alemãs, o contexto em que essas fotografias foram tiradas – sem o conhecimento nem o consentimento da requerente – e o assédio sofrido por muitas figuras públicas nas suas vidas quotidianas não pode ser completamente desconsiderado.

No presente caso, este ponto é ilustrado de um modo particularmente chocante pelas fotografias tiradas à requerente no Monte Carlo Beach Club, a tropeçar num obstáculo e a cair. Aparentemente, estas fotografias foram tiradas secretamente a centenas de metros de distância, provavelmente a partir de uma casa vizinha, sendo o acesso de jornalistas e fotógrafos ao clube estritamente regulado.

69. O Tribunal reitera a importância fundamental de proteger a vida privada do ponto de vista do desenvolvimento da personalidade

de cada ser humano. Essa protecção ultrapassa o círculo privado familiar e alcança também uma dimensão social. O Tribunal entende que qualquer pessoa, mesmo que seja conhecida pelo público em geral, deve poder gozar de uma "legítima expectativa" de protecção e respeito pela sua vida privada.

70. Acresce que é necessária uma vigilância acrescida na protecção da vida privada, para enfrentar as novas tecnologias da comunicação que permite o armazenamento e a reprodução de dados pessoais. Isto aplica-se também ao sistemático tirar de fotografias específicas e à sua disseminação por um largo espectro de público.

71. Finalmente, o Tribunal reafirma que a Convenção tem por fim garantir, não direitos que sejam meramente teóricos e ilusórios, mas antes direitos que sejam práticos e efectivos.

72. O Tribunal tem dificuldade em concordar com a interpretação do § 23(1) da *Kunsturhebergesetz* tal como feita pelas jurisdições internas que consiste em descrever uma pessoa nestas condições como uma personalidade absoluta da sociedade contemporânea. Uma vez que esta definição proporciona à pessoa uma protecção muito limitada da sua vida privada e do direito de controlar o uso da sua imagem, ela poderia ser apropriada para políticos no exercício das suas funções. Não pode, porém, justificar-se para um indivíduo "privado", como a requerente, em relação a quem o interesse do público em geral e da imprensa se baseia apenas na pertença a uma família reinante não obstante ela mesma não exercer quaisquer funções oficiais.

Em qualquer caso, o Tribunal considera que, nestas condições, a lei tem de ser interpretada restritivamente de modo a assegurar que o Estado cumpra a sua obrigação positiva, segundo a Convenção, de proteger a vida privada e o direito de controlar o uso da imagem de cada um.

73. Finalmente, a distinção traçada entre personalidades "absolutas" da sociedade contemporânea e personalidades "relativas" tem de ser clara e óbvia para que, num Estado de Direito, o indivíduo tenha indicações precisas quanto ao comportamento a adoptar. Acima de tudo, os indivíduos precisam de saber exactamente quando e onde se encontram numa esfera protegida ou, ao contrário, numa esfera em que devam esperar a interferência de outros, especialmente da imprensa tablóide.

74. O Tribunal entende, por isso, que os critérios em que os tribunais nacionais basearam as suas decisões não foram adequados para proteger eficientemente a vida privada da requerente. Como figura absoluta da vida contemporânea ela não pode – em nome da liberdade de imprensa e do interesse do público – confiar na protecção da sua vida privada, salvo quando se encontre num local reservado (*secluded place*) longe dos olhos do público, ou mais ainda quando o consiga provar (o que pode ser difícil). Quando assim não suceda, terá de aceitar que pode vir a ser fotografada praticamente a todo o tempo, sistematicamente, e que as suas fotografias sejam muito amplamente disseminadas mesmo que, como é o caso, fotografias e artigos se refiram exclusivamente a detalhes da sua vida privada.
75. Na perspectiva do Tribunal, o critério de isolamento espacial, embora possa parecer claro em teoria, revela-se na prática demasiado vago e difícil de concretizar antecipadamente. No caso presente, o simples facto de qualificar a requerente como uma personalidade "absoluta" da história contemporânea não é suficiente para justificar uma tal intrusão na sua vida privada.

Em conclusão

O Tribunal entende, tal como deixou já expresso, que o elemento determinante na ponderação da protecção da vida privada e da liberdade de expressão deve residir na contribuição que as fotografias e os artigos em questão tragam para o debate de interesse geral. Ora, é claro que, no caso em apreciação, não existe tal contribuição, uma vez que a requerente não exerce funções oficiais e que as fotografias e os artigos referem apenas detalhes da sua vida privada.
76. Além disto, o Tribunal entende que o público não tem interesse legítimo em saber onde está a requerente e como se comporta em geral na sua vida privada, mesmo que apareça em locais que não possam ser sempre qualificados como isolados, e isto apesar da sua notoriedade.
77. Mesmo no caso em que esse interesse do público existir, tal como existe um interesse comercial das revistas em publicar essas fotografias e esses artigos, tais interesses devem, no entendimento do Tribunal, ceder, no caso, perante o direito da requerente à protecção efectiva da sua vida privada.

Em conclusão, na opinião do Tribunal, os critérios definidos pelas jurisdições internas não foram suficientes para assegurar uma protecção efectiva da vida privada da requerente, e esta, nas circunstâncias do caso, deveria ter beneficiado de uma «expectativa legítima» de protecção da sua vida privada.
78. Tendo em consideração todos estes factores, e apesar da margem de apreciação de que o Estado dispõe na matéria, o Tribunal entende que os tribunais alemães não estabeleceram um equilíbrio justo entre os interesses em confronto.
79. Houve, portanto, violação do artigo 8.º da Convenção.
80. Tendo em consideração esta conclusão, o Tribunal não considera necessário pronunciar-se sobre a queixa da requerente relativa ao seu direito ao respeito pela sua vida familiar.

Esta decisão tornou-se já um "leading case" em matéria de colisão ou compatibilização entre o direito à privacidade e a liberdade de informação. O Tribunal Europeu dos Direitos do Homem, na aplicação da Convenção continuará previsivelmente a reger-se pelos mesmos critérios de decisão.

A importância desta orientação jurisprudencial é dupla.

Por um lado, pôs termo a uma dualidade de critérios, entre as jurisprudências alemã e francesa, que era aproveitada pela imprensa para obter fotografias em França e publicá-las na Alemanha. Enquanto a jurisprudência alemã limitava a privacidade ao que se passava dentro de casa, segundo a fórmula "a privacidade acaba na porta da casa", a jurisprudência francesa exigia o consentimento da pessoa retratada para todas as fotografias tiradas em local público, desde que a pessoa retratada não estivesse no exercício de funções oficiais.

A decisão do *Bundesgerichthof*, confirmada pelo *Bundesverfassungsgericht*, ao proibir a publicação das fotografias tiradas no pátio traseiro do restaurante tinha já equilibrado um pouco mais o critério, até então gravemente desequilibrado a favor da liberdade de imprensa. As pessoas, ainda que consideradas pessoas públicas, ou na expressão utilizada – personalidades "absolutas" da história contemporânea – tinham direito à privacidade conquanto estivessem num local reservado (*in eine örtliche Abgeschiedenheit – secluded place*), fora da vista do público, onde fosse objectivamente claro para toda a gente que queriam estar sós e onde, confiantes de estar protegidas de olhares indiscretos, se comportassem de um modo diferente do que o fariam num local público, sobretudo se as fotografias fossem tiradas sem o conhecimento, nem o consentimento das pessoas retratadas. Mas a diferença entre as jurisprudências alemã e francesa eram ainda muito grandes.

Muito importante ainda nesta decisão foi o afastamento da tese aceite pelos tribunais alemães de que a liberdade de imprensa prevalece sobre o direito à privacidade, ainda que os conteúdos publicitados tenham natureza e finalidade de mero entretenimento. Na sentença do *Bundesverfassungsgericht* de 15 de Dezembro de 1999 assim foi reconhecido expressamente, com o argumento de que as peças de entretenimento também contribuem para a formação do leitor e da opinião pública.

A tudo isto acrescia ainda, que a concretização da nova fórmula introduzida pelos tribunais alemães – *in eine örtliche Abgeschiedenheit – secluded place* – era muito incerta. Num estado de direito, como bem disse o Tribunal Europeu, as pessoas tinham de poder conhecer antecipadamente o critério da sua acção.

Mas a questão não se punha só entre as jurisprudências alemã e francesa. A divergência era conhecida e inspirava as posições que sistematicamente eram tomadas pelas partes em litígio: a imprensa pugnava pela generalização da orientação alemã, que lhe era mais favorável; as pessoas retratadas, pela francesa, única que no seu entender protegia eficientemente a sua privacidade. A questão estava em aberto.

A decisão do Tribunal Europeu, estabeleceu um critério de equilíbrio de compatibilização entre o artigo 8.º e o artigo 10.º da Convenção Europeia dos Direitos do Homem. Este critério não poderá deixar de se generalizar à jurisprudência de todos os Estados sujeitos à sua jurisdição.

d. O caso Naomi Campbell v. MGN Limited

No caso *von Hannover v. Alemanha* a associação dos editores de revistas alemãs, na qualidade de interveniente, tinha sustentado que a jurisprudência alemã usava de um critério equilibrado, intermédio entre o critério da jurisprudência francesa, muito favorável à privacidade, e o critério da jurisprudência inglesa, muito favorável à liberdade de imprensa.

A jurisprudência da *House of Lords*, conheceu também recentemente um desenvolvimento interessante, no caso *Naomi Campbell v. MGN Limited*[127] em que seguiu o critério da Convenção Europeia dos Direitos do Homem, tal como transposta pelo *Civil Rights Act.*

---

[127] http://www.publications.parliament.uk/pa/ld200304/ldjudgmt/jd040506/campbe-1.htm

Os factos do caso são os seguintes:
Naomi Campbell, conhecida "supermodel" tinha concedido uma entrevista em que dizia, resumidamente, que ao contrário de muita gente no seu meio profissional, não usava drogas. Posteriormente, foi internada para ser sujeita a um tratamento de lavagem de estômago, o que suscitou boatos de que teria sofrido uma "overdose". A modelo desmentiu vigorosamente os boatos reafirmando que não usava drogas.

Em 1 de Fevereiro de 2001, o tablóide inglês "The Mirror" publicou em primeira página um artigo com o título: "Naomi: I am a drug addict". A modelo processou o jornal e este publicou, depois, uma série de artigos em que insistiu no tema.

No litígio judicial foram separados cinco temas relativos à publicação:

1. Que Naomi Campbell era uma viciada em droga;
2. Que estava a receber tratamento para a sua tóxico-dependência;
3. Que estava a receber tratamento nos "Narcotics Anonimous" ("NA");
4. Que chegava a comparecer no tratamento mais de uma vez por dia e outros detalhes do seu tratamento;
5. A publicação de uma fotografia tirada à modelo subrepticiamente à saída de uma sessão de "Narcotics Anonimous".

A acção foi proposta com fundamento na Data Protection Act (1998) e foi pedida indemnização por "breach of confidence" e ainda por violação da privacidade.

O tribunal de primeira instância julgou a acção procedente e condenou a ré no pagamento à modelo de uma indemnização £2.500 acrescida de £1.000 por publicações subsequentes. Esta sentença foi revogada por decisão unânime do Court of Appeal. A Câmara dos Lordes, por votação maioritária de três contra dois, revogou a sentença do Court of Appeal e julgou parcialmente procedente a acção.

No que concerne às duas primeiras questões, o jornal foi absolvido. Foi entendido que estes factos seriam normalmente qualificados como informação confidencial, mas que, nas circunstâncias do caso, tinha sido a própria modelo que, com as suas declarações públicas inverídicas tinha tornado lícita a revelação de que era tóxico-dependente; a revelação de que estava em tratamento não foi considerada ilícita, por ser normal que assim suceda.

Foram consideradas ilícitas a revelação de que o tratamento estava a ser feito nos "Narcotics Anonimous", dos detalhes do tratamento e a publicação da fotografia da modelo à saída do mesmo.

Do voto do Lord Hope of Craighead (ponto n.º 95) é interessante o excerto seguinte: "... it is well known that persons who are addicted to the taking of illegal drugs or to alcohol can benefit from meetings at which they discuss and face up their addiction. The private nature of these meetings encourages addicts to attend them in the belief that they can do so anonymously. The assurance of privacy is an essential part of the exercise. The therapy is at risk of being damaged if the duty of confidence which the participants owe to each other is breached by making details of the therapy, such as where and how often it is being undertaken, public. I would hold these details as obviously private".

Deste voto (86) pode extrair-se um excerto revelador: "The language has changed following the coming into operation of the Human Rights Act 1998 and the incorporation into domestic law of article 8 and article 10 of the Convention. We now talk about the right to respect for private life and the countervailing right to freedom of expression. The jurisprudence of the European Court offers important guidance as how these competing rights ought to be approached and analysed".

Mais importante do que a decisão em si mesma, foi o reconhecimento expresso do domínio dos critérios contidos nos artigos 8.º e 10.º da Convenção Europeia dos Direitos do Homem, através do Civil Rights Act.

Deixa, assim, de poder continuar a distinguir-se entre os sistemas inglês, alemão e francês. A lei que rege a matéria e o critério da sua concretização que foi fixado pelo Tribunal Europeu é apenas uma. As jurisprudências nacionais terão, de futuro, uma tendência crescente para se aproximarem, até deixarem de se distinguir. Esta orientação não pode deixar de ser tida em conta na concretização dos artigos 78.º e 80.º respectivamente sobre os direitos à imagem e à privacidade.

Pensamos que, embora traga relevantíssimas melhorias à concretização dos direitos à imagem e à privacidade, a jurisprudência do Tribunal Europeu continua a não ser satisfatória. Em todo o caso, só a concretização futura deste critério em novos casos e nos próximos anos permitirá ajuizar o seu resultado.

Este tema é um dos mais candentes da actualidade em matéria de direitos de personalidade, e não deixará de ser problematizado, discutido e investigado no mestrado.

12. Limites objectivo e subjectivo do Direito de Personalidade

a. Limite objectivo do Direito de Personalidade

A cláusula geral de tutela da personalidade contida no artigo 70.º do Código Civil em confronto com os vários tipos legais de direitos de personalidade suscita a questão da delimitação objectiva do Direito de Personalidade.

A fórmula do artigo 70.º – "personalidade física ou moral" – é suficientemente extensa para não deixar de fora alguma nova forma de ofensa à personalidade. Porém, exige um critério de delimitação que evite a sua extensão a todo o género de questões, o que acarretaria a sua banalização e o seu consequente enfraquecimento.

Será de concluir que os tipos legais de direitos de personalidade contidos no Código Civil constituem o limite do âmbito material do Direito de Personalidade? Os direitos ao nome e ao pseudónimo (artigos 72.º a 74.º), à privacidade das cartas missivas, memórias e outros escritos (artigos 75.º a 78.º), à imagem (artigo 79.º) e à privacidade pessoal (artigo 80.º), o direito moral de autor (artigo 56.º do Código do Direito de Autor e dos Direitos Conexos) são, sem dúvida, menos importantes do que outros tipificados na Constituição da República, como o direito à vida e à integridade pessoal (artigos 24.º e 25.º da CRP).

Poderá concluir-se da sistematização legal que o Código Civil, além da cláusula geral de tutela da personalidade, no artigo 70.º, esclareceu ainda aqueles que, na periferia do Direito de Personalidade, ainda estão dentro do limite, ainda são direitos de personalidade, significando implicitamente que, para além deles, já outros direitos pessoais não são qualificáveis como de personalidade?

A delimitação material do direito geral de personalidade exige a ponderação e comparação, "in casu" com outros direitos ou interesses[128].

---

[128] LARENZ/WOLF, *Allgemeiner Teil*, cit., § 8 III 28, págs. 154-155: „Der anfänglichen Unbestimmtheit des allgemeinen Persönlichkeitsrechts kann dadurch begegnet werden, daß aus ihm einzelne Rechte mit besonderem Schutzgegenstand entwickelt werden, die aber nicht abschließend gemeint sind und für andere Schutzinhalte offen sind. Man hat deshalb das allgemeine Persönlichkeitsrecht zu Recht als Quellrecht bezeichnet, aus dem mehrere einzelne konkreter bestimmte Rechte fließen, sowie als Rahmenrecht, weil es nur den äußeren Rahmen für einen Schutz abgibt, zur Festlegung seines konkreten Inhalts im Einzelfall aber noch der Abwägung und des Ausgleichs mit anderen Rechten und Interessen bedarf."

Mas é necessário um critério material. Como critério pode ser proposta a dignidade da pessoa humana. Este critério seria aplicado negativamente: haveria uma lesão da personalidade sempre que, sem a intervenção do direito de personalidade, uma pessoa concreta, na sua circunstância real, fosse tratada como uma não pessoa, ou fosse aviltada, na sua dignidade, de um modo inaceitável para uma pessoa humana.

Esta é uma das questões problemáticas a abordar no mestrado: qual o critério material de delimitação objectiva do Direito de Personalidade.

b. Limite subjectivo do direito de personalidade

A delimitação do âmbito pessoal ou subjectivo do direito de personalidade suscita três questões: a tutela pré-natal da personalidade, a sua tutela "post mortem", a sua limitação às pessoas humanas.

– *A tutela pré-natal da personalidade*

I. A tutela pré-natal da personalidade é discutida e sobre ela não existe consenso na doutrina portuguesa. No ensino de Teoria Geral do Direito Civil, na Faculdade de Direito de Lisboa, é reconhecida a personalidade jurídica à pessoa humana desde a concepção[129]. Mas na doutrina portuguesa é também sustentada a tese tradicional de que a personalidade jurídica tem início no nascimento, o que parece encontrar sustentação no artigo 66.º do Código Civil[130].

II. No nosso ensino na licenciatura, sustentamos que a personalidade tem início na concepção[131]. Os nascituros já concebidos são seres humanos, com vida, que se encontram numa particular fase da sua vida. A vida humana tem início na concepção por comunicação da vida de ambos os pais. Daí em diante, o nascituro desenvolve-se de um modo progressivo e ininterrupto, sem patamares nítidos. O nascimento é apenas mais um facto relevante na vida da pessoa. Não há grande diferença entre a véspera do nascimento e o dia seguinte. A vida é a mesma e algumas funções

---

[129] MENEZES CORDEIRO, *Tratado de Direito Civil Português*, I, III, cit., págs. 297 e segs., PAIS DE VASCONCELOS, *Teoria Geral do Direito Civil*, cit., págs. 70 e segs..

[130] *Artigo 66.º (Começo da personalidade)*: 1 – A personalidade adquire-se no momento do nascimento completo e com vida. 2 – Os direitos que a lei reconhece aos nascituros dependem do seu nascimento.

[131] PAIS DE VASCONCELOS, *Teoria Geral do Direito Civil*, cit., págs. 70 e segs..

vitais tornam-se mais autónomas da mãe. O recém-nascido fica numa situação de maior fragilidade do que antes de nascer e continua a depender da mãe para quase tudo. A sua natureza como ser humano não se altera.

O nascimento importa, porém, uma importante modificação no que respeita ao contacto e relacionamento da pessoa. Antes de nascer o nascituro praticamente apenas tem contacto com a mãe. Embora oiça e sinta algo do que se passa no exterior da mãe e possa ser influenciado, e mesmo ferido, pelo exterior, o nascituro relaciona-se pessoalmente apenas com a sua mãe. Não tem contacto interpessoal com mais ninguém. Após o nascimento, o recém-nascido reconhece a mãe, em cujo seio viveu até então toda a sua vida. É no campo do relacionamento social que o nascimento tem maior relevância: antes de nascer, a pessoa relaciona-se praticamente apenas com a mãe; com o nascimento, passa a relacionar--se com as outras pessoas. O nascimento significa o ingresso da pessoa na *polis*.

Não vemos, também, razão para fixar o início da personalidade jurídica no momento da nidação, como alguns autores defendem[132]. Mesmo

---

[132] Esta fixação do momento inicial na nidação foi adoptada, em 1975, no *BVerfGE 39, 1*: "Bei der Auslegung des Art. 2 Abs. 2 Satz 1 GG ist auszugehen von seinem Wortlaut: "Jeder hat das Recht auf Leben... ". Leben im Sinne der geschichtlichen Existenz eines menschlichen Individuums besteht nach gesicherter biologisch-physiologischer Erkenntnis jedenfalls vom 14. Tage nach der Empfängnis (Nidation, Individuation) an (vgl. hierzu die Ausführungen von Hinrichsen vor dem Sonderausschuß für die Strafrechtsreform, 6. Wp., 74. Sitzung, StenBer. S. 2142 ff.)". Esta orientação veio, em parte, a ser confirmada em 1993 pelo *BVerfGE 88, 203*, em que se lê que só a partir da nidação o embrião tem uma vida indivisível ("nicht mehr teilbares Leben").

Em ambas estas decisões, porém, se admitiu que não existe uma quebra de continuidade entre a nidação e a fase anterior do desenvolvimento pré-natal, desde a união dos gâmetas. Consta do *BVerfGE 39, 1 (37)*: "Der damit (d. h. mit der nidation) begonnene Entwicklungsprozeβ it ein kontinuierlicher Vorgang, der keine scharfen-Einschmitte aufweist und eine genaue Abgrenzung der verschiedenen Entwicklungsstufen des menschlichen Lebens nicht zuläβt", e do *BVerfGE 88, 203 (252)*: "Wie immer die verschiedenen Phasen des vorgeburtlichen Lebensprozesses unter biologischen, philosophischen, auch theologischen Gesichtspunkten gedeutet werden mögen und in der Geschichte beurteilt worden sind, es handelt sich jedenfalls um unabdingbare Stufen der Entwicklung eines individuellen Menschseins".

A partir destas duas decisões, abriu-se polémica, entre a fixação do momento do início da vida ao tempo da concepção ou da nidação, no décimo quarto dia posterior.

Sobre a questão, STEFANIE GROPP, *Schutzkonzepte des werdenden Lebens*, Peter Lang, Frankfurt am Main, 2005, págs. 223 e segs..

que venha a ocorrer a cisão em gémeos monovitelinos, a sua origem, de todos eles, está do mesmo modo, na união dos gâmetas, que ocorre com a gestação, e não na implantação no útero materno nem na divisão do ovo. Não tem sentido excluir a hominidade do embrião antes da nidação[133].

A relevância da pessoa no Direito é sobretudo interpessoal. Por isso, o nascimento tem uma muito grande relevância jurídica. Mas nem por isso a pessoa deixa de existir e de ser relevante para o Direito antes de nascer. A sua natureza humana é a mesma, a sua situação biológica continua a evoluir, a sua situação jurídica modifica-se de acordo com a natureza das coisas.

Não obstante o seu contacto se limitar, em condições normais, apenas à mãe, o embrião pode ser lesado por terceiros que causem à mãe lesões que o atinjam também. Pode também ser lesado pela mãe, quer por não receber os cuidados de que carece, quer por comportamentos que lhe façam mal. A alimentação da mãe e o comportamento da mãe, medicações ou tratamentos que lhe sejam administrados, podem feri-lo ou lesá-lo. É sabido hoje que a gravidez obriga a mãe a cuidados especiais que nem sempre são cumpridos. Pode ainda o embrião ser lesado por práticas abortivas, quer da iniciativa da mãe, quer de outrem.

Embora no ventre materno, o bébé pré-nascido não está tão só como pode parecer.

III. O nascituro é um ser humano vivo com toda a dignidade que é própria à pessoa humana. Não é uma coisa. Não é uma víscera da mãe.

A protecção jurídica que a lei lhe dá não é apenas objectiva. Se o fosse, o seu estatuto não seria diferente daquele que é próprio das coisas ou animais especialmente protegidos. O próprio cadáver tem um regime jurídico de protecção muito intenso, é uma coisa sagrada; mas o cadáver não tem vida nem dignidade humana.

O nascituro não é, pois, objecto do direito[134]. Como pessoa humana viva, o nascituro é pessoa jurídica. A sua qualidade pessoal impõe-se ao Direito, que não tem o poder de negar a verdade da pessoalidade, da

---

[133] Esta questão é profundamente desenvolvida, na Alemanha, em ERNST WOLF / HANS NAUJOKS, *Anfang und Ende der Rechtsfähigkeit des Menschen*, Vittorio Klostermann, Frankfurt am Main, 1955, págs. 230 e segs., e em ERNST WOLF, *Allgemeiner Teil des Bürgerlichen Rechts*, 3. Aufl., Heymans, Löln, Berlin, Bonn, München, 1982, págs. 183 e segs..

[134] STEPHANIE GROPP, *Schutzkonzepte des werdenden Lebens*, Peter Lang, Frankfurt am Main, 2005, págs. 245 e segs..

hominidade, da humanidade do nascituro. Não pode, pois, deixar de ser reconhecida, pelo Direito, ao nascituro a qualidade de pessoa humana viva, o mesmo é dizer, a *personalidade jurídica*[135].

Há vários preceitos, no Código Civil, que revelam que o nascituro já concebido é algo diferente e algo mais do que uma coisa, do que uma víscera especialmente protegida:

- Segundo o artigo 952.º do Código Civil, os nascituros podem adquirir por doação, sendo filhos de pessoa determinada, viva ao tempo da doação; presume-se, então, que o doador reserva para si o usufruto dos bens doados até ao nascimento do donatário.
- Também o artigo 2033.º, n.º 1, reconhece capacidade sucessória, além do Estado, a todas as pessoas nascidas ou concebidas ao tempo da abertura da sucessão, não exceptuadas por lei.
- O artigo 1878.º, em matéria de poder paternal, incumbe aos pais a representação legal dos filhos "ainda que nascituros".
- O artigo 2240.º, n.º 2, atribui a administração da herança do nascituro já concebido a quem administraria os seus bens se ele já tivesse nascido.

Todos estes preceitos e regimes legais revelam que o nascituro já concebido não é tido como coisa, mas antes como pessoa.

IV. A redacção do artigo 66.º do Código Civil não é feliz. Mas nem por isso deve o intérprete ficar prisioneiro da sua letra. Como se disse atrás, a personalidade jurídica das pessoas humanas não depende da lei e está fora do alcance do poder legislativo do Estado retirar ou não reconhecer a qualidade de pessoa humana a quem a tem. Por isso, o artigo 66.º do Código Civil deve ser entendido como referido à capacidade de gozo e não propriamente à personalidade jurídica[136]. Assim interpretado, o artigo 66.º do Código Civil torna-se harmónico com os demais citados

---

[135] Esta orientação corresponde àquela que sustentamos nas 2.ª e 3.ª edições da nossa *Teoria Geral do Direito Civil*, mas diverge da que adoptámos na 1.ª edição da mesma obra, em que admitíamos que a personalidade jurídica tinha início apenas com o nascimento completo com vida.

[136] A confusão entre personalidade jurídica individual e capacidade de gozo não era invulgar ao tempo em que o Código Civil foi promulgado. Em CABRAL DE MONCADA, *Lições de Direito Civil*, I, cit., pág. 252, e em MANUEL DE ANDRADE, *Teoria Geral da Relação Jurídica*, I, cit., págs. 30-31, estas noções são consideradas sinónimas.

preceitos do mesmo Código. A personalidade jurídica das pessoas humanas tem início concomitantemente com o início da sua vida e existência enquanto pessoas.

Este momento do início da vida só consegue ser determinado aproximadamente, num certo intervalo temporal, mas não exactamente (artigos 1798.º a 1800.º do Código Civil). Porém, tal dificuldade não deve obstar a que se reconheça a qualidade e a dignidade humana e a consequente personalidade jurídica a quem ainda está no seio da mãe, envolvido e protegido pelo seu corpo, mas já existe com vida. Se pessoa, para o Direito, é sobretudo pessoa-em-relação, a pessoa nascitura tem uma relevância jurídica adequada à sua situação. E qual é essa situação?

V. Na fase pré-natal, a situação da pessoa tem duas características especialmente marcantes: o relacionamento pessoal exclusivo com a mãe e a precariedade.

O relacionamento pessoal exclusivo com a mãe, com a concomitante ausência de relacionamento social, dispensa muito da complexidade e riqueza do estatuto jurídico das pessoas já nascidas; a precariedade da pessoa pré-nascida suscita a necessidade de regular os casos em que não chega a haver nascimento com vida.

A limitação do relacionamento com a mãe impede a capacidade de exercício e dispensa a própria capacidade de gozo, salvo em matérias que são inerentes à própria qualidade de pessoa, como os direitos de personalidade, e alguns limitados direitos de conteúdo patrimonial. A pessoa pré-nascida tem a titularidade dos mais importantes direitos de personalidade, como o direito a viver, à identidade pessoal e genética, à integridade genética e física. Tem direito a nascer, a não ser ferida fisicamente, a não ser manipulada ou perturbada geneticamente, a ser aquela mesma pessoa, única e irrepetível, não fungível, a ser bem tratada e a receber os cuidados que a sua condição impõe. A Moral comum assim o exige e a Constituição da República, nos artigos 24.º e 25.º assim o reconhece.

Porém, a pessoa pré-nascida sofre de uma acentuada precariedade vital. Muitas delas não chegam a nascer com vida. É da natureza das coisas que assim seja. Esta precariedade impõe que se encontre solução jurídica para os casos em que, após a gestação, o embrião não logra êxito e morre antes de nascer. É para estes casos, que o n.º 2 do artigo 66.º do Código Civil estatui que "os direitos que a lei reconhece aos nascituros dependem do seu nascimento". Se houver nascimento com vida, a pessoa continua a vida e a personalidade jurídica que já tinha, a sua capacidade de gozo torna-se genérica, com as limitações apenas da sua natureza humana e aquelas que a lei estabelece, e fica numa situação de incapacidade de exercício geral, como menor. O nascimento traduz apenas o início da capacidade genérica de gozo.

Se não chegar a nascer com vida, o nascituro é tido pela lei (artigo 66.º, n.º 2) como não tendo chegado a existir. A morte pré-natal não desencadeia a sucessão. Os direitos de personalidade extinguem-se com a extinção da personalidade. Os direitos patrimoniais e outros que seriam susceptíveis de sucessão são extintos retroactivamente. Os direitos que o pré-nascido tenha adquirido por doação (artigo 952.º) ou sucessão (artigo 2033.º), e cuja administração foi exercida pelos pais ou outras pessoas a quem caberia a sua administração após o nascimento (artigos 1878.º e 2240.º, n.º 2), cessam retroactivamente e tudo se passa como se não tivesse chegado a existir. É uma *ficção legal* imposta pragmaticamente pela necessidade de simplificar a complexidade da vida e da morte. Mas não passa duma ficção.

VI. Tem sido discutido se o facto do nascimento funciona como uma condição (imprópria) suspensiva ou como uma condição (imprópria) resolutiva da personalidade jurídica[137].

Na primeira alternativa, o pré-nascido não tem personalidade jurídica antes do nascimento. Se, antes de nascer, lhe forem atribuídos bens por doação ou sucessão e ele vier a nascer com vida, é-lhe reconhecida retroactivamente a personalidade desde a data da aquisição; se a aquisição for anterior à concepção, a personalidade tem-se por adquirida ao tempo da concepção, e o tempo da aquisição dos bens é determinado "dentro dos primeiros cento e vinte dias dos trezentos que precederam o nascimento", de acordo com o regime dos artigos 1798.º e 1800.º do Código Civil.

Na segunda alternativa, entende-se que o pré-nascido tem personalidade jurídica desde a concepção e a sua personalidade extingue-se com a morte; caso venha a morrer antes do nascimento, é retroactivamente desconsiderada a sua personalidade, tendo-se como nunca tendo existido, por ficção legal. Assim se evita a abertura de um processo sucessório que enfrentaria dificuldades possivelmente inultrapassáveis. Para exemplificar,

---

[137] Cfr., por todos, FRITZ FABRICIUS, *Relativität der Rechtsfähigkeit*, Beck, München und Berlin, 1963. Na doutrina alemã a questão tem sido prejudicada pelo uso do termo *Rechtsfähigkeit*, cujo significado engloba indistintamente a personalidade jurídica e a capacidade de gozo e que tem sido muitas vezes lida com o sentido exclusivo de personalidade.

basta atender ao tempo da morte que, se nalguns casos é patente, noutros é, contudo, imperceptível e indeterminável. A solução da desconsideração da vida de quem morreu antes do nascimento é pragmática e, embora possa ser contestada no domínio dos princípios[138], contribui para dar praticabilidade ao Direito, sem ofender a sensibilidade ou os sentimentos da comunidade ou das pessoas que a compõem.

Numa perspectiva personalista, como a nossa, em que a personalidade jurídica é conatural à vida humana, não pode ser aceite a qualificação do nascimento com vida como uma condição (imprópria) suspensiva. Na verdade, se o nascituro tem a susceptibilidade da titularidade de direitos subjectivos antes do nascimento, dependente apenas de circunstancialmente ter sido contemplado em doação ou sucessão, tal significa que tinha já personalidade jurídica. Mesmo entendendo a personalidade jurídica como simples susceptibilidade abstracta e qualitativa de titularidade de direitos e obrigações, como é tradicional na doutrina portuguesa, a susceptibilidade de aquisição de direitos antes do nascimento por doação e sucessão e a susceptibilidade de ser representado no respectivo exercício, admitida pelos artigos 952.º, 2033.º, n.º 1, 1878.º e 2240.º, n.º 2 do Código Civil, tornam inegável a personalidade jurídica do nascituro já concebido.

A construção contrária só consegue ultrapassar esta dificuldade considerando que, antes do nascimento, os direitos atribuídos ao nascituro são *direitos sem sujeito*, o que constitui uma contradição nos próprios termos e uma solução artificial.

VII. O Código de Seabra, no artigo 6.º, estatuía que "a capacidade jurídica adquire-se pelo nascimento; mas o indivíduo, logo que é procriado, fica debaixo da protecção da lei, e tem-se por nascido para os efeitos declarados no presente Código". Era já expressamente admitido que os nascituros recebessem doações (artigo 1479.º) e fossem contemplados em testamento (artigo 1776.º).

Na sua vigência, a Doutrina entendia que o nascituro já concebido não tinha personalidade jurídica, que só vinha a adquirir com o nascimento completo com vida. A tutela que a lei lhe dispensava durante a gestação era objectiva, não lhe conferindo direitos subjectivos. Quando contemplado em doação ou testamento, os bens respectivos ficavam-lhe reservados, na

---

[138] ERNST WOLF / HANS NAUJOKS, *Anfang und Ende der Rechtsfähigkeit*, cit., págs. 230-234, sustentam que a morte da pessoa no ventre materno não tem diferenças em relação à morte post-natal.

expectativa do seu nascimento, e só eram por ele verdadeiramente adquiridos com o nascimento[139].

Note-se que o artigo 6.º do Código de 1867, não falava em personalidade jurídica, mas em capacidade, como era característico da terminologia da época. Ainda hoje, a generalidade da doutrina alemã usa o termo "Rechtsfähigkeit" que, em rigor, significa capacidade de direito, e amalgama indistintamente nesse conceito a personalidade e a capacidade de gozo, o que cria alguma equivocidade[140]. O mesmo sucede no *Codice Civile* italiano de 1941. No actual Código Civil onde, em vez de "capacidade", como no anterior, surgiu o termo "personalidade", de acordo com a orientação generalizada, mas nem sempre adequada, de traduzir o termo alemão "Rechtsfähigkeit" por personalidade jurídica, em vez de capacidade.

No entanto, a opção não foi a melhor. Como se viu, o reconhecimento da personalidade de seres humanos está fora do alcance e da competência

---

[139] DIAS FERREIRA, *Código Civil Portuguez Annotado*, I, 2.ª ed., Imprensa da Universidade, Coimbra, 1894, págs. 11 e segs.., em anotação ao artigo 6.º do Código de 1867, escreve: "a capacidade jurídica, com quanto só pelo nascimento se adquira, retrotráe-se até à época da concepção, pertencendo ao indivíduo que nascer com vida e com figura humana, os direitos que lhe houverem sido deferidos dentro dos trezentos dias anteriores ao seu nascimento, que é o período máximo da gestação". Para GUILHERME MOREIRA, *Instituições do Direito Civil Português*, cit., I, pág. 167, o nascituro já concebido, antes de nascer, não pode ser considerado pessoa, mas beneficia de protecção (objectiva) da lei "na expectativa do seu nascimento"; uma vez nascido com vida, a lei confere-lhe "os direitos que ele haveria adquirido, se já tivesse nascido". Também para CABRAL DE MONCADA, *Lições de Direito Civil*, I, cit., págs. 253-257, a tutela pré--natal é objectiva; o regime dos referidos artigos 1479.º e 1776.º, "querem apenas significar que os nascituros podem ser contemplados em doações e testamentos para o efeito duma legítima *expectativa*: o seu nascimento". Estes bens não são logo adquiridos por eles, "mas *ficam-lhes reservados*" na expectativa de que venham a nascer; a aquisição de tais direitos só vem a tornar-se efectiva, no caso de o embrião vir a ser gente, o que só acontece com o nascimento.

[140] ERNST WOLF – HANS NAUJOKS, *Anfang und Ende der Rechtsfähigkeit des Menchen*, cit., págs. 146 e segs., ERNST WOLF, *Allgemeiner Teil des bürgerlichen Rechts*, cit., págs. 183 e segs., FRANZ FABRICIUS, *Relativität der Rechtsfähigkeit*, cit., págs. 5 e segs., 31 e segs., 111 e segs., principalmente pág. 113 em que afirma categoricamente que a pessoa tem vida desde a concepção e que, desde então, tem a titularidade, pelo menos, dos direitos fundamentais à vida e ao livre desenvolvimento da personalidade. AGNES HILLMER, *Patientenstatus und Rechtsstatus von Frau und Fötus im Entwicklungsprozeâ der Pränatalmedizin*, cit., págs. 131 e segs., distingue dois modos de entender o sentido do termo "Rechtsfähigkeit" no § 1 do BGB: um maioritário na doutrina, como "die Fähigkeit, Träger von Rechten und Pflichten zu sein"; e outro, minoritário, como "die abstrakte potentielle Fähigkeit eines Zuordnungssubjekts (Rechtsträger), sich rechtserheblich zu verhalten, kurz: als juristisches Verhaltensvermögen".

da lei, seja ela ordinária ou constitucional. É hoje indiscutível que o nascituro tem vida e a sua vida é inviolável. O artigo 66.º do Código Civil, para ser compatível com a Constituição, com as coordenadas axiológicas do sistema e com a natureza das coisas, tem de ser interpretado como referido, não à personalidade jurídica, cuja existência, início e termo são extra e supra legais, mas antes à capacidade jurídica, como fazia o seu antecessor artigo 6.º do Código Civil de 1867 e o § 1 do BGB.

VIII. Parte importante da doutrina portuguesa, já na vigência do Código actual, tem-se mostrado impressionada pela letra do artigo 66.º.

PIRES DE LIMA e ANTUNES VARELA[141] consideram que, antes do nascimento, o nascituro não tem verdadeiramente personalidade e que, assim sendo, "não adquire nenhum direito subjectivo à herança, logo à morte do *de cujus*, mas uma simples expectativa ao futuro chamamento.

PAULO CUNHA[142] qualificava a situação jurídica do embrião antes de nascer e da tutela jurídica de que beneficiava, como um caso de "obnubilação do sujeito de direito".

MOTA PINTO[143], recusa admitir a personalidade pré-natal, considera "direitos sem sujeito" aqueles que são atribuídos por herança ou doação aos nascituros, até que ocorra o nascimento completo com vida; todavia admite que o filho peça indemnização por danos físicos ou psíquicos sofridos no ventre da mãe, causados por um medicamento ou qualquer acidente, desde que venha ainda a nascer com vida e a adquirir, assim, a personalidade jurídica.

CASTRO MENDES[144], adopta também a construção dos "direitos sem sujeito", no que concerne aos atribuídos ao nascituro por herança ou doação; com o seu nascimento completo com vida, esses direitos consolidam-se no recém-nascido, sem que haja retroactividade da aquisição.

DIAS MARQUES[145] nega, em princípio, que o nascituro tenha personalidade jurídica; todavia, quando venha a nascer com vida, admite a

---

[141] PIRES DE LIMA / ANTUNES VARELA, *Código Civil Anotado*, I, cit., em anotação ao artigo 66.º, e VI, em anotação ao artigo 2033.º, pág. 34.

[142] PAULO CUNHA, *Teoria Geral de Direito Civil*, cit. Na pág. 12, n.º 38, sobre o "regime jurídico dos nascituros", não consta do texto a solução adoptada. CARVALHO FERNANDES, ao tempo seu Assistente, testemunha que o explicava como um caso de "obnubilação do sujeito de direito", o que é confirmado por MENEZES CORDEIRO, *Tratado de Direito Civil Português*, I, III, cit., pág. 298.

[143] MOTA PINTO, *Teoria Geral do Direito Civil*, cit., págs. 202-204.

[144] CASTRO MENDES, *Teoria Geral do Direito Civil*, I, cit., págs. 105-109.

[145] DIAS MARQUES, *Direito Civil*, Lisboa, 1955, pág. 59. Actualmente, em *Noções Elementares de Direito Civil*, 7.ª ed., Lisboa, 1977, pág. 14, toma uma posição menos

retroacção da aquisição dos direitos ao tempo da doação e da devolução testamentária e, nesses casos, também personalidade jurídica.

GALVÃO TELLES[146] defende que o nascituro "após a concepção passa a existir como *ser vivo*, que todavia não é tratado, *desde logo*, como *sujeito de direito*"; "carece de *personalidade jurídica* mas goza de *protecção jurídica*"; embora ainda sem *existência jurídica autónoma*, porque não separado da mãe, tem jus à *tutela do direito*, como *sujeito de direito em gestação*". Argumenta que "uma personalidade coincidente com a concepção estaria condenada a desvanecer-se, *sem deixar qualquer rasto*, em caso de *aborto*, voluntário ou involuntário"; "os direitos de feto desapareceriam como se nunca tivessem existido"; "em vez de uma personalidade com *eficácia perdurável*, teríamos uma personalidade *condicional* e *provisória*", pelo que, "indicado é que a personalidade apenas surja quando possa revestir *eficácia perdurável*, e tal só acontece com o nascimento".

Também CARVALHO FERNANDES[147] nega a personalidade ao nascituro e considera *sem sujeito* os direitos que lhe advenham antes do nascimento por herança ou doação; se não nascer com vida, não chega a ser deles titular; se nascer com vida, adquire ao tempo do nascimento os referidos direitos, sem que ocorra qualquer retroacção.

HÖRSTER[148] não admite a personalidade do nascituro, nem sequer limitada, retroactiva ou condicionada pelo nascimento; os direitos que a lei permite atribuir ao nascituro só entram na sua titularidade no momento do nascimento, mas aceita o direito à indemnização dos danos que o nascituro tenha sofrido no ventre da mãe, reportado, porém, à data do nascimento.

Mais recentemente, tem-se verificado um poderoso movimento doutrinário no sentido da admissão da personalidade do nascituro já concebido.

OLIVEIRA ASCENSÃO[149], embora com cautela, admite que o nascituro já concebido tem personalidade jurídica desde o momento da concepção:

---

comprometida e admite que "aos nascituros pode ser reconhecida determinada capacidade jurídica por via da qual podem chegar a adquirir direitos, nomeadamente por doação (art. 952.º) e testamento (art. 2.033, n.º 2), mas ficando em tais casos da definitiva titularidade deles dependente do respectivo nascimento".

[146] GALVÃO TELLES, *Introdução ao Estudo do Direito*, II, 10.ª ed., Coimbra Editora, Coimbra, 2000, págs. 165-167.
[147] CARVALHO FERNANDES, *Teoria Geral do Direito Civil*, I, cit., págs. 195-19, e *Lições de Direito das Sucessões*, Quid Juris?, Lisboa, 1999, págs. 142-143.
[148] HÖRSTER, *A Parte Geral do Código Civil Português*, cit., págs. 299-301.
[149] OLIVEIRA ASCENSÃO, *Direito Civil – Teoria Geral*, I, cit., I, pág. 50-55.

"a pessoa é desde o início o próprio sujeito da protecção, e não apenas o objecto das regras que têm por fim essa tutela".

MENEZES CORDEIRO[150] reconhece que, "em termos dogmáticos, poderemos dizer: se a personalidade jurídica se contenta com a titularidade de um único direito, o nascituro é uma pessoa desde a concepção: tem, como vimos, o direito à vida" (págs. 299-300); mas "a capacidade (de gozo) relativa aos diversos direitos patrimoniais está sujeita à condição suspensiva do nascimento" (pág. 305).

CAPELO DE SOUSA[151] começou por defender a personalidade jurídica parcial do nascituro já concebido, "onde se inclui a titularidade do direito à vida intra-uterina e ao desenvolvimento desta com vista ao nascimento completo e com vida extra-uterina".

Mais recentemente[152], porém, veio sustentar que "é inegável a existência de vida humana no nascituro concebido" e que "não só a nível de garantias constitucionais como mas também no âmbito das relações entre particulares (...) dever-se-á considerar o ser do concebido como um bem juridicamente protegido" (pág. 266). O concebido é "um ser particularmente tutelado (pág. 267). "O art. 70.º CC acolhe uma protecção geral da personalidade física e moral dos nascituros concebidos" (pág. 269), porém, "o problema que nos prende aqui não é directamente o da *titularidade subjectiva* dos direitos ou faculdades jurídicas respeitantes à tutela dos interesses dos nascituros, mas, para já, o de saber se a nossa lei previu a tutela, como bem jurídico, da personalidade física e moral do nascituro, o que parece ser o caso" (pág. 270).

Se bem compreendemos o pensamento do Autor, o nascituro já concebido, não obstante ser indubitavelmente um ser humano vivo, tem ou não personalidade jurídica consoante o regime legal assim lho conceda, o que pode variar de sistema em sistema legal. No caso do sistema português, ele não tem a titularidade subjectiva dos direitos ou faculdades respeitantes à tutela dos seus interesses e, por tanto, não tem personalidade jurídica. Há, no que lhe concerne, apenas uma tutela legal objectiva da sua personalidade enquanto bem jurídico.

---

[150] MENEZES CORDEIRO, *Tratado de Direito Civil*, I, III, cit., págs. 299-300, 305.
[151] CAPELO DE SOUSA, *O Direito Geral da Personalidade*, cit., págs. 156-167 e 363-364, defende a personalidade jurídica parcial do nascituro já concebido, "onde se inclui a titularidade do direito à vida intra-uterina e ao desenvolvimento desta com vista ao nascimento completo e com vida extra-uterina".
[152] CAPELO DE SOUSA, *Teoria Geral do Direito Civil*, cit., págs. 265 e segs..

PAULO OTERO[153], admite poder discutir-se "se a tutela conferida pelo Direito ao ser humano antes do nascimento, designadamente através do reconhecimento ao embrião da titularidade de direitos fundamentais, não justificará a imperatividade de o Direito não fazer depender do nascimento a aquisição da personalidade jurídica, transferindo-a para um momento anterior ao nascimento, fazendo coincidir, por conseguinte, o início da personalidade jurídica com o instante do início científico da vida"; (...) "no limite, urge alertar, a tutela jurídico-constitucional da vida humana anterior ao nascimento permitirá fundar uma pretensão de reconhecimento de uma personalidade jurídica pré-natal".

LEITE DE CAMPOS[154] sustenta que "o ser humano concebido não é menos pessoa que o já nascido", que "assente na biologia, na essência do homem que é a vida, o Direito reconhece o início da personalidade jurídica no começo da personalidade humana – na concepção", e que "as normas contidas na maioria das legislações que vinculam o início da personalidade ao nascimento estão, portanto, naturalmente gastas e ultrapassadas".

IX. Na primeira edição da nossa *Teoria Geral do Direito Civil*, sustentámos a construção tradicional que nega aos nascituros a personalidade jurídica. A natureza ôntica e eticamente humana do nascituro obrigou-nos a rever essa posição.

É incontestável que o nascituro tem vida e substância humana desde a concepção. Daí decorre que tem a qualidade de pessoa humana. Como dissemos já, a personalidade é a qualidade de ser pessoa que o Direito se limita a constatar, sem ter de reconhecer e sem poder negar. O modo de ser da personalidade no Direito é a personalidade jurídica. É inegável, pois, a personalidade jurídica do nascituro desde a sua concepção.

O nascimento tem relativamente pouca relevância biológica no nascituro. É no aspecto relacional que esse facto tem um impacto importante: o relacionamento pessoal da criança, que até ao nascimento se reduzia à mãe, alarga-se então a outras pessoas. Com o nascimento, o recém nascido, que já tinha vida humana e personalidade jurídica, sai do seio da mãe e ingressa na *polis*.

---

[153] PAULO OTERO, *Personalidade e Identidade Pessoal e Genética do Ser Humano*, cit., págs. 34-35.
[154] LEITE DE CAMPOS, *Lições de Direitos da Personalidade*, cit., pág. 162, e *O Início da Pessoa Humana e da Pessoa Jurídica*, cit., págs. 1254-1268.

A construção tradicional do estatuto jurídico do nascituro está inquinada por dois factores de perturbação: o monismo tradicional na doutrina portuguesa que identifica formalmente a personalidade humana com a colectiva e o formalismo positivista que não permite uma clara distinção entre personalidade jurídica e capacidade de direito.

Ao perguntar pela personalidade do nascituro, os autores têm usado de um processo que é próprio apenas para a busca da personalidade colectiva e que se traduz em tentar encontrar no texto da lei regras ou regimes jurídicos dos quais se possa concluir que há titularidade de posições jurídicas. Este método só é próprio para a determinação da personalidade colectiva porque só esta é determinada por lei, mas já o não é para a personalidade individual, porque esta é pré-legal. Não é do texto da lei que se pode afirmar ou refutar a personalidade jurídica de pessoas singulares.

Por outro lado, a construção positivista do conceito de personalidade jurídica como susceptibilidade de direitos e obrigações mal se distingue da de capacidade de direito. Vem já do formalismo normativista kelseniano, a construção da subjectividade no direito sob a perspectiva da posição de sujeito na relação jurídica. Sujeito de direito é, na construção de KELSEN, aquele que assume a titularidade de posições jurídicas na relação. Nesta óptica, é possível unificar a ideia de subjectividade jurídica de modo a englobar, num só conceito geral e abstracto, as pessoas singulares e as pessoas colectivas.

Mas, a personalidade jurídica das pessoas humanas e a das pessoas colectivas é qualitativamente diferente, como se deixou já bem expresso. Aquela está fora do domínio da lei; esta é determinada pela lei. Por isto, o método de tentar encontrar na lei regimes de titularidade de direitos subjectivos é próprio apenas para a verificação da personalidade colectiva, mas já o não é para a personalidade humana, porque não é a lei que a concede ou que a recusa. Deve antes partir-se da descoberta da qualidade humana ou não humana. Admitido que o nascituro é um ser humano com vida, é inexorável a sua qualificação como pessoa jurídica.

Outra questão é a aferição da capacidade de direito, da capacidade de gozo do nascituro. Esta sim, pode ser limitada ou condicional, como defende relevante doutrina[155]. Melhor se lhe poderia chamar capacidade

---

[155] LARENZ/WOLF, *Allgemeiner Teil des bürgerlichen Rechts*, cit., § 5 II 2, págs. 125-126 fala de *"Teilrechtsfähigkeit"*, de *"beschränkte Rechtsfähigkeit"* e de *"bedingte Rechtsfähigkeit"* a propósito do nascituro já concebido. Adopta, porém, um conceito de *"Rechtsfähigkeit"*, como a capacidade de uma pessoa ser sujeito de relações jurídicas

jurídica embrionária. A capacidade de direito do nascituro é limitada pela natureza das coisas. Limita-se aos direitos de personalidade, que são inerentes à sua hominidade, e àqueles que a lei lhe atribui: direito de adquirir por herança e por doação. A capacidade genérica de gozo, segundo o artigo 66.º do Código Civil, só se adquire com o nascimento completo com vida.

A capacidade jurídica pré-natal é condicionada pelo nascimento. Mas esta condição não é suspensiva. Desde a concepção, o nascituro é já titular de direitos de personalidade, entre os quais, como se disse já, assumem particular relevância o direito a viver, à identidade pessoal e genética, à integridade genética e física. Tem direito a nascer, a não ser ferido fisicamente, a não ser manipulado ou perturbado geneticamente, a ser aquela mesma pessoa, única e irrepetível, não fungível, a ser bem tratado e a receber os cuidados que a sua condição impõe.

Se o nascituro vier a nascer com vida, a sua capacidade de gozo alarga-se, com o nascimento, embora a sua capacidade de exercício se mantenha nula como é próprio do estatuto jurídico da menoridade. Se morrer antes de nascer, a sua morte extingue a personalidade. Os seus direitos de personalidade, extinguem-se, como sucede com qualquer pessoa. A diferença concentra-se na sua esfera jurídica patrimonial. Não é aberta sucessão por sua morte e os seus direitos patrimoniais extinguem-se. A lei tem como não concebidos aqueles que não chegaram a nascer com vida. É uma ficção que funciona retroactivamente.

Como dissemos, esta é a nossa posição. Mas não é uma posição pacífica. Admitimos discuti-la. O mestrado de Direito de Personalidade é o foro ideal para a sua problematização. Esta é uma das matérias em que os alunos serão convocados a investigar, a discutir e a construir.

XI. A personalidade do nascituro já concebido tem sido crescentemente aceite, principalmente a partir do "Lues-Entscheidung"[156] de 20 de Dezembro de 1952. Neste caso, a mãe havia sido contaminada com sífilis numa transfusão de sangue anterior à gravidez. O seu filho ficou também infectado por sífilis, desde o início da sua vida intra-uterina e veio a

---

e titular de direitos e obrigações (ob cit., § 5 I, pág. 119), que engloba a personalidade jurídica e a capacidade de gozo. Dado que a personalidade jurídica não é limitável nem condicionável, deve esta referência dos Autores ser entendida como feita a uma capacidade de gozo limitada ou condicionada.

[156] BGHZ 8, 242, NJW 1953, 417, JZ 1953, 307.

nascer com a doença. Submetido a juízo o seu direito a ser indemnizado, por uma lesão sofrida antes de nascer, o tribunal afastou o argumento de que, ao tempo da invocada lesão, o embrião não era ainda uma outra pessoa, no sentido do § 823 do BGB. Esta decisão veio a ser reforçada por uma outra, de 11 de Janeiro de 1972, em que se tratou da indemnização pela lesão cerebral sofrida pela vítima no seio materno, causada por um acidente de viação[157].

– *A tutela post mortem da personalidade*

No artigo 71.º, sob a epígrafe "ofensa a pessoas já falecidas", o Código Civil dispõe que (1) "os direitos de personalidade gozam igualmente de protecção depois da morte do seu titular", que (2) "tem legitimidade, neste caso, para requerer as providências previstas no n.º 2 do artigo anterior [o artigo 70.º] o cônjuge sobrevivo ou qualquer descendente, ascendente, irmão, sobrinho ou herdeiro do falecido" e ainda que (3) "se a ilicitude da ofensa resultar da falta de consentimento, só as pessoas que o deveriam prestar têm legitimidade, conjunta ou separadamente, para requerer as providências a que o número anterior se refere".

Segundo o artigo 71.º, "os direitos de personalidade gozam igualmente de protecção depois da morte do respectivo titular". Nos n.ºs 2 e 3 indica quem tem legitimidade para requerer as providências preventivas ou atenuantes: são familiares – o cônjuge sobrevivo, ascendentes, descendentes, irmãos e sobrinhos – e os herdeiros da pessoa já falecida cujos direitos de personalidade estejam em questão. Este preceito parece alargar a tutela da personalidade às pessoas já falecidas[158], o que tem suscitado uma notável divergência de opiniões na Doutrina.

Num extremo, CAPELO DE SOUSA, embora afirmando com clareza que a personalidade cessa com a morte, reconhece todavia que "há bens da personalidade física e moral do defunto que continuam a influir no curso social e que, por isso mesmo perduram no mundo das relações jurídicas

---

[157] BGHZ 58, 48, NJW 1972, 1126, JZ 1972, 363.
[158] CAPELO DE SOUSA, *O Direito Geral da Personalidade*, cit., pág. 192, considera que, no artigo 71.º, n.º 1, do Código Civil, "a nossa lei estabelece uma permanência genérica dos direitos de personalidade do defunto após a sua morte" e, na pág. 193, conclui que "o nosso legislador quis proteger individualmente as pessoas já falecidas contra qualquer ofensa ilícita ou ameaça de ofensa à respectiva personalidade física ou moral que existia em vida e que permaneça após a morte, assim se podendo também falar de uma tutela geral da personalidade do defunto".

e como tais são autonomamente protegidos"[159]; que "mais até do que uma mera tutela de bens jurídicos, a nossa lei estabelece uma permanência genérica dos direitos de personalidade do defunto após a sua morte"[160], "assim se podendo também falar de uma tutela geral da personalidade do defunto"[161]. Mais moderadamente, PIRES DE LIMA e ANTUNES VARELA[162] limitam-se a comentar que "em certa medida, a protecção dos direitos de personalidade depois da morte constitui um desvio à regra do art. 68.º"e LEITE DE CAMPOS[163] sustenta que "os herdeiros do falecido não defendem um interesse próprio (...) mas sim um interesse do defunto" e "exercem tais direitos no interesse do falecido", pelo que "a personalidade jurídica prolonga-se, é «empurrada», para depois da morte".

Numa posição intermédia, OLIVEIRA ASCENSÃO[164] sustenta que "o valor protegido é a personalidade do falecido e que a «legitimação» conferida pelo art. 71/2 não atribui ao requerente a titularidade dos interesses em causa, mas uma mera legitimação processual". A personalidade cessou com a morte e o que se protege agora, é a memória do falecido e, no que a este regime jurídico concerne, não se pode já falar de direitos de personalidade, "o que terá necessariamente por consequência que a tutela dos direitos de personalidade não é em globo aplicável; só temos estas restritas providências destinadas a proteger a memória dos defuntos". Por esta razão, recusa a aplicação neste caso do regime de responsabilidade civil previsto no n.º 1 do artigo 70.º. Ainda no que respeita às providências de defesa da personalidade, exclui a sua aplicação à violação da privacidade, com o argumento de que o artigo 80.º, ao contrário dos artigos 73.º, 75.º e 79.º, não faz menção ao artigo 71.º.

Para HÖRSTER[165], "a protecção dos direitos de personalidade depois da morte visa em primeira linha a defesa do falecido e apenas indirectamente contempla também os interesses dos respectivos familiares. Não obstante, os familiares, ao reagirem contra uma ofensa a pessoas falecidas, exercem um direito próprio (embora no interesse de outrem)".

---

[159] CAPELO DE SOUSA, *O Direito Geral de Personalidade*, cit., pág. 189.
[160] CAPELO DE SOUSA, *O Direito Geral de Personalidade*, cit., pág. 192.
[161] CAPELO DE SOUSA, *O Direito Geral de Personalidade*, cit., pág. 193.
[162] PIRES DE LIMA /ANTUNES VARELA, *Código Civil Anotado*, I, cit., em anotação ao artigo 71.º, pág. 105, admitem neste preceito "um desvio à regra do artigo 68.º".
[163] LEITE DE CAMPOS, *Lições de Direitos da Personalidade*, cit., págs. 163-164.
[164] OLIVEIRA ASCENSÃO, *Direito Civil – Teoria Geral*, I, cit., págs. 100-103.
[165] HÖRSTER, *A Parte Geral do Código Civil Português*, cit., pág. 261.

Numa perspectiva diferente, e que nos parece mais adequada, MOTA PINTO[166] entende que o regime jurídico do artigo 71.º traduz "uma protecção de interesses e direitos de pessoas vivas (as indicadas no n.º 2 do mesmo artigo) que seriam afectadas por actos ofensivos da memória (da integridade moral) do falecido".

Na mesma linha, CASTRO MENDES[167] defende que se está perante uma "pura infelicidade de redacção" do artigo 71.º; embora se fundem na defesa da dignidade do falecido, as posições jurídicas activas exercidas nos termos do artigo 71.º não são do defunto, mas antes das pessoas referidas no n.º 2 daquele artigo, e a responsabilidade civil a que houver lugar corresponde à indemnização dos danos morais e patrimoniais sofridos por essas pessoas e não pelo falecido.

Também CARVALHO FERNANDES[168] entende que "o significado dos preceitos em análise é outro e consiste em atribuir protecção jurídica ao interesse que certas pessoas (justamente as referidas no n.º 2 do art. 71.º) têm na integridade da personalidade moral do falecido", que "são, pois, protegidos interesses de pessoas vivas – embora em função da dignidade moral do defunto", e que "a razão de ser dessa tutela reside no facto de as pessoas em causa poderem ainda ser atingidas, indirecta ou mediatamente, pelas ofensas feitas à dignidade moral do falecido". Quanto à responsabilidade civil opina que "essa tutela é limitada às providências cautelares previstas na lei, não havendo lugar a direito de indemnização".

MENEZES CORDEIRO[169] conclui que "a tutela *post mortem* é na realidade, a protecção concedida ao direito que os familiares têm de exigir o respeito pelo descanso e pela memória dos seus mortos".

PAULO MOTA PINTO[170] admite "que se pode reconhecer às pessoas referidas no n.º 2 do art. 71.º um *interesse próprio* na tutela da vida privada do falecido".

III. Em nossa opinião, e como sempre sustentámos[171], o que se protege neste preceito do Código Civil é objectivamente o respeito pelos

---

[166] MOTA PINTO, *Teoria Geral do Direito Civil*, 3.ª ed., Coimbra Editora, Coimbra, 1996, pág. 203.
[167] CASTRO MENDES, *Teoria Geral do Direito Civil*, I, cit., págs. 100-101.
[168] CARVALHO FERNANDES, *Teoria Geral do Direito Civil*, I, cit., pág.205.
[169] MENEZES CORDEIRO, *Tratado de Direito Civil*, I, III, cit., págs. 466-467.
[170] PAULO MOTA PINTO, *O Direito à Reserva sobre a Intimidade da Vida Privada*, cit., pág. 555(184).
[171] PAIS DE VASCONCELOS, *Teoria Geral do Direito Civil*, Lex, Lisboa, 1999, págs. 51-52.

mortos, como valor ético, e subjectivamente a defesa da inviolabilidade moral dos seus familiares e herdeiros. Não se trata de reconhecer ou de tutelar a personalidade dos mortos, que a não têm, mas sim de defender, no âmbito do direito subjectivo de personalidade, o direito que os vivos têm a que os seus mortos sejam respeitados. A injúria ou a difamação de parentes, a degradação da sua memória, constitui causa de sofrimento e de gravame para os vivos, seus familiares ou, mesmo, herdeiros.

Também aqui, como no artigo 70.º e no artigo 81.º há uma simbiose do direito objectivo e do direito subjectivo de personalidade. O direito objectivo de personalidade tutela o respeito pelos mortos, como valor ético fortemente enraizado na Moral; o direito subjectivo de personalidade que está na titularidade de pessoas vivas e tem no seu conteúdo a tutela do respeito devido aos seus mortos, sejam eles o cônjuge, ascendentes, descendentes, tios, ou aqueles de quem se herdou.

A lei equipara a familiares os herdeiros, o que nem sempre será justificado, embora em concreto o possa ser e, por isso, o legislador o terá consagrado. A inserção dos herdeiros na lista do artigo 71.º justifica--se pelo carácter sucessório da posição do herdeiro, que não é um simples transmissário de bens que foram do falecido, mas um seu continuador. Na concretização haverá que distinguir até onde e em que casos concretos será justo equiparar os herdeiros aos familiares.

A difamação ou a injúria de um familiar já falecido, a ofensa ao seu nome ou à sua imagem, ou à sua privacidade, podem afectar gravemente a dignidade dos seus parentes ou herdeiros que lhe sobreviverem e podem causar-lhe sofrimento e afronta grave. É da natureza das coisas que assim seja. Por isso, faz parte do conteúdo do direito subjectivo de personalidade de cada um, o poder de reagir contra ofensas à dignidade dos seus parentes já falecidos.

Nesta perspectiva, não deve ser negada aos familiares e herdeiros a faculdade de exigir a indemnização dos danos morais e materiais causados. Como se disse já, a injúria ou a difamação de um cônjuge já falecido, ou de um pai, de uma mãe, de um filho, de um irmão, pode causar intenso sofrimento e gravíssima afronta. É justo que este sofrimento e esta afronta sejam indemnizados. A tal não obsta, em nossa opinião, o facto de o n.º 2 do artigo 71.º mencionar apenas as providências referidas no n.º 1 do artigo 70.º. O n.º 1 do artigo 71.º constitui fundamento para a qualificação da ofensa como ilícita; conjugado com o regime do artigo 483.º, oferece base suficiente para justificar a vigência do regime geral da responsabilidade civil aquiliana à indemnização dos danos morais e materiais causados a pessoas vivas pela ofensa da dignidade dos seus parentes já falecidos (ou das pessoas de quem tenham herdado).

– *Direitos de personalidade de pessoas colectivas?*

No direito português, o artigo 70.º do Código Civil, na sua letra, limita os direitos de personalidade a "indivíduos".

Para MENEZES CORDEIRO[172] "os direitos de personalidade foram histórica e dogmaticamente pensados para servir o ser humano: a pessoa singular", pelo que a sua transposição "para além desse campo equivaleria a uma distorção da figura". Porém, essa transposição tem sido feita, quer na jurisprudência, quer na doutrina. Tal decorre de um entendimento defeituoso da personalidade colectiva inerente às concepções realistas mas, embora com dificuldades que não são insuperáveis, pode ser feita, caso a caso, excluindo desde logo os direitos de personalidade de base biológica, como o direito à vida e à integridade física.

CAPELO DE SOUSA[173] reconhece que o direito geral de personalidade previsto no artigo 70.º, n.º 1 do Código Civil está "insofismavelmente ligado às pessoas singulares, ao seu ser e ao seu devir" e que "por isso mesmo, é de afastar que tal direito, *qua tale*, possa valer para as pessoas colectivas". Não obstante, admite que, se a maioria dos bens de personalidade estão ligados à personalidade física, afectiva, espiritual e anímica são inseparáveis das pessoas singulares, "face ao n.º 1 do artigo 160.º do Código Civil", haverá outros bens, "particularmente os atinentes à esfera social, como certas manifestações de liberdade, a identidade, o bom nome, a reputação, a esfera de sigilo e a iniciativa, relativamente aos quais, possuídos por conjuntos de pessoas humanas associadas ou por entes jurídicos baseados em vontades humanas objectivadas" os quais "poderão não estar expressamente previstos como direitos *especiais* de personalidade, mas, face ao n.º 1 do art. 160.º do Código Civil, parece que integrarão a capacidade jurídica das pessoas colectivas". E conclui: "ou seja, poderá falar-se, «stricto sensu» e como que numa segunda escolha, de direito «geral» de personalidade das pessoas colectivas".

Também CARVALHO FERNANDES[174] admite, que "num plano formal" a categoria dos direitos de personalidade faça ainda algum sentido quanto

---

[172] MENEZES CORDEIRO, *Tratado de Direito Civil Português*, I, III, cit., págs. 103--106.
[173] CAPELO DE SOUSA, *O Direito Geral de Personalidade*, cit., pág. 601.
[174] CARVALHO FERNANDES, *Teoria Geral do Direito Civil*, I, cit., pág. 215.

às pessoas colectivas, "embora num plano mais ajustado à sua natureza e sem o sentido transcendental que ela reveste em relação às pessoas singulares".

Em nossa opinião, e não obstante as opiniões divergentes, os direitos de personalidade estão indissoluvelmente ligados à dignidade humana e são, por isso, inseparáveis da personalidade singular, isto é, das pessoas humanas. O seu alargamento às pessoas colectivas é um equívoco positivista que nasce da errada equiparação e confusão entre as pessoas singulares e as pessoas colectivas num macro-conceito geral-abstracto de personalidade jurídica. A aplicação do regime jurídico do direito de personalidade a pessoas colectivas nunca pode ser feito por via directa, mas antes e tão só por analogia, isto é, quando a semelhança das situações o justifique, e sempre com a adaptação do regime ao caso concreto e com consciência de que o sentido jurídico é completamente diferente nos verdadeiros direitos de personalidade, de que são titulares pessoas humanas (singulares), e direitos subjectivos análogos na titularidade de pessoas colectivas. Ao contrário dos verdadeiros direitos de personalidade, direitos análogos de que sejam titulares pessoas colectivas não são supra-legais, são concedidos por lei e por lei podem ser retirados. Sobretudo, não pode ser posta no mesmo plano a honra e a dignidade humanas e o bom nome e reputação de pessoas colectivas. Só numa perspectiva formal-positivista seria possível amalgamar as pessoas humanas e as pessoas colectivas numa só categoria, num só regime e num mesmo sentido, inevitavelmente a custo de degradar as pessoas humanas ao estatuto das pessoas colectivas.

No entanto, no mestrado, vale a pena meditar sobre a questão, designadamente no que concerne ao regime do artigo 484.º do Código Civil que coloca no mesmo plano a responsabilidade civil por lesões ao crédito e ao bom nome de pessoas singulares ou colectivas. Estará aqui consagrado o direito à honra, na sua componente de bom nome e reputação, das pessoas colectivas? Tanto no direito brasileiro como no alemão, o reconhecimento de direitos de personalidade às pessoas colectivas traduz--se invariavelmente em responsabilidade civil por ofensas à reputação da pessoa colectiva ou à sua firma.

Este é mais um problema que será importante tratar num mestrado sobre Direito da Personalidade. É privativa das pessoas humanas, individuais, com exclusão das pessoas colectivas, como se tem concluído da referência a "indivíduos" contida no n.º 1 do artigo 70.º?, ou pode ser alargado a pessoas colectivas, como noutras ordens jurídicas? A tutela indemnizatória das ofensas ao crédito ou ao bom nome de pessoas colectivas, admitida no artigo 484.º do Código Civil, revela a titularidade de um direito de personalidade, ou tão só uma analogia assente na dos interesses em questão? O Direito de Personalidade e os direitos de personalidade são inerentes à dignidade humana e marcam a sua diferença em relação à personalidade colectiva, ou são apenas uma técnica de tutela de interesses que, por via do artigo 12.º da Constituição e do artigo 160.º, n.º 1 do Código Civil, podem ser reconhecidos às pessoas colectivas?

IV. A TUTELA JUDICIAL DO DIREITO DE PERSONALIDADE

I. No n.º 1 do artigo 70.º, o Código Civil proclama com toda a generalidade e mesmo com solenidade que "a lei protege os indivíduos contra qualquer ofensa ilícita ou ameaça à sua personalidade física ou moral".

O carácter genérico da fórmula legal suscitou crítica, por parte de Castro Mendes[175], que lhe preferia uma enumeração de direitos de personalidade. Pensamos, todavia que a fórmula é feliz, porque tem a elasticidade suficiente para resistir ao envelhecimento do Código e ao surgimento de novas ameaças e lesões à personalidade. As actuais ameaças e lesões à "integridade genética" não poderiam ter sido previstas pelo legislador de 1967. O Autor criticou também a inserção na letra da lei da referência ao carácter "ilícito" das lesões, que qualificou como redundante. Também aqui não o acompanhamos. Pode haver lesão da personalidade que seja lícita, por exemplo, em caso de legítima defesa ou de consentimento do ofendido. A lei está bem redigida: só as ameaças e lesões ilícitas da personalidade podem fundar as providências previstas no n.º 2 do artigo 70.º.

A fórmula do n.º 1 do artigo 70.º abrange as ameaças e agressões ilícitas a todo e qualquer direito de personalidade ainda que não especialmente previsto nos artigos seguintes do Código Civil. Não há, com efeito, nenhum direito de personalidade, esteja ele previsto na Constituição da República, no Código Penal, no Código Civil ou nas Declarações de Direitos do Homem que se não reconheça na fórmula do artigo 70.º do Código Civil. Os direitos de personalidade especialmente previstos nos artigos 71.º a 80.º nem sequer são os mais importantes. No direito alemão, a construção do "direito geral de personalidade" e a sua relação com os direitos especiais de personalidade, especialmente previstos, acaba por ser semelhante: o direito geral de personalidade abrange todos aqueles que

---

[175] Castro Mendes, *Teoria Geral do Direito Civil*, I, cit., pág. 312.

não estiverem especialmente previstos na lei[176]. A defesa contra ameaças ou agressões a todos e quaisquer direitos de personalidade pode ser feita, em Direito Civil, nos termos previstos no artigo 70.º do Código Civil.

A referência a "indivíduos", na letra do preceito, é intencional e tem o sentido de excluir da titularidade de direitos de personalidade as pessoas colectivas. Esta exclusão não é pacífica nem geral. O direito alemão e o direito brasileiro, por exemplo, admitem a titularidade de direitos de personalidade por parte de pessoas colectivas. Diversamente, o Código Civil português restringe expressamente a titularidade de direitos de personalidade a pessoas humanas (indivíduos) e limita-se, no artigo 484.º a cominar com responsabilidade civil a ofensa ao "crédito ou ao bom nome de qualquer pessoa, singular ou colectiva". Este alargamento às pessoas colectivas do regime de responsabilidade civil por ofensa ao crédito e ao bem nome não tem, em nossa opinião, o condão de fazer as pessoas colectivas participarem de direitos de personalidade, mas a sua problematização, no mestrado, não deixa de ser necessária.

II. O direito subjectivo deve ter êxito na prossecução dos fins do seu titular. Para tanto, carece de meios jurídicos que sejam eficientes. Estes meios podem ser de ordem diversa. O critério da sua afectação é a sua eficiência. Há uma característica utilitária que é imprescindível no direito subjectivo: a eficiência, o êxito. Um direito subjectivo que seja ineficaz, que não consiga prosseguir o fim do seu titular, é fruste.

A exigência de êxito é comum a todos os direitos subjectivos. Mas é muito mais forte no direito subjectivo de personalidade. A personalidade é o que de mais precioso, de mais relevante a pessoa tem. É o seu próprio ser enquanto pessoa. Por isto, o direito subjectivo de personalidade é dotado, no Direito, de uma tutela poderosa, de meios especialmente eficientes.

Os meios de tutela civil do direito subjectivo de personalidade são de duas ordens: as providências especiais de defesa da personalidade e a responsabilidade civil.

---

[176] LARENZ/WOLF, *Allgemeiner Teil des bürgerlichen Rechts*, cit., § 8 I 6, págs. 147-148.

13. Providências de personalidade

I. O n.º 2 do artigo 70.º do Código Civil estatui que, para além da responsabilidade civil a que haja lugar, a pessoa ameaçada ou ofendida "pode requerer as providências adequadas às circunstâncias do caso, com o fim de evitar a consumação da ameaça ou atenuar os efeitos da ofensa já consumada".

Desta redacção, aliás muito bem conseguida, são de retirar três linhas de protecção dos direitos de personalidade: a responsabilidade civil, a tutela preventiva e a atenuação do possível. Não se colocam todas no mesmo plano: de um lado há a responsabilidade civil, que tem como finalidade o ressarcimento, em termos patrimoniais, dos danos materiais e morais sofridos pelas vítimas; de outro lado estão os remédios directos. De entre estes, há os que são *preventivos* e com os quais se pretende evitar que as ameaças se concretizem em ofensas, e os *atenuantes* que são destinados a actuar após a consumação, ou o início da consumação, da ofensa e que, na impossibilidade de a prevenir, se destinam a reduzir, dentro do possível, os efeitos da ofensa. Nada impede que sejam cumulados os remédios preventivos e atenuantes, uns com os outros ou com a indemnização.

Quanto à natureza e conteúdo das providências, a lei diz apenas que serão "as adequadas às circunstâncias do caso". Deixa-se assim, uma larguíssima margem de liberdade ao juiz a quem forem requeridas. Mas esta liberdade não pode ser total nem sem critério. Da letra da lei resulta desde logo que as providências devem ser adequadas, o que exclui o excesso. Deve, assim, entender-se que, ao decretar as providências, o juiz não deve exceder o que for suficiente e deve actuar com moderação, de modo a lesar ou perturbar o menos possível terceiros. Há que encontrar, caso a caso, um equilíbrio entre o mínimo possível de lesão ou incómodo a terceiros e a eficácia necessária. Tudo isto de acordo com o prudente arbítrio do julgador.

A lei prevê um processo especial, de jurisdição voluntária, para o decretamento das providências, nos artigos 1474.º e 1475.º do Código de Processo Civil. É um processo muito simplificado, maleável e expedito, como se impunha. Consiste basicamente num requerimento dirigido ao juiz, em que a parte ameaçada ou lesada formula e fundamenta a sua pretensão e indica os meios de prova, uma contestação em que a parte acusada, depois de citada, se pronuncia como entender e oferece a sua prova, e, produzida a prova, o juiz decide de acordo com critérios que não são de legalidade estrita, mas de adequação e conveniência.

a. Providências preventivas

I. As lesões da personalidade são rara ou dificilmente reparáveis. A indemnização pecuniária, mesmo quando tenha um valor elevado, dificilmente apaga o sofrimento da vítima ou a memória da comunidade em que se insere. A própria punição criminal do lesante é de eficácia duvidosa. É verdade que o castiga, que o intimida, que dá ao lesado algum sentimento de reparação e à comunidade a convicção de justiça, mas pouco alivia o sofrimento interior da vítima.

O carácter irreparável – ou quase irreparável – das lesões da personalidade exige a possibilidade de defesa preventiva. O Direito é relutante na admissão da defesa preventiva. Tal é patente na teoria da legítima defesa. Mas, tal como na legítima defesa, não se pode exigir da vítima que aguarde o começo da agressão para iniciar a sua defesa. Muitas vezes será tarde demais. Também assim é na defesa contra agressões à personalidade, que quase sempre se tornam irreparáveis, uma vez iniciadas. Sem falar já da perda de vida, que é naturalmente definitiva, o carácter irreparável das lesões da personalidade é muito patente nas ofensas à honra. A difamação só muito dificilmente e após longo tempo se apaga na memória dos "outros", principalmente dos "próximos", daqueles com quem a vítima contacta pessoalmente. Mas, inexoravelmente acabam por esquecer. É porém na própria vítima que a memória da lesão persiste, quase sempre definitivamente. A "dor de alma" nunca mais se cura. O lesado pode habituar-se a viver com ela, mas não deixará de a sentir. A psiquiatria assim o confirma.

Também as lesões corporais deixam frequentemente sequelas prolongadas ou definitivas que mais vale prevenir. Mesmo em zonas menos delicadas da personalidade, por exemplo, nas violações do direito à imagem, a publicitação da imagem de alguém, por exemplo, na Internet será praticamente impossível de remediar. Muitos outros exemplos poderiam ser aludidos, como as lesões à integridade genética.

É, por isto, crucial que, muito mais que reprimir, punir, indemnizar ou atenuar, o Direito tenha meios que sejam hábeis para prevenir as lesões de personalidade. Aqui se aplica com acerto o velho ditado: mais vale prevenir que remediar.

Mas a prevenção é referente a perigos, não já para o próprio, mas para os outros. Uma tendência levemente paranóide – e isso é tão corrente nos utentes dos tribunais – conduzirá naturalmente ao recurso injustificado às providências preventivas. A simplicidade e a celeridade do processo especial de tutela da personalidade podem dificultar o despiste do excesso.

O juiz terá de estar atento e de ser arguto. De qualquer modo, o contraditório sempre permitirá acautelar a possível perversão do sistema.

A urgência na prevenção tem conduzido, na prática do foro, ao recurso às providências cautelares. A lei permite o decretamento de providências cautelares não especificadas sem audiência da parte contrária que, na prática, se revelam mais rápidas e mais eficazes do que as providências preventivas. Estas providências cautelares são requeridas prévia ou simultaneamente com a entrada do requerimento inicial da acção especial e na sua dependência. As acções especiais de tutela de personalidade comportam procedimentos cautelares nos termos gerais[177].

II. O recurso às providências preventivas depende fundamentalmente de a vítima conseguir obter informação antecipada sobre a eventualidade e o perigo da lesão. Sem essa informação, o lesado não estará em condições de reagir previamente à ofensa. Esta informação nem sempre é fácil e nem sempre é possível, mas por vezes acontece que, pelas mais variadas circunstâncias, alguém tem conhecimento de que se prepara ou virá a ser praticado um acto ou uma actividade lesiva da sua personalidade e que esse conhecimento é obtido com a antecedência suficiente para uma reacção eficaz.

Obtido esse conhecimento, o interessado pode recorrer imediatamente a juízo sem previamente contactar o ofensor. Um contacto prévio poderia precipitar a consumação da ofensa. Ainda que esteja de boa fé, o ofensor pouco ou nada sofrerá em consequência da falta de um contacto prévio e, uma vez citado, se estiver de boa fé e assim o quiser, sempre poderá cessar ou modificar o seu projecto de actuação de modo a evitar a lesão. Em tal caso, nem sequer deverá ser condenado em custas (artigos 446.º e segs. do Código de Processo Civil).

Pode contudo acontecer que um prévio contacto do potencial lesado com o potencial ofensor evitasse a lesão sem necessidade de recurso a juízo. Tudo depende das circunstâncias do caso e até da maneira de ser das pessoas envolvidas. O potencial ofensor pode ignorar que vai lesar

---

[177] Sobre os procedimentos cautelares na dependência de acções especiais de personalidade, CAPELO DE SOUSA, *Direito Geral de Personalidade*, cit., págs. 485 e segs.. O Autor alude a alguns procedimentos cautelares típicos especialmente adequados à tutela preventiva da personalidade, como o arrolamento de cartas, memórias ou outros escritos confidenciais e também, em moldes que nos não parecem tão adequados, ao arresto preventivo dependente da acção de indemnização e à suspensão de deliberações sociais.

outrem e não querer fazê-lo. Assim sucede quando, por exemplo, o nome ou o retrato psicológico de uma personagem de uma obra de ficção ofenda a personalidade de alguém que com ela possa ser identificada. É fácil alterar o nome, embora o mesmo possa não acontecer com a construção da personagem. Ainda que esta possibilidade exista, pelo menos em abstracto, não é justo onerar a potencial vítima com a obrigação de contacto prévio, perante o risco de frustração da sua defesa que daí poderá resultar. O que está em jogo é demasiadamente importante para que o risco da sua lesão possa ser aumentado.

As providências preventivas consistem quase sempre na imposição da abstenção de certa conduta, designadamente da publicação de um escrito, ou de apreensão, restituição ou destruição de coisas, por exemplo de fotografias ou de escritos, mas não se confinam necessariamente a estas.

b. Providências atenuantes

Após a consumação da ofensa já não será possível preveni-la, mas somente, como diz a lei, "atenuar os efeitos da ofensa já cometida". O mal está feito. Há então que agir no sentido de diminuir, enfraquecer, minimizar a lesão, mas esta não pode ser já reparada.

Pode questionar-se qual a providência adequada quando a ofensa já teve início mas ainda não atingiu a consumação. Mas a dúvida não tem relevância. A discricionariedade da decisão, que não fica presa ao pedido do requerente, nem a critérios de legalidade estrita, e deve "adoptar em cada caso a solução que julgue mais conveniente e oportuna" (artigo 1410.º do Código de Processo Civil) levará o tribunal a tomar a decisão (resolução, na letra da lei) que melhor se adaptar ao quadro circunstancial vigente. Se o requerente pedir uma providência como preventiva por não saber que a ofensa se consumou já, ou que a lesão teve início ou mesmo consumação depois de entrada a acção, nem por isso o juiz deverá deixar de a decidir como deve. Por estas razões, é indiferente que a lesão tenha já tido início ao tempo do requerimento ou que, não o tendo ainda nesse momento, o tenha tido já na pendência do processo: é o estado da questão ao tempo da decisão que determinará o seu conteúdo.

O conteúdo das providências atenuantes pode ser muito variado. Desde a destruição de registos informáticos, de som ou de imagem, de apreensão e destruição de publicações, ou de obras literárias ou artísticas, de encerramento ou destruição de instalações ruidosas ou emissoras de maus cheiros, ou o seu encerramento até que sejam suficientemente isolados. No que respeita a ofensas à honra ou à privacidade, assume particular importância a imposição da publicação de esclarecimentos, de desmentidos ou da retractação. Estas providências podem ser particularmente eficazes, quer na correcção de informações ou imputações que tenham sido feitas publicamente e que tenham ganho credibilidade na opinião pública ou em terceiros próximos da vítima, atenuando assim o dano da sua reputação, quer no alívio da dor de alma que tenham causado à vítima, diminuindo a sua humilhação e sofrimento moral. Não acompanhamos, pois, as restrições propostas, nesta matéria, por CAPELO DE SOUSA[178]. Caberá ao juiz, no seu prudente arbítrio, ponderar e ajuizar da sua necessidade, conveniência, adequação, eficiência e proporcionalidade, isto é, da justiça concreta da resolução.

c. Discricionariedade na decisão

O processo especial de tutela da personalidade é um processo de jurisdição voluntária, regulado no Capítulo XVIII do Título IV (Processos especiais) do Livro III (Do processo) do Código de Processo Civil. Como tal, obedece a regras muito especiais de processamento e decisão. Segue basicamente as regras dos incidentes (artigos 302.º a 304.º do Código de Processo Civil), com modificações importantes.

No seu processamento, domina o princípio do inquisitório, podendo o tribunal "investigar livremente os factos, coligir as provas, ordenar inquéritos e recolher as informações convenientes", só sendo admitidas as provas "que o juiz considere necessárias" (artigo 1409.º, n.º 2 do Código de Processo Civil). Tal significa que a instrução do processo pode ficar aquém do requerido pelas partes, assim como ser excedido o que resultar

---

[178] CAPELO DE SOUSA, O Direito Geral de Personalidade, cit., págs. 478-479, influenciado por HUBMANN, exige, neste caso que a ofensa seja pública, "não implicando desmentido as ofensas produzidas apenas face ao lesado", que as imputações ofensivas sejam dolosas ou culposas, e inverídicas, tenham "uma certa gravidade objectiva", e exclui, "em princípio, as imputações feitas perante o Tribunal ou a Polícia". Acaba, porém, por exigir que o desmentido seja "o meio mais adequado a atenuar os efeitos da ofensa cometida, não podendo servir prioritariamente como pena ou humilhação do ofendido", e que "o ónus da prova dos factos constitutivos do direito ao desmentido (caiba) ao ofendido". A necessidade de adequação desmente a restrição. Não há que restringir, mas antes que adequar. Também nos parece óbvio que a adequação impede que o desmentido tenha natureza ou finalidade de retaliação ou de retorsão (humilhação), o que constituiria ilícito. Finalmente a imposição do ónus da prova ao requerente é expressamente contrariada pelo n.º 2 do artigo 1409.º do Código de Processo Civil.

da sua iniciativa. Este regime só se compreende atenta a coexistência de interesse público e privado na tutela da personalidade que se revela também no diálogo entre o direito objectivo e o direito subjectivo de personalidade.

No mesmo sentido, o artigo 1410.º do Código de Processo Civil liberta o tribunal de "critérios de legalidade estrita" e vincula-o a "adoptar em cada caso a solução que julgue mais conveniente e oportuna". Há aqui uma sobreposição do público sobre o privado: a parte privada, que intervém na acção como requerente e como vítima da lesão, não domina, com o pedido, o conteúdo possível da sentença. Há algo de ordem pública que se impõem com muita força ao simples interesse particular.

Finalmente, as "resoluções" decretadas não são definitivas, e "podem ser alteradas, sem prejuízo dos efeitos já produzidos, com fundamento em circunstâncias supervenientes que justifiquem a alteração" (artigo 1411.º, n.º 1 do Código de Processo Civil). A sua modificação tanto pode decorrer de alterações objectivamente supervenientes, como das que já existissem mas não fossem conhecidas por quem as invocar (superveniência subjectiva). Este regime tem uma importância crucial, pois permite, em situações duradouras, a adaptação das providências decretadas à evolução das circunstâncias ou mesmo a factos anteriores que fossem desconhecidos.

Das resoluções decretadas "segundo critérios de conveniência e oportunidade" não há recurso para o Supremo Tribunal de Justiça (artigo 1411.º, n.º 2 do Código de Processo Civil). Tal contribui para uma maior celeridade e eficácia na resolução das questões. Na redacção originária deste preceito não constava a limitação ao que tivesse sido decidido segundo critérios de conveniência e oportunidade. Esta resolução não admitia, nunca, o recurso para o Supremo. Introduzida na Reforma de 1995, a nova redacção tem ocasionado efeitos perversos, permitindo que a parte vencida embarace longamente o Tribunal na discussão de quais resoluções – e o quê, nessas resoluções – foi decidido segundo critérios de conveniência e oportunidade e o que tiver sido decidido "jure stricto".

d. Legitimidade passiva

I O artigo 1474.º do Código de Processo Civil contém regras de legitimidade processual passiva que, em nossa opinião, suscitam um problema que merece investigação e tratamento no mestrado.

Sob a epígrafe "Requerimento" o preceito contém três regras de legitimidade processual passiva, uma geral e duas especiais: a regra geral (n.º 1) determina que o pedido seja formulado "contra o autor da ameaça ou ofensa"; as regras especiais estatuem que as providências que visem impedir o uso prejudicial de nome idêntico ao do requerente sejam formuladas "contra quem o usou ou pretende usar" (n.º 2) e que o pedido de restituição ou destruição de cartas missivas confidenciais seja "deduzido contra o detentor da carta" (n.º 3).

Este regime é mais restrito do que o que resulta do n.º 2 do artigo 70.º do Código Civil, segundo o qual aquele cuja personalidade for lesada ou ameaçada de lesão "pode requerer (e obter) as providências adequadas às circunstâncias do caso". Ao limitar a legitimidade processual passiva ao autor da ofensa, ao que pretende usar o nome repetido e ao detentor das cartas missivas confidenciais, o Código de Processo Civil impede todas as providências de tutela de personalidade cuja adequação e eficácia exija ou suponha que sejam decretadas contra quem não for o autor da lesão, quem não utilizar o nome repetido ou quem não detiver as cartas missivas confidenciais. Ora, pode bem suceder que a adequação e eficácia da providência de tutela da personalidade exija que sejam decretadas contra tais pessoas.

Para simplificar vamo-nos restringir doravante à regra geral do n.º 1 do artigo 1474.º. Imaginemos o caso em que alguém, de identidade desconhecida, procede à pintura na parede exterior de um edifício murado, a vários metros de altura, de uma inscrição muito visível cujo conteúdo é gravemente ofensivo da honra de certa pessoa. O lesado pretende que essa inscrição seja eliminada. O requerimento de uma providência contra desconhecidos, mesmo que venha a ser decretada contra desconhecidos, não é eficaz porque não obriga o proprietário. A adequação e a eficácia da providência exigem que seja decretada contra o proprietário, mas este pode, na oposição, arguir ilegitimidade passiva.

II Poder-se-ia ultrapassar esta dificuldade distinguindo entre legitimidade passiva substantiva e legitimidade passiva adjectiva. A providência teria se ser requerida contra o autor da lesão, no caso, um desconhecido (legitimidade adjectiva), mas poderia ser decretada contra o proprietário do edifício, pessoa que teria legitimidade substantiva conferida pelo n.º 2 do artigo 70.º do Código Civil, por ser aquela contra quem a providência precisa de ser decretada para ser adequada e eficiente. O artigo 1410.º do Código de Processo Civil, ao dispensar o juiz da legalidade estrita na decisão suportaria esta resolução. Mas a solução causa estranheza.

III. Outro caminho poderia ser trilhado. Previamente ao recurso a juízo, o lesado deveria pedir ao proprietário autorização para o acesso ao edifício e para o demais necessário à remoção da inscrição ofensiva. Se este não anuísse, tornar-se-ia autor de uma ofensa que consistiria, então, não já na inscrição, mas no impedimento da sua remoção. A providência seria, agora, requerida contra o proprietário do edifício como autor da lesão e teria por conteúdo a intimação para que não impedisse a remoção da inscrição e prestasse a cooperação necessária àquela fim.

Exemplificando, agora com um caso mais real. O lesado, cuja privacidade for ofendida pela publicação de um texto numa revista, necessita, para a adequação e eficácia da tutela, que a providência de apreensão e destruição de todos os exemplares da revista seja decretada contra o proprietário da revista e ainda contra os donos de todos os estabelecimentos que a tenham exposta para venda, e ainda possivelmente contra todos ou alguns dos particulares que a tenham entretanto comprado. Seria muito pouco eficiente requerer a providência, de imediato, contra o proprietário; mas contra os demais, só após a constatação da recusa na entrega voluntária dos exemplares detidos. Aliás, os demais detentores exigiriam naturalmente uma prévia ordem judicial para acederem ao pedido do lesado. Seria necessária uma pluralidade de procedimentos, separados e distanciados no tempo, cuja eficiência seria muitíssimo duvidosa porque permitiria que, entretanto, enquanto não fossem citados, os vendedores procedessem à venda da revista a uma multidão de pessoas não identificadas.

Estes dois exemplos mostram como é mais dúctil e eficiente a regra do n.º 2 do artigo 70.º. O único limite que estabelece é o da adequação às circunstâncias do caso. Se for adequado às circunstâncias do caso que a providência seja requerida e decretada contra quem não for o autor da lesão ou da ameaça, mas antes contra quem tiver o domínio da solução, o n.º 2 do artigo 70.º não impede que seja requerida e decretada. Ao legislador processual não ocorreu este caso e a letra do n.º 1 do artigo 1474.º do Código de Processo Civil, reflecte a normalidade dos casos em que a adequação da providência se contenta com o seu decretamento contra o lesante. Esse será, sem dúvida, o caso normal, o caso mais frequente, mas não é o único. O carácter acessório e ancilar das regras processuais vai contra a admissão de uma solução que, no caso em apreciação, deixe sem tutela a personalidade do lesado só por causa da redacção do artigo 1474, n.º 1 do Código de Processo Civil.

IV. Poder-se-á objectar não ser justo onerar o terceiro, que não foi autor da lesão, o terceiro inocente, com o encargo de cooperar com o lesado na prevenção ou na atenuação da lesão. Mas é uma objecção egoísta. Se a vida em sociedade, em comunidade, tem vantagens, é justo que implique os correspondentes encargos. Há um mínimo de solidariedade abaixo do qual se entra no campo da anti-socialidade. Não obstante, e sem prejuízo do dever de solidariedade que incumbe sobre cada um em sociedade, o tribunal, na ponderação da adequação da providência, deve minorar tanto quanto possível o incómodo do terceiro inocente. No caso da inscrição no edifício, por exemplo, deve obrigar o lesado requerente a suportar todos os custos da remoção da inscrição e a deixar incólume a pintura do edifício, procedendo mesmo, se necessário, à sua renovação ou ao respectivo custeio, e deve ainda isentá-lo de custas no processo por não ter dado causa à lide. Somos, pois, de opinião que o n.º 1 do artigo 1474.º do Código de Processo Civil, confrontado com o n.º 2 do artigo 70.º do Código Civil, não impede o requerimento e o decretamento de providências de tutela da personalidade contra o terceiro inocente, sempre que tal seja necessário para assegurar a adequação e eficiência da providência. Em todos os casos em que tenha de decretar uma providência contra um terceiro inocente, o tribunal deverá decidir de modo a isentá--lo de todos os custos envolvidos e fazê-los recair sobre o requerente. A desvinculação de critérios de legalidade estrita que ao juiz é concedida pelo artigo 1410.º do Código de Processo Civil assim o permite.

Também esta questão é controversa e tem interesse académico e científico relevante, pelo que deve ser suscitada no mestrado de Direito de Personalidade.

14. Pretensão de indemnização

Em complemento às providências preventivas e atenuantes, o artigo 70.º do Código Civil alude à "responsabilidade civil a que haja lugar" pela violação ilícita da personalidade.

Também a responsabilidade civil por ofensas ilícitas à personalidade merecem ser objecto de problematização e aprofundamento juscientífico no mestrado de Direito de Personalidade. Não se trata de abordar as questões gerais da teoria da responsabilidade civil, mas antes aquelas que são específicas da responsabilidade civil por danos de personalidade.

a. Cumulação das providências de tutela da personalidade com a responsabilidade civil

A conflitualidade judicial relativa às ofensas à personalidade, além das matérias criminais, que estão fora do âmbito deste mestrado, divide-

-se entre as providências e a responsabilidade civil. A lei permite a sua cumulação substantiva, embora a cumulação processual seja vedada pela diferença de formas do processo. Para as questões de responsabilidade, que não seja conexa com a criminal, cabe o processo comum de condenação; enquanto às providências, cabe o processo especial de tutela da personalidade, que é um processo de jurisdição voluntária. Não é, pois, possível a sua cumulação processual numa única acção. O processamento das providências de tutela da personalidade é mais simples e mais rápido do que o da acção comum de condenação, o que, acrescido ao facto de o prazo de prescrição da obrigação de indemnização, de três anos, permitir normalmente o decurso até final da acção especial, leva usualmente a que o lesado comece por propor a acção especial de tutela da personalidade e só após a sua decisão, pelo menos em primeira instância, proponha a acção comum de indemnização. Muitas vezes, a vítima, após o decurso e mesmo a decisão da acção especial está já em muito melhores condições para ter êxito na acção de indemnização.

b. O juízo de ilicitude

I. A responsabilidade civil pela lesão de bens de personalidade exige, em primeiro lugar um juízo de ilicitude da conduta do lesante. Esta é uma das matérias em que se suscita frequente controvérsia, nem sempre de fácil solução.

A lesão da personalidade é, em princípio, ilícita: é contrária ao plano do dever-ser que a personalidade de alguém seja ofendida. A ilicitude da lesão torna-se, porém, problemática sempre que a conduta do lesante corresponda ao exercício de um direito ou ao cumprimento de um dever. É esse o problema que os tribunais são frequentemente chamados a enfrentar. Trata-se da defesa por excepção de direito material, a excepção do exercício de um direito ou do cumprimento de um dever, que exige uma ponderação de interesses que têm de ser pesados uns em face dos outros[179].

II. Esta excepção pode, em geral, ser invocada contra qualquer dos direitos de personalidade, embora na prática só o costume ser em relação a certos dos seus tipos. Não se conhece a sua oposição do direito à vida.

---

[179] SINDE MONTEIRO, *Responsabilidade por Conselhos, Recomendações ou Informações*, cit., pág. 228.

É teoricamente concebível, em caso de violação do direito à vida, o autor da lesão opor, como defesa, ter agido no cumprimento de um dever ou no exercício de um direito. O dever que vincula, por exemplo, um soldado, pode justificar que mate outra pessoa e o mesmo pode suceder com um membro de uma força paramilitar ou policial. Sobre eles incide um dever de, em certas circunstâncias, tirar a vida a outras pessoas. Também a legítima defesa pode justificar a ofensa à vida alheia. Algo de semelhante sucede com a violação do direito à integridade física ou psíquica: em certas circunstâncias, o lesante pode ter agido no cumprimento de um dever, ou no exercício de um direito, por exemplo, em legítima defesa. Casos como estes são, todavia, infrequentes.

III. A excepção de exercício de um direito ou de cumprimento de um dever é frequente em casos de ofensas à honra e à privacidade. Quase sempre que estas lesões são cometidas através da comunicação social, os lesantes defendem-se invocando o direito e o dever de informar, consagrados na própria Constituição da República. De tão frequente, esta questão, tornou-se banal e deu já lugar a abundante jurisprudência. Estes casos podem tipificar-se em alguns subtipos: casos em que as lesões consistem na imputação de práticas tidas como reprováveis ou na revelação de factos da vida privada e em que os lesados são políticos ou titulares de cargos públicos, ou pessoas com notoriedade, embora não ligadas ao poder político ou à estrutura do Estado, ou pessoas anónimas que não exerçam funções políticas ou estatais e não tenham notoriedade. Perante a acusação de violação da honra ou da privacidade, os lesantes excepcionam terem agido no exercício do direito e no cumprimento do dever de informar. Normalmente colocam os direitos em confronto no mesmo plano e os tribunais decidem com base na colisão de direitos (artigo 335.º do Código Civil).

Nos casos em que os lesados são titulares de cargos públicos ou políticos, é mais verosímil a invocação de um direito-dever de informar por parte do lesante. A comunicação social tem uma função social e constitucional de informar e, no seu âmbito, de revelar práticas ilícitas de titulares dos órgãos do poder e ainda factos da sua vida privada cujo conhecimento e divulgação sejam necessários em virtude do exercício das respectivas funções. Práticas de aproveitamento ou de enriquecimento pessoal no exercício abusivo de funções públicas ou políticas podem e devem ser reveladas pela comunicação social: é importante que se tornem conhecidas pelos cidadãos. Também factos da vida privada podem ou devem ser revelados sempre que sejam de molde a revelar anomalias de comportamento que possam indiciar o exercício anómalo ou ilícito dessas funções, ou o respectivo perigo. Em casos como estes, as lesões são cometidas na prossecução do bem comum, o que as pode tornar lícitas.

Diferentemente, nos casos em que os lesados não exercem funções públicas ou políticas, mas são apenas pessoas com notoriedade, deixa de intervir o bem comum. Nestes casos, em vez do bem comum, é a lucratividade privada que está em causa na imputação de condutas reprováveis e a revelação de factos da vida privada. Com a sua actuação, o meio de comunicação social pretende apenas aumentar as audiências, ou as tiragens, ou as vendas, isto é, incrementar as receitas. O interesse prosseguido é meramente particular, comercial, de negócio. Quando assim é, não deve, em nossa opinião, ser excluída a ilicitude.

Quando os lesados sejam pessoas anónimas, que não exerçam funções públicas ou políticas e não tenham notoriedade, ainda menor razão haverá para excluir a ilicitude das lesões.

Em qualquer destes casos, o juízo de licitude não prescinde de uma apreciação concreta. É necessário ponderar as circunstâncias, a ligação entre a imputação ou a revelação feitas pelo lesante e as funções ou cargos exercidos pelo lesado, e a necessidade da conduta lesiva. Só quando a lesão for rigorosamente necessária para a prossecução do bem comum poderá a ilicitude ser afastada. Se a conduta lesante for supérflua ou desnecessária será ilícita. Os bens ofendidos são demasiadamente importantes para que possam ser lesados desnecessariamente. Não deve ser confundido o interesse do público com o interesse público. A simples satisfação da curiosidade pública ou a prossecução do lucro não são razão suficiente para justificar a conduta.

A ilicitude deve ser agravada se a conduta lesiva for motivada por ódio, intuito de prejudicar, ou ganância patrimonial.

IV. Em caso de lesão da integridade física e psíquica, por emissão de ruídos, tem sido invocado, como excepção material, o exercício do direito de livre iniciativa económica privada consagrado no artigo 61.º da Constituição da República. Como defesa, em casos de ruído, é também frequentemente invocado o cumprimento das normas regulamentares sobre o ruído. Os tribunais têm decidido dominantemente que os direitos de personalidade sobrelevam o exercício do direito de propriedade ou de livre iniciativa económica e ainda que o facto de a intensidade do ruído não exceder o limite regulamentar, não afastam a ilicitude das lesões. Num caso de providência atenuante, inédito, foi decidido que o poder de uma sociedade anónima de destituir um administrador, enquadrado no direito de livre iniciativa económica, não afasta a ilicitude quando o modo e as circunstâncias em que a destituição se dá lesam a reputação do administrador[180].

V. Nas lesões do direito à imagem, e também de algum modo no direito à privacidade, a questão da ilicitude coloca-se de modo diferente. É preciso distinguir os casos em que a lesão do direito à imagem viola a dignidade da pessoa daqueles em que a lesão se reflecte apenas no seu património.

A imagem é, hoje, frequentemente comercializada. Na publicidade comercial é utilizada, mediante contrapartidas patrimoniais por vezes de valores muito elevados. Assim acontece também, crescentemente, com a revelação de factos da vida privada. São cada vez mais frequentes os casos em que as condutas lesivas consistem no desrespeito de exclusivos ou de vinculações contratuais relativas à autorização para a utilização da imagem ou da revelação de factos da vida privada. Nestes casos, a lesão pode ter natureza exclusivamente patrimonial, embora dela possa também resultar ofensa à dignidade do lesado, dependendo das circunstâncias e da natureza da lesão.

Quando a imagem ou a privacidade não tenham sido objecto de autorização, a lesão torna-se pessoalmente mais grave. A imagem ou a privacidade cuja utilização ou revelação tenham sido autorizadas mediante contrapartida patrimonial (ou mesmo gratuitamente) estão muito menos resguardadas do que aquelas em relação às quais nunca tenha sido prestada uma tal autorização. Nesta matéria, também pode ser relevante o facto de, embora não comercialmente e sem contratação com terceiros, o lesado tenha, ele próprio, consentido na publicitação da imagem ou de factos da sua vida privada, ou que os tenha mesmo procurado, por razões de protagonismo pessoal ou até de pura vaidade. Também nestes casos, a lesão será menos grave atento o menor resguardo da imagem ou da vida privada.

Para a apreciação do grau de ilicitude deve ainda ser ajuizado, em concreto, o modo como for feita a publicitação da imagem ou a revelação dos factos da vida privada. Ensina a prática que há muitas maneiras de revelar a imagem ou a vida privada das pessoas. Pode ser feita de modos mais ou menos ofensivos ou vexatórios, ou mesmo de modos inocentes ou inócuos. Os profissionais sabem bem como manipular imagens e

---

[180] V. infra nota 184.

informações de modo a torná-las ofensivas ou vexatórias, benéficas ou laudatórias, ou mesmo neutras. Tudo isto deve ser envolvido na apreciação da gravidade da lesão e da sua ilicitude[181].

No que respeita ao direito à imagem, há ainda que atender ao preceituado no n.º 2 do artigo 79.º que dispensa o consentimento do titular "quando assim o justifiquem a sua notoriedade, o cargo que desempenhe, exigências de polícia ou de justiça, finalidades científicas, didácticas ou culturais, ou quando a reprodução da imagem vier enquadrada na de lugares públicos, ou na de factos de interesse público ou que hajam decorrido publicamente". Esta fórmula, muito ampla, é todavia limitada pela que consta no número seguinte do mesmo artigo, que proscreve a publicação sempre que dela "resultar prejuízo para a honra, reputação ou simples decoro da pessoa retratada". É importante notar aqui que a cláusula permissiva do n.º 2 do artigo 79.º é bloqueada pelo prejuízo da honra, da reputação (que faz parte da honra) e até do "simples decoro" do titular.

Quanto ao direito à privacidade, o n.º 2 do artigo 80.º contém uma regra de concretização com um carácter acentuadamente vago. A sua "extensão" é determinada "conforme a natureza do caso e a condição das pessoas". Embora omissa do texto da lei, não vemos razão para não aplicar, por analogia, já que a "ratio legis" é idêntica, a limitação constante do n.º 3 do artigo 79.º: que essa determinação deve ser feita sem prejuízo da honra, da reputação ou do simples decoro da pessoa em questão.

---

[181] Numa sentença inédita de 18.II.2002, da 12.ª Vara Cível de Lisboa, posteriormente confirmada pelo Tribunal da Relação de Lisboa e pelo Supremo Tribunal de Justiça, consta, a certo ponto, um trecho bem significativo do agravamento da ilicitude decorrente da violação do princípio do mínimo dano:

"Todos (os réus) sabiam e de todos era exigível que, no máximo, se tivessem limitado a informar que (...). Porém, tal informação não satisfazia o intuito puramente lucrativo dos RR."

"Todos sabiam que qualquer notícia susceptível de lesar a reputação e o bom nome alheios deve ser transmitida com a mais elevada contenção, por forma a causar o dano mínimo. Isso implicaria, designadamente, que o nome da A. nunca tivesse sido revelado, que não se tivessem feito jogos de palavras, nem insinuações, etc.."

"Os RR., podendo e devendo (...) usar da maior moderação, escreveram em quantidade e qualidade para causar o maior dano possível, o maior abalo possível."

"A tudo isto acresce que as notícias publicadas não tiveram qualquer utilidade social susceptível de protecção, bem pelo contrário."

"Impunha-se conduta, em tudo, diferente."

VI. O artigo 180.º, n.º 2, alínea b), do Código Penal isenta de pena a difamação quando o agente provar a verdade da imputação. Esta defesa é conhecida como "exceptio veritatis". No que respeita à responsabilidade civil, é usual a invocação da verdade da imputação como fundamento para a exclusão de ilicitude. Será lícita a imputação ou a divulgação de factos, desonrosos ou não, desde que sejam verdadeiros e seja provada a sua veracidade?

Em nossa opinião, o direito à privacidade não permite que a prova da verdade exclua a ilicitude da divulgação de factos pessoais. A esfera de privacidade é determinada e dominada pelo próprio. É cada pessoa que determina qual o grau de abertura da sua privacidade, em cada circunstância e perante cada pessoa. Há pessoas mais íntimas e menos íntimas, com quem se compartilha uma maior ou menor parte da vida privada, assim como há circunstâncias de maior ou menor intimidade. O domínio pessoal da esfera de intimidade constitui o núcleo fundamental do direito à privacidade como componente do Direito de Personalidade.

Se a veracidade da imputação não exclui a ilicitude, nem por isso deve ter-se como indiferente. A falsidade da imputação deve agravar a ilicitude. É naturalmente mais grave uma imputação falsa do que uma imputação verdadeira. É moralmente repugnante a imputação de factos desonrosos que sejam falsos, assim como a divulgação de factos da vida privada que sejam inverídicos. Se a verdade da imputação não exclui a sua ilicitude, a sua falsidade deve agravá-la.

Esta é a nossa opinião. Mas não deixa de ser controversa, principalmente nos meios da comunicação social. A questão tem uma elevadíssima relevância teórica e prática.

VII. O exercício de um direito, o cumprimento de um dever, a veracidade da imputação ou da revelação, ou a respectiva convicção em boa fé e após verificação diligente de acordo com as "leges artis", ou a necessidade para o bem comum, só por si, não excluem a ilicitude da lesão.

O "princípio do mínimo dano"[182] exige que, ainda quando existam outras causas de exclusão da ilicitude da lesão da personalidade, a conduta lesiva seja aquela que menor dano causar ao lesado.

Não são lícitas as práticas, típicas de publicações escandalosas, de aproveitar a ocorrência de uma causa de exclusão da ilicitude para agravar

---

[182] PAIS DE VASCONCELOS, *Teoria Geral do Direito Civil*, cit., págs. 63.

o dano causado. Este agravamento faz-se normalmente através de modos de redacção, de edição, de inserção ou manipulação de imagens, de aposição de títulos e subtítulos, ou outros artifícios que dêem ou agravem um efeito vexatório, humilhante, degradante, ofensivo, desprestigiante, jocoso ou de paródia. Houve já casos em que, sob a invocação do poder--dever de informar na prossecução do bem comum foram feitos verdadeiros espancamentos ou assassinatos de carácter na opinião pública, que causaram às vítimas gravíssimos danos de reputação, de consideração e de auto--estima, danos estes de difícil ou mesmo impossível reparação.

Esta conduta é ilícita. Se existe necessidade, imposta pelo bem comum, de causar sofrimento a alguém, esse sofrimento não deve exceder o estritamente necessário. O lesante deve, pois, ter um particular cuidado em limitar o dano. A imposição de sofrimento físico ou moral, a imputação de condutas, a revelação de factos privados, a publicação da imagem ou de escritos, o uso do nome, etc., nunca serão lícitos se forem feitos com excesso, sem moderação[183].

Por isto, acções que, em princípio seriam lícitas, como por exemplo, a destituição de um administrador de uma sociedade anónima, torna-se ilícita se for feita em circunstâncias e de um modo tal que prejudique a sua reputação de competência e honestidade profissional[184].

---

[183] STJ 26.IX.2000, CJ-STJ 2000, 3, 42: I – A liberdade de imprensa e a de informação e expressão do pensamento têm como limite imediato, entre outros, o direito fundamental, consagrado constitucionalmente, ao bom nome e reputação e à reserva da intimidade privada. II – Qualquer ofensa ilícita ou ameaça de ofensa a estes direitos de personalidade é causa de responsabilidade civil. III – Em caso de colisão desses direitos, ambos com a mesma hierarquia constitucional, há que procurar harmonizá-los, aplicando o disposto no artigo 335.º do Código Civil, o que conduz a que a liberdade de expressão não possa atentar, em princípio, contra o direito ao bom nome e reputação, salvo quando estiver em causa um interesse público que se sobreponha àqueles e a divulgação seja feita de forma a não exceder o necessário a tal divulgação. IV – Não sendo a autora, sequer, uma figura pública, não há o mínimo interesse público em divulgar que a mesma teve ou não, relações sexuais, antes do casamento, com o futuro marido, sendo ilícito tal divulgação e podendo ela ser causadora de danos morais susceptíveis de indemnização pecuniária. TRPorto 5.II.97, BMJ 464, 612: I – O exercício do direito de informação reconhecido na Constituição da República tem limites, de entre eles sobressaindo o direito à honra. II – O exercício do direito de informar só será causa de justificação de ofensa à honra do visado se tal ofensa for indispensável para que o arguido, como jornalista, cumpra a sua função de informar.

[184] TRLisboa 15.III.2001, inédito, determinou a publicação do esclarecimento na imprensa de que a destituição do apelante (o administrador destituído), pela sociedade requerida, fora motivada pela orientação dos accionistas de reduzir o número de

VIII. Todos estes casos, e outros semelhantes, suscitam questões interessantes, quanto ao juízo de licitude ou ilicitude das lesões de personalidade, que são dignas de aprofundamento e problematização no mestrado de Direito de Personalidade.

c. O juízo de culpa

I. A culpa não desempenha qualquer papel na matéria de providências de personalidade.

O n.º 2 do artigo 70.º não a exige e a doutrina é pacífica em dispensá-la[185]. Para que seja decretada uma providência de personalidade, quer preventiva, quer atenuante, não tem o requerente que alegar nem provar a culpa do autor da lesão ou daquele contra quem requer.

O fundamento do decretamento das providências assenta na ilicitude objectiva da lesão. Tal implica frequentemente algum desconforto para o juiz, que não está habituado a condenar "inocentes". Este desconforto revela-se no facto de quase sempre se recusarem a designar por "réus" aqueles contra quem decretam as providências. Mas esta é a lógica do sistema e é justo que assim seja.

O que se pretende com as providências de personalidade não é punir alguém – o requerido – mas antes evitar, se ainda for tempo, ou atenuar tanto quanto possível, as lesões da personalidade.

A culpa do agente releva noutro campo; no da responsabilidade civil e criminal.

II. A responsabilidade civil por lesões à personalidade é delitual e não dispensa a demonstração, pelo lesado, da culpa do lesante. A culpa não se presume e cabe ao autor a alegação e prova dos factos donde se possa concluir a culpa do lesante. Só a lesão culposa dá lugar a responsabilidade civil.

No mestrado, não cabe tratar da problemática geral da culpa. No mestrado, apenas interessa aprofundar e problematizar questões, sobre a culpa, que sejam específicas do Direito de Personalidade.

---

administradores, nada tendo a ver com deficiências no exercício do cargo. Esta decisão foi requerida e decidida como uma providência atenuadora destinada a fazer cessar, dentro do possível, o prejuízo de reputação profissional que aquela destituição havia causado ao administrador.

[185] Por todos, CAPELO DE SOUSA, *O Direito Geral de Personalidade*, cit., págs. 472 e segs..

São, em nossa opinião, merecedoras de destaque, duas matérias: a da exclusão ou graduação da culpa em função da boa fé e diligência do lesante, as ofensas cometidas em juízo, em meios restritos e na Internet, e ainda o princípio do menor dano.

III. Consta da alínea b) do n.º 2 e do n.º 4 do artigo 180.º do Código Penal, sobre o crime de difamação, que a conduta não é punível quando "o agente provar a verdade da mesma imputação ou tiver tido fundamento sério para, em boa fé, a reputar verdadeira" e que a boa fé é excluída "quando o agente não tiver cumprido o dever de informação, que as circunstâncias do caso impunham, sobre a verdade da imputação" (n.º 4). Esta regra tem a ver com a responsabilidade criminal. Poderá o critério que a justifica ser transposto para a responsabilidade civil? Embora no Código Penal ela esteja qualificada como uma condição de não punibilidade, poderá ser eficiente na exclusão ou graduação da culpa?

A questão tem interesse. Perante a difamação, o lesado pode optar pela participação criminal ou limitar-se a pedir indemnização em tribunal comum. Na prática, são seguidos ambos os caminhos. O processo criminal faculta melhor defesa ao lesante, esbarra por vezes com o despacho de não acusação pelo Ministério Público, e é entorpecido com maiores demoras e maior opacidade para o lesado; ao contrário, o processo civil não tem intervenção do Ministério Público, é totalmente transparente, é frequentemente mais rápido e permite ao lesado um domínio total, dentro dos limites da lei de processo. Quando o lesado não estiver interessado em obter uma condenação penal, ser-lhe-á porventura mais aconselhável propor uma acção de condenação no tribunal comum.

O artigo 180.º do Código Penal não é aplicável em processo civil comum de condenação. Não obstante, os réus socorrem-se quase sempre da chamada "exceptio veritatis", quando conseguem demonstrar a veracidade da imputação de que vêm acusados; quando não o conseguem, ou porque a imputação não é verdadeira ou porque não provada, alegam em sua defesa terem cumprido com diligência as "leges artis" quanto à investigação e verificação da veracidade e estarem subjectivamente convencidos, em boa fé, de que a imputação é verdadeira.

Não vamos apreciar, nesta sede, a "exceptio veritatis", que já abordámos a propósito do juízo de ilicitude. A convicção, em boa fé, da veracidade, quando hajam sido cumpridas com a diligência devida as "legis artis" quanto à sua verificação e comprovação, pode ser relevante no juízo concreto sobre a culpa do lesante.

Antes de imputar a alguém factos desonrosos ou de revelar factos da sua vida privada, é imperativo que se proceda conscienciosamente à verificação da sua veracidade. É antes, e não depois, que essa verificação deve ser feita. Na verificação, desempenha um papel imprescindível o contacto com a própria pessoa a quem são imputados os factos ou a cuja vida privada pertencem. Nunca pode ter-se por cumprida a diligência mínima sem a verificação perante o próprio. A "fonte" deve ser rigorosamente controlada. Além disto, deve ser ponderada a necessidade da imputação ou da revelação.

Se depois de verificada, com diligência e com exigência, a veracidade dos factos a imputar ou a revelar, e também a necessidade, exigida pelo bem comum, de o fazer, se o agente estiver sincera e seguramente convencido, tiver a certeza da veracidade e da necessidade da imputação ou da revelação, tal poderá contribuir para aligeirar a sua culpa, a reprovabilidade concreta da sua conduta.

Este juízo não deverá, contudo, ser apenas subjectivo. A credulidade e a ingenuidade não podem ser desculpabilizantes. É necessário que os procedimentos de verificação da veracidade e da necessidade sejam objectivamente susceptíveis de fundar uma tal certeza no lesante. É necessário, neste juízo, recorrer a critérios de decisão que devem assentar na comparação do caso com o tipo ideal de seriedade noticiosa, para cuja concretização desempenham um papel importante, embora não exclusivo, os órgãos de deontologia pertinentes.

Mas a imputação de factos desonrosos e a divulgação de factos da vida privada pode ocorrer fora do âmbito da comunicação social. Neste caso, a lesão não tem a importância que lhe é dada pela divulgação em massa, mas nem por isso a sua gravidade será necessariamente ligeira. Depende do conteúdo da imputação ou da revelação, da identidade do lesante e das circunstâncias do caso. O facto de se estar fora do profissionalismo da comunicação social não aligeira a exigência de verificação prévia da veracidade e da necessidade.

IV. Assumem especificidade relevante, no domínio da imputação de factos desonrosos ou de factos da vida privada qualificáveis como ofensas à honra, à privacidade ou à imagem, três tipos de casos: as acusações em juízo, as publicitações em práticas publicitárias, as afirmações no círculo privado do lesado e a divulgação na Internet.

Uma participação criminal, quando não seja feita contra desconhecidos, deve identificar a pessoa a quem é imputada a conduta criminosa. Também em muitas petições iniciais de acções cíveis é alegada a prática de actos ilícitos por parte do réu. Assim sucede também em queixas apresentadas a autoridades reguladoras ou outras entidades públicas. Sucede com alguma frequência que o visado acusa o participante de difamação sempre que os factos participados se não provam. O artigo 365.º do Código Penal tipifica como crime de "denúncia caluniosa" a denúncia ou o lançamento de suspeita de prática de crime sobre determinada pessoa, feita perante a autoridade ou publicamente, "com a consciência da falsidade da imputação" e com "intenção de que contra ela se instaure procedimento" ou contra-ordenação ou procedimento disciplinar. Na falta de consciência da falsidade da imputação, a conduta do participante não pode ser considerada ilícita. Este é um regime especial exigido pela natureza das coisas. Sem ele tornar-se-ia em grande parte impraticável a actividade judicial.

As imputações feitas no meio restrito onde se insere o lesado, seja na sua família, no seu emprego, na sua aldeia, podem ser muitíssimo lesivas. A limitação de âmbito de divulgação é ultrapassada, como factor agravante, pela intensidade e credibilidade que muitas vezes assumem. Nestes casos, deve ser muito mais intensa a exigência de verificação prévia da veracidade e da necessidade da imputação ou da divulgação dos factos da vida privada, porque o dano para o lesado pode ser terrível.

Finalmente, têm surgido casos de imputação e revelação de factos feitas na Internet, designadamente em "sites" ou "blogs" de acesso público. Além destes, assume também especial gravidade a publicação na Internet de imagens, com ou sem manipulação gráfica. Estas ofensas podem ter efeitos danosos demolidores. Importa por isso lançar mão de meios de reacção particularmente expeditos. Para estes casos, a lei[186] permite que o lesado interpele o prestador de serviços (ISP) para que remova o conteúdo em questão. Este deverá fazê-lo, se for claro que o conteúdo é ilícito, e poderá deixar de o fazer em caso contrário. Não havendo remoção, o lesado poderá requerer à autoridade reguladora respectiva (ICP-ANACOM) que, no uso de poderes de polícia poderá ordenar a remoção. Da decisão desta entidade cabe recurso para o tribunal judicial. Discute-se, porém, a constitucionalidade desta actuação, por vezes acusada de usurpar a função judicial. Em nossa opinião, trata-se apenas de actuação de poderes de polícia.

---

[186] Decreto-Lei, n.º 7/2004, de 7 de Janeiro, que transpõe a Directriz n.º 2000//31/CE, do Parlamento Europeu e do Conselho, de 8 de Junho de 2000.

d. A fixação do valor da indemnização: os chamados "punitive damages" e o "skimming off" dos proventos obtidos pelo lesante

I. Os tribunais têm enfrentado dificuldades na liquidação do valor das indemnizações correspondentes às lesões de personalidade. Não é fácil antecipar o seu montante nem justificar "a posteriori" aqueles que vão sendo fixados nas sentenças.

Na determinação do valor dos danos, deve distinguir-se entre os danos materiais e os danos morais. A liquidação dos danos materiais deve ser feita de acordo com as regras gerais da responsabilidade civil e não cabe aqui abordá-la. Quanto aos danos morais, é muito difícil a sua avaliação patrimonial. Qual seja a quantia, em dinheiro, que compensa o sofrimento físico, a dor moral, a humilhação, a perda do respeito, a desconsideração, é questão que não é fácil responder.

Para o lesado, o efeito compensatório da indemnização tem aspectos complexos. Por um lado, é-lhe útil receber uma quantia mas, em concreto, a respectiva relevância depende do seu estatuto económico.

Por outro lado, a condenação na indemnização dá ao lesado o sentimento de reparação, de que foi feita justiça, de que o lesante foi castigado, de retribuição. Quanto mais elevada a quantia, mais efectivo esse efeito. Neste aspecto, são comuns as queixas dos lesados quanto ao valor das indemnizações fixadas pelos tribunais portugueses, que quase sempre consideram diminuto o que os faz sentir injustiçados.

Não deixa de haver algo de retorsão na expectativa indemnizatória do lesado. Ele quer ver sofrer o lesante. É uma reacção primitiva, mas inevitável. Esta ideia de retorsão está, em parte, por detrás da crescente pressão para o reconhecimento de uma finalidade punitiva à indemnização dos danos de personalidade.

II. Além da retorsão e mais do que ela, também a finalidade de prevenção tem impulsionado a crescente aceitação dos chamados "punitive damages". Até em autores muito clássicos, como, por exemplo, ANTUNES VARELA[187], se encontra o reconhecimento à indemnização, em responsabilidade civil, de algum efeito preventivo[188].

---

[187] ANTUNES VARELA, *Das Obrigações em Geral*, I, 10.ª ed., Almedina, Coimbra, 2000, págs. 608: "A indemnização reveste, no caso dos danos não patrimoniais, uma natureza acentuadamente mista: por um lado, visa reparar de algum modo, mais do que indemnizar, os danos sofridos pela pessoa lesada; por outro lado, não lhe é estranha a ideia de reprovar ou castigar; no plano civilístico e com os meios próprios

Os "punitive damages", expressão por vezes mal traduzida à letra por "danos punitivos", nasceram no direito americano para a compensação de lesões patrimoniais causadas em massa, a pessoas indeterminadas, por práticas ilícitas no mercado financeiro. Esta orientação visava, por um lado, evitar o enriquecimento do lesante, decorrente da limitação do valor da indemnização ao dano provado. Por outro lado, encontrava justificação na falta de fundamento (causa?) para esse enriquecimento no património do lesante. Pretendia-se privar o lesante de todo o enriquecimento proveniente da prática ilícita. O valor de tal enriquecimento era atribuído a uma instituição específica e constituiria um fundo que suportaria financeiramente o pagamento de indemnizações a investidores lesados em outros casos em que os lesantes não tivessem fundos suficientes para o seu pagamento. Existe na lei portuguesa um interessante antecedente no artigo 5.º do Decreto n.º 21.730, de 14 de Outubro de 1932[189], hoje já revogado, que em caso de usura no mútuo determinava a perda do capital a favor de instituições de beneficência.

Não repugna que a falta de causa lícita para o enriquecimento do lesante, o respectivo carácter ilícito, dê lugar à sua perda ("disgorgement"). Este tipo de consequência jurídica é aceite sem estranheza no direito penal[190]. Na responsabilidade civil, porém, suscita a questão do seu destino. Se é justo privar o lesante de todo o enriquecimento que lhe adveio do ilícito, já deixa de ser justo enriquecer o lesado com uma indemnização que exceda o valor do dano sofrido.

No Direito de Personalidade esta questão suscitou-se, pela primeira vez, com dois célebres casos em que foi lesada a Princesa Carolina do Mónaco[191]. Nestes casos, porém, a indemnização, fixada na totalidade da

---

do direito privado, a conduta do agente". KARL LARENZ, *Lehrbuch des Schuldrechts*, I, 14. Aufl., Beck, München, 1987, § 28, pág. 478.

[188] Sobre a matéria, ainda, PAULA MEIRA LOURENÇO, *Os Danos Punitivos*, Revista da Faculdade de Direito da Universidade de Lisboa, XLIII (2002), 2, págs. 1019 e segs..

[189] "Os contratos em que houver simulação de valor, quer no juro quer no capital, com o fim de ocultar as taxas estipuladas serão nulos, perdendo o credor o que houver prestado, em favor de estabelecimentos de beneficência da comarca onde a acção for julgada e a quem o devedor entregará igualmente o juro em dívida calculado em harmonia com os artigos anteriores". Neste caso, o usurário é desapropriado do capital mutuado e o respectivo juro, o que excede a simples reposição da justiça do contrato e envolve uma sua punição económica.

[190] Artigos 109.º, 110.º e 130.º do Código Penal.

[191] BGH 5.12.1995, NJW 1996, 984-985; BGH 12.12.1995, NJW 1996, 953--954. MATTHIAS PRINZ, *Geldentschädigung bei Persönlichkeitsrechtsverletzungen durch*

receita da edição, resultou no enriquecimento injustificado da lesada. Com a sua decisão, o tribunal pretendeu punir o lesante e prevenir novas lesões, quer pelo mesmo lesante quer de outros.

Esta jurisprudência respondeu a uma prática ilícita de alguma imprensa que se especializou na publicação de escândalos, uns verdadeiros, outros falsos. As indemnizações em que eram sistematicamente condenadas as empresas suas proprietárias não evitavam o avultado lucro que deste modo auferiam. As indemnizações eram encaradas como um custo operacional. Tinha nascido, assim, um próspero negócio de difamação. Com esta reacção o tribunal quis, por um lado, punir esta prática e, por outro preveni-la e pôr-lhe termo, tornando-a não lucrativa e mesmo deficitária. Se era o lucro que alimentava esta prática ilícita, a melhor maneira de acabar com ela consistiria em evitar o lucro e substitui-lo por um custo. A privação, não apenas da receita líquida da edição, mas da própria receita bruta, assegura a substituição do lucro por um custo importante.

Esta orientação jurisprudencial foi saudada por um crescente número de pessoas que, exasperadas com o atrevimento e a prática impunidade deste tipo de imprensa, viram nela uma justiça quase taliónica que lhes satisfez o instinto de desforço e anteviram próximo o fim do negócio da difamação. A consolidar-se, pode prever-se que será eficaz na erradicação destas práticas ilícitas. Mas, para ser adoptada em Portugal, necessita de prévio estudo e aprofundamento juscientífico, que deve constituir um dos temas do mestrado de Direito de Personalidade.

Há dois problemas que suscita. Em primeiro lugar, se à condenação for reconhecido carácter punitivo, não pode deixar de ter suporte na lei, para respeitar o princípio da legalidade criminal, e de ser proferida em processo penal, mas não em processo civil, porque só assim são respeitadas as garantias constitucionais de defesa. Em segundo lugar, a quantia que o lesante for condenado a pagar só pode ser atribuída ao lesado no valor correspondente ao dano sofrido; o restante terá de ter outro destino.

O artigo 130.º do Código Penal permite que ao lesado sejam atribuídos, a título de indemnização, a seu requerimento e até ao limite do dano sofrido, "os objectos declarados perdidos ou o produto da sua venda, ou o preço ou o valor correspondentes a vantagens provenientes do crime".

Mas há que ser extremamente cauteloso. Nos próprios Estados Unidos da América, que os viram nascer, a prática de fixar "punitive damages"

Medien, NJW 1996, págs. 953-958; JOHANNES HAGER, *Der Schutz der Ehre im Zivilrecht*, AcP 196 (1996), págs. 168-218.

é hoje severamente criticada, pelo exagero dos montantes, pela falta de controlo e pela arbitrariedade que põem em causa a própria "rule of law"[192].

O âmbito material deste mestrado limita-se ao Direito Civil e não permite incursões no Direito Penal. Por isso, a reacção contra as lesões de personalidade, em tudo o que tiver natureza punitiva, deve ficar excluída. No âmbito material do Direito Civil, uma orientação como a descrita só pode – e deve – ser enquadrada no instituto do enriquecimento sem causa.

III. Na doutrina alemã é objecto de atenção uma questão que não tem suscitado interesse relevante em Portugal. Trata-se da apropriação, pela vítima, dos proventos ilicitamente auferidos pelo autor da ofensa, nos casos de violação dos direitos à privacidade e à imagem. É, em geral, designada como "skimming off".

No direito português, este efeito pode, em nossa opinião, ser obtido através do instituto do enriquecimento sem causa. Quem faz uso da imagem alheia ou de dados da sua privacidade, sem autorização e obtendo com isso proveitos económicos, beneficia de um enriquecimento ilegítimo à custa das pessoas cuja imagem ou privacidade foram assim ilegitimamente aproveitadas. Trata-se de um aproveitamento parasitário da imagem, ou da privacidade, de outrem, do qual resulta, para o agente um enriquecimento económico decorrente de uma actividade juridicamente não admitida, de um enriquecimento sem um fundamento e sem uma justificação jurídica, de um enriquecimento sem causa.

Na teoria do enriquecimento sem causa, abordam esta matéria ANTUNES VARELA[193], CAPELO DE SOUSA[194] e MENEZES LEITÃO[195].

---

[192] CASS R. SUNSTEIN, *What Should be Done*, em *Punitive Damages – How Juries Decide*, The University of Chicago Press, Chicago & London, 2002, págs. 242 e segs., descreve e critica com rigor o caso *BMW v. Gore*, em que o fabricante de automóveis, com fundamento em ter repintado os carros antes de os vender, sem disso informar os clientes, foi condenado em "material damages" no valor de quatro mil dólares, e ainda em "punitive damages" no montante de quatro milhões de dólares, valor reduzido, depois, para dois milhões de dólares pelo "Supreme Court of Alabama". O Autor acusa os júris que tomam este tipo de decisões, que são frequentes, de serem motivados por razões extrajurídicas e emocionais, e coloca seriamente a questão da sua compatibilidade com o Estado de Direito.

[193] ANTUNES VARELA, *Alterações Legislativas do Direito ao Nome*, RLJ, 116.º, págs. 145: "Se, para exemplificar, a ofensa da personalidade física ou moral de um indivíduo proporcionar ao ofensor um *injustificado locupletamento* à custa do ofendido,

O modo juridicamente adequado para fazer regressar à pessoa que foi vítima do aproveitamento parasitário da sua imagem, ou da sua privacidade, ou da sua voz, ou de seus escritos, ou de outros bens de personalidade, quando não haja outro meio jurídico de o conseguir, em nossa opinião, consiste na pretensão, fundada em enriquecimento sem causa, na modalidade do enriquecimento por intervenção, de receber do lesante o valor com que ele injustamente se locupletou à custa do lesado.

Esta solução é particularmente adequada no caso dos "paparazzi" que tiram fotografias a pessoas célebres e as vendem a jornais ou revistas especializadas nesse tipo de jornalismo. Não é difícil provar quanto foi pago pelas fotografias. Nalguns casos, por exemplo, quando se trate de modelos ou de outras pessoas que comercializem a sua imagem, existe já, normalmente, um valor de mercado estabelecido, que permite ao tribunal fixar com segurança e dentro de limites razoáveis o valor do enriquecimento a restituir. O valor do empobrecimento sofrido pela vítima será esse mesmo: aquele pelo qual poderia ter vendido ou comercializado a sua imagem, se o tivesse querido fazer.

O incremento patrimonial obtido pelo interventor é ilícito e não encontra uma causa jurídica que o sustente. Pior ainda, o único suporte que consegue consiste numa prática ilícita. Repugna ao Direito que aqueles que praticam o ilícito enriqueçam com isso. Além de injusto, é desmoralizante o espectáculo, infelizmente frequente, de os autores de actos e actividades ilícitas ficarem impunes e, pior ainda, ficarem ricos. A impunidade e o enriquecimento de quem age ilicitamente fazem descrer na Justiça e são estímulo para novos desvios de condutas para a ilicitude e para a prática de novos actos ilícitos. O Direito não pode (não deveria) tolerar o enriquecimento decorrente da prática de actos ou actividades ilícitas.

É, pois, justo que os autores de actividades ilícitas, no caso que nos ocupa, do aproveitamento parasitário, não autorizado e ilícito, de bens da personalidade, como a imagem, a privacidade, a voz, escritos confidenciais, dados pessoais, ou outros, sejam desapropriados das vantagens patrimoniais que daí obtiveram. O instituto do enriquecimento sem causa constitui o meio jurídico apropriado para o conseguir.

---

poderá este (independentemente das sanções criminais a que haja lugar) exigir a restituição do enriquecimento sem causa obtido pelo outro".

[194] CAPELO DE SOUSA, *O Direito Geral de Personalidade*, cit., pág. 340(855).

[195] MENEZES LEITÃO, *Enriquecimento sem Causa em Direito Civil*, Almedina, Coimbra, 2005, págs. 714 e segs..

e. A dor de alma

Uma das maiores dificuldades enfrentadas pelos tribunais na decisão de questões de como devem ser indemnizadas as ofensas à honra, à privacidade, à imagem, ou outras que causem à vítima sofrimento interior, reside, por um lado, na demonstração da ocorrência desse sofrimento e, por outro, no da sua intensidade.

Trata-se de uma matéria profundamente subjectiva que os tribunais têm dificuldade em aferir. Em geral, recorrem à apreciação dos comportamentos lesivos, da sensibilidade das vítimas, das circunstâncias do caso e da experiência e prudência do julgador.

As decisões acabam, invariavelmente, por ser acusadas de subjectivismo, de emocionalidade e perdem muito do carácter convincente que, embora não seja em rigor necessário, não deixa de ser sempre desejável.

E, no entanto, tal não constitui uma fatalidade.

A psiquiatria permite o diagnóstico da "dor de alma", do sofrimento moral, das lesões psicológicas causadas por humilhações, pelo medo, pela sensação de desprezo, próprio ou alheio, pela sensação de rejeição, pela necessidade, por vezes compulsiva, de auto-justificação, etc.. Os psiquiatras conseguem fazer diagnósticos muito apurados, quer das lesões, quer das suas causas, quer ainda da sua gravidade.

A determinação pericial da "dor de alma" permite ajudar a resolver as grandes dificuldades em geral sentidas pelos tribunais, quer no que respeita ao nexo de causalidade, quer ainda à apreciação da gravidade das lesões.

Não existe, no foro, o costume de recorrer a perícias psiquiátricas para a prova do sofrimento moral, da "dor de alma". No entanto, elas são possíveis e são desejáveis na determinação dos danos morais.

No mestrado, pode ser destinada uma sessão a esta matéria, com a colaboração de um Professor de psiquiatria da Faculdade de Medicina. É sempre surpreendente, para os juristas, o que os psiquiatras lhes podem ensinar nesta matéria.

V. DIREITO DE PERSONALIDADE E AUTONOMIA PRIVADA

15. O papel da autonomia privada no exercício do direito de personalidade

I. O direito de personalidade é um direito subjectivo. Como tal constitui uma das principais manifestações da autonomia privada, conjuntamente com o negócio jurídico[196].

A autonomia privada, no exercício do direito de personalidade tem dois aspectos principais: a da iniciativa na defesa da personalidade e a da auto-vinculação à sua limitação ou compressão.

No primeiro dos referidos aspectos, o titular é livre de exercer o seu direito ou de se abster de o fazer. Num caso de ofensa corporal, a vítima pode abster-se de se defender e até de recorrer aos meios públicos de defesa (polícia, tribunais), pode, por exemplo, "dar a outra face". É livre de escolher a sua atitude perante a ofensa. Esta liberdade é reveladora da autonomia do titular que pode decidir, só por si e livremente, sobre o exercício do direito, sem estar vinculado heteronomamente. Num outro exemplo, o doente pode não querer ser tratado.

No segundo dos aludidos aspectos, o titular do direito de personalidade pode auto-vincular-se à limitação ou à compressão do seu direito. Pode negocialmente sujeitar-se a sofrer agressões à sua integridade física ou moral, por exemplo através de experiências com novas drogas farmacêuticas, equipamentos médicos, experiências psicológicas, testes de máquinas perigosas, e outros riscos assumidos voluntariamente. Pode também contratar com terceiros a concessão de autorizações para o uso, por exemplo, da sua imagem, para a invasão da sua privacidade, e têm-se visto até, em manifestações de péssimo gosto, o aviltamento público da sua dignidade.

No Código Civil, o artigo 81.º trata apenas do segundo destes aspectos que denomina "limitação voluntária dos direitos de personalidade".

---

[196] Pais de Vasconcelos, *Teoria Geral do Direito Civil*, cit., págs. 15-16.

II. Não parece útil uma classificação, bastante divulgada, em três modalidades de consentimento: tolerante, autorizante e vinculante[197]. Esta classificação não nos parece trazer algo de suficientemente útil para merecer a consagração.

O "consentimento tolerante" não passa da simples tolerância do lesado em relação à lesão, que, conforme o artigo 340.º do Código Civil, pode tornar lícita a conduta, consoante a natureza da lesão e a sua contrariedade à lei ou aos bons costumes. Trata-se de um regime geral, que não tem especialidade na matéria do direito da personalidade.

O "consentimento autorizante" seria constitutivo e sujeitaria o titular a um poder de lesão por parte do autorizado. Este consentimento seria livremente revogável, de acordo com o n.º 2 do artigo 81.º do Código Civil. Esta classe nada acrescenta ao regime do artigo 81.º.

O "consentimento vinculante" corresponderia à assunção negocial de um compromisso que implicaria "a disposição normal e corrente de direitos de personalidade que não se traduzam numa *limitação* ao exercício desses direitos nos termos do art. 81.º, n.º 2 do Código Civil"[198]. Em nossa opinião, uma tal "disposição normal e corrente de direito de personalidade", que não seja revogável nos termos do n.º 2 do artigo 81.º, é nula – e, sobretudo, ineficaz – por insanavelmente contrária ao próprio preceito do artigo 81.º, n.º 2 e ainda, principalmente, à dignidade humana.

O primeiro termo da classificação corresponde ao género, ao regime geral da relevância do consentimento na lesão; o segundo à espécie, ao regime especial do consentimento na lesão da personalidade; o terceiro regressa ao género, ao regime geral do contrato. Trata-se de uma falsa tricotomia.

Além disto, o critério da classificação reside no conteúdo negocial do consentimento ou da limitação. Ora, o âmbito material da autonomia privada, nesta matéria, dentro do âmbito de licitude fixado no n.º 1 do artigo 81.º, é demasiado rico para ser aprisionado em três classes. O regime e a eficácia jurídica das limitações consentidas ou convencionadas, deve resultar em cada caso, da interpretação negocial e da concretização do acto.

---

[197] ORLANDO DE CARVALHO, *Teoria Geral do Direito Civil*, Sumários desenvolvidos, cit., págs. 91 e segs., CAPELO DE SOUSA, *O Direito Geral de Personalidade*, cit., pág. 220(446), PAULO MOTA PINTO, *A Limitação Voluntária do Direito à Reserva sobre a Intimidade da Vida Privada*, Estudo em Homenagem a Cunha Rodrigues, II, Coimbra, 2001, págs. 552 e segs., CLÁUDIA TRABUCO, *Dos Contratos Relativos ao Direito à Imagem*, O Direito, 2001, págs. 432 e segs..

[198] CAPELO DE SOUSA, *O Direito Geral de Personalidade*, cit., pág. 221(446).

Finalmente, o terceiro termo da classificação pode contribuir para a admissão de uma espécie de negócios sobre direitos de personalidade, aos quais seria inaplicável o regime de livre revogabilidade, contido no n.º 2 do artigo 81.º, o que nos parece juridicamente ilícito. Trata-se de uma tendência reprovável para a comercialização da personalidade ou de alguns dos seus bens. Nesta matéria, importa ser claro: a dignidade humana e os bens de personalidade não são comercializáveis.

Por estas razões, não adoptamos esta classificação.

16. Limites à autonomia privada no exercício dos direitos de personalidade

I. O n.º 1 do artigo 81.º do Código Civil estatui que a limitação voluntária dos direitos de personalidade é ilícita "se for contrária aos princípios de ordem pública".

Este preceito deve ser interpretado e concretizado em ligação com o artigo 280.º do Código Civil. Não é só a contrariedade à ordem pública, mas também a contrariedade à lei e aos bons costumes que tornam ilícitos os negócios jurídicos que tenham como objecto bens da personalidade. Da omissão, na letra do artigo 81.º, n.º 1, das referências à contrariedade à lei e aos bons costumes não legitima a conclusão "*a contrario*", que seria manifestamente absurda[199].

A referência à ordem pública, no artigo 81.º, n.º 1 do Código Civil, exprime a dualidade atrás enunciada entre o que é disponível nos direitos de personalidade e o que não é. Os mais importantes valores da personalidade são indisponíveis. A vida não pode ser trocada por dinheiro, nem é lícito o suicídio. Mas já é lícito que a pessoa se submeta voluntariamente a experiências médicas ou científicas das quais possa resultar perigo para a sua vida. E são mesmo muito valiosamente consideradas práticas voluntárias em que a vida é posta em perigo, por exemplo, por membros das forças armadas ou das forças de segurança, de serviços de salvamento, ou mesmo por médicos e outros intervenientes no tratamento de doenças contagiosas.

A Ordem Pública, como constelação de valores carentes de concretização, fundada no Bem Comum e na utilidade colectiva, dirigida à

---

[199] No mesmo sentido, CAPELO DE SOUSA, *O Direito Geral de Personalidade*, cit., págs. 448 e segs..

protecção da Comunidade, comunga aqui com a Moral (*bons costumes*) e com a Lei injuntiva a função de delimitar o âmbito material da autonomia privada.

Só quando não forem contrárias à Lei injuntiva, à Moral e à Ordem Pública, são lícitas as limitações voluntárias dos direitos de personalidade.

Constitui um bom exemplo das limitações à autonomia privada, fundadas na ordem pública e na moral, as proibições de disposição de tecidos ou órgãos de origem humana[200]. É sempre proibida a venda de órgãos ou de substâncias humanas, e a sua disposição tem sempre de ser rigorosamente gratuita. Pelas mesmas razões as doações só podem, em princípio, ter por objecto substâncias regeneráveis, embora possam ser feitas dádivas de substâncias não regeneráveis entre parentes até ao 3.º grau, mas, neste caso, não quando feitas por menores ou incapazes. De qualquer modo não são permitidas as dádivas que, "com elevado grau de probabilidade", envolvam a diminuição grave e permanente da integridade física e da saúde do dador.

II. O artigo 81.º do Código Civil permite a limitação convencional dos direitos de personalidade, excepto se for "contrária aos princípios da ordem pública". As limitações, assim convencionadas, aos direitos de personalidade são sempre revogáveis, "ainda que com a obrigação de indemnizar os prejuízos causados às legítimas expectativas da outra parte".

Este regime jurídico reflecte uma prática bastante vulgarizada e tida como lícita de regular por negócio jurídico certos aspectos da personalidade ou certos direitos de personalidade. Assim acontece frequentemente com a utilização da imagem e da voz de certas pessoas no domínio da publicidade mediante remuneração económica. Também a vida privada, ou certos aspectos da vida privada, é por vezes revelada ao público mediante remuneração, designadamente em meios de comunicação social. Estas práticas são pacificamente aceites e não suscitam normalmente reparo.

No que respeita à imagem e à privacidade, a matéria tem suscitado diferenças de perspectiva.

Se se entender que o direito de personalidade tem um conteúdo exclusivamente pessoal ou, melhor dito, que não pode ter no seu conteúdo o que quer que seja de patrimonial, haverá que dualizar, como se faz

---

[200] Lei n.º 12/93, 22 de Abril, sobre a colheita e transplante de órgãos e tecidos de origem humana.

correntemente nos Estados Unidos da América, entre um "right to privacy", exclusivamente pessoal e um "right to publicity" de carácter patrimonial. Apenas o "right to publicity", como um "property right", poderia ser objecto de mobilização económica, de alienação, de licenciamento.

Diferentemente, se se considerar que o direito de personalidade, embora dominantemente pessoal, pode ter no seu conteúdo também algo de patrimonial, já aquela dualização será supérflua, podendo, sem prejuízo da sua natureza, haver aproveitamento económico do direito de personalidade, nos aspectos em que ele a comporte.

A questão torna-se muito patente, no que concerne aos contratos celebrados sobre a privacidade e a imagem, em que, por exemplo, modelos profissionais contratam o uso remunerado da sua imagem, para os mais variados fins, e em que celebridades permitem, também mediante contrapartida patrimonial, a penetração na sua vida privada e a publicação, quer de imagens quer de factos que lhe são pertinentes. Estes contratos são frequentes, são banais, e assumem por vezes elevada importância económica[201].

É sabida a forte pressão do mundo dos negócios para tudo trocar por dinheiro. É já banal, hoje, a comercialização da imagem[202]. Também a publicitação de factos e imagens da vida privada é com frequência objecto de negócio patrimonial. Por transposição juscultural americana, há uma tendência para adoptar a construção do "publicity right", como um "property right" sobre a imagem, objectivada e separada do sujeito, e transformada num bem patrimonial susceptível de comercialização. Abrir-se-ia, assim, no direito de personalidade, uma cisão, entre um "direito moral de personalidade" e um "direito patrimonial de personalidade", à semelhança do que sucede com o direito de autor. O direito patrimonial à imagem seria alienável em termos irrevogáveis. A imagem poderia ser comercializada mediante licença, como os programas de computador. Só assim, seria possível a operação comercialmente eficiente de um mercado de imagem. Tem sido também discutida a natureza meramente obrigacional ou oponível a terceiros, a propósito do caso em que, tendo o titular autorizado alguém a usar a sua imagem ou privacidade, ocorrer o seu uso não autorizado por

---

[201] Sobre esta matéria, por todos, PAULO MOTA PINTO, *A Limitação Voluntária do Direito à Reserva sobre a Intimidade da Vida Privada*, cit., págs. 527-588, CLÁUDIA TRABUCO, *Dos Contratos Relativos ao Direito à Imagem*, cit., págs. 389-459, e DAVID FESTAS, *Do Conteúdo Patrimonial do Direito à Imagem*, policopiado, inédito, Lisboa.
[202] DAVID FESTAS, *Do Conteúdo Patrimonial do Direito à Imagem*, cit., *passim*.

terceiro[203]. A questão parece-nos mal colocada. A autonomia privada, dentro dos limites do artigo 81.º do Código Civil, permite modelar o conteúdo da autorização, que pode ser concedida em exclusivo e com atribuição de poderes, se necessário de representação, para a defesa judicial desse exclusivo contra o uso abusivo por terceiros, assim como pode ser concedido como uma licença de uso não exclusivo[204].

---

[203] Esta questão foi tratada pelos tribunais portugueses: TRLisboa 13.III.01, CJ 2001, 2, 73; STJ 8.XI.01, CJ-STJ 2001, 3, 114; TRÉvora 24.II.05; STJ 25.X.05 (www.dgsi, n.º convencional JSTJ000, proc. 05A2577).

[204] Neste tema, é lapidar o STJ 25.X.05 que, pela importância que tem, merece ser transcrito:

Acordam no Supremo Tribunal de Justiça:

Em 25/9/01, "A", instaurou contra "B", acção com processo ordinário, pedindo a condenação desta a pagar-lhe a quantia de 40.000.000$00, parte não paga da contraprestação devida pela cedência que lhe fez, em 16 de Junho de 1998, da exploração da imagem de futebolista profissional do jogador profissional de futebol C, que expressamente deu o seu acordo a tal cedência, e que também em 16 de Junho de 1998 assinou contrato de trabalho desportivo com a ré mas que anteriormente, em 1 de Junho de 1997, cedera, em troca de uma contraprestação, aquele direito à autora, – sua exclusiva representante –, por um período de quatro anos, e juros legais de mora respectivos até integral pagamento, somando os vencidos 14.715.616$00, bem como juros que se vencerem nos termos do art.º 829.º-A, n.º 4, do Cód. Civil. A ré contestou invocando que, face aos seus estatutos, o contrato de cedência de imagem não é válido por não ter sido assinado por dois administradores seus mas apenas por um, para além do que, tendo o referido jogador, por carta de 6 de Agosto de 1999, rescindido unilateralmente o seu contrato com ela ré, transferindo-se por vontade própria para outro Clube, – o Imortal de Albufeira –, sempre teriam cessado as obrigações dela ré para com a autora, por caducidade do contrato de cedência de imagem, isto a admitir a sua validade. Houve réplica, em que a autora rebateu a matéria de excepção. Proferido despacho saneador que decidiu não haver excepções dilatórias nem nulidades secundárias, foi enumerada a matéria de facto desde logo dada por assente e elaborada a base instrutória. Oportunamente teve lugar audiência de discussão e julgamento, tendo sido decidida a matéria de facto sujeita a instrução, após o que, apresentadas alegações de direito por ambas as partes e indeferida reclamação da ré sobre aquela decisão, foi proferida sentença que julgou a acção procedente e condenou a ré no pedido, referindo concretamente as quantias de 199.519,16 euros de capital e 73.401,18 euros de juros vencidos à data da propositura da acção. Apelou a ré, tendo a Relação julgado a apelação procedente e revogado a sentença ali recorrida, absolvendo a ré do pedido, por considerar nulos os ditos contratos de cedência, mas negando razão à apelante quanto a outras duas questões (inexistência de contrato por falta de prova da inscrição da autora como empresária desportiva e impossibilidade de cumprimento do contrato a partir do momento em que o jogador deixou de representar a ré) por acórdão de que vem interposta a presente revista, agora pela autora, que, em alegações, formulou as seguintes conclusões:

1.ª – O direito à imagem alcançou posição relevante no âmbito dos direitos da personalidade, graças ao extraordinário progresso das comunicações e à importância que a imagem adquiriu no contexto publicitário. A captação e a difusão da imagem na sociedade contemporânea, tendo em vista o desenvolvimento tecnológico, causou uma grande exposição da imagem, principalmente de pessoas que obtiveram destaque nas suas actividades, consequentemente, à imagem foi agregado um valor económico expressivo;

2.ª – Dotado de certas particularidades, o direito à própria imagem é um direito essencial ao homem. Não pode o titular privar-se da sua própria imagem, mas dela pode dispor para tirar proveito económico. Esta característica fundamental do direito à imagem implica uma série de consequências no mundo jurídico, pois quando é utilizada a imagem alheia sem o consentimento do interessado, ou quando se ultrapassa os limites do que foi autorizado, ocorre uma violação do direito à imagem;

3.ª – O direito à própria imagem é inalienável e irrenunciável, uma vez que não há como dissociá-lo do seu titular. Entretanto, não é indisponível, e é esta a grande característica do direito à imagem: a possibilidade de dispor ou não da própria imagem para que outros a utilizem para diversos fins. Pode, assim, a pessoa explorar a sua própria imagem;

4.ª – Dos estabelecidos direitos constitucionais ligados à personalidade e tendo em conta os seus limites, resultam direitos instrumentais de conteúdo patrimonial susceptíveis de exploração económica, com suporte último na própria imagem;

5.ª – A Constituição (art.º 26.º) e a lei ordinária (art.ºs 70.º, 79.º e 81.º do C.C.) traduzem o reconhecimento dos bens relativos à personalidade (direito à honra, direito à intimidade da vida privada, direito à imagem), mas entregam a definição sobre os correspondentes "âmbitos vitais" de cada um desses direitos à própria pessoa;

6.ª – É este poder de disposição no âmbito da autonomia privada que está na base dos direitos de carácter patrimonial, os quais se tornam efectivos quando os bens constitucionalmente protegidos adquirem na vida económico-social a condição de bens de valor económico, susceptíveis de exploração no mercado;

7.ª – Assim, dúvidas não subsistem que, ainda que, em princípio, a titularidade pela própria pessoa do âmbito vital protegido constitucionalmente podia fazer pensar numa construção jurídica imperativa como reflexo dos princípios da inalienabilidade e irrenunciabilidade, a sua adequação ao serviço da livre definição pela própria pessoa do "âmbito vital" de tal direito, torna inevitável a atribuição ao seu titular – original ou derivado – da faculdade de outorgar a terceiros a disposição sobre o bem protegido (a imagem);

8.ª – É justamente esta capacidade de modelação pelo titular do âmbito do seu direito de personalidade (no caso, a imagem) do âmbito vedado a terceiros a que serve de plasma ao estipulado no plano constitucional e no plano legal ordinário, no qual se definem e concretizam os direitos de conteúdo patrimonial;

9.ª – Ou seja, a vinculação estrita com a salvaguarda da intimidade da vida privada, da honra e da dimensão teleológica do direito à própria imagem, faz com que a dimensão constitucional que tais direitos assumem fique restringida a este concreto âmbito de natural reserva da própria esfera íntima. As suas numerosas vertentes colaterais ficam pois remetidas para o que estabeleça, àquele respeito, a legislação ordinária: efeitos indemnizatórios pelos danos eventualmente causados, efeitos estritamente sancionatórios pela violação daqueles, e, por último, os direitos patrimoniais que possam corresponder à pessoa cuja imagem seja explorada comercialmente;

10.ª – Aqui chegados, interessa relevar como decorrência lógica do exposto, que: o direito à imagem não é indisponível e é esta a grande característica do direito à imagem: a possibilidade de dispor ou não da própria imagem para que outros a utilizem para diversos fins. Pode assim a pessoa explorar a sua própria imagem;

11.ª – Consequentemente, temos assente a existência de um direito à imagem disponível para o seu titular e a possibilidade de cedência do direito à exploração comercial da imagem;

12.ª – Pois bem: o jogador profissional de futebol C limitou voluntariamente o seu direito à imagem (consentimento livre e bem prestado) para a recorrente, que cedeu posteriormente à recorrida o direito de exploração comercial da imagem de futebolista profissional daquele;

13.ª – Logo, cristalino se torna que foi o direito à exploração comercial da imagem do jogador C que constituiu o objecto mediato dos contratos celebrados entre recorrente e recorrida;

14.ª – Assente este ponto, poder-se-á perguntar se um tal direito é ou não disponível, isto é, susceptível de ser objecto do comércio jurídico;

15.ª – Trata-se de questão relevante, visto que foi precisamente tal direito que a sociedade recorrente transferiu, mediante um preço, para a esfera jurídico – patrimonial da recorrida;

16.ª – O acórdão recorrido assenta na ideia de que o direito que as partes quiseram transferir teria sido o "próprio" direito à imagem, e que, o contrato entre a recorrente e a recorrida é um contrato nulo e de nenhum efeito por ofensa da ordem pública;

17.ª – Cumpre desde logo observar que o argumento assenta numa proposição que não é exacta: que o objecto dos aludidos contratos seja o "próprio" direito à imagem;

18.ª – É verdade que foi essa a designação que as partes assumiram no instrumento que cristalizou a declaração de vontade em que juridicamente se analisam os mencionados contratos. Todavia, o intérprete não está vinculado ao nomen juris utilizado pelas partes nas declarações negociais, à designação que usaram; decisiva, neste domínio, é apenas a regulamentação concreta dos interesses adoptada pelas partes, o objecto mediato das suas declarações negociais, em conjugação com a norma legal a que seja subsumível;

19.ª – Todavia, através dos mencionados contratos, o jogador e a ora recorrente transferiram para a recorrida o direito de exploração da imagem de jogador de futebol de que o jogador é, inequivocamente, titular, sendo que a exploração comercial dessa imagem ficou a cargo da sociedade recorrente, direito esse que transferiu de forma onerosa para a recorrida;

20.ª – Esse fenómeno translativo da exploração da imagem de que o jogador C é indiscutivelmente titular, operado por via daqueles contratos, em nada contende com a inalienabilidade, irrenunciabilidade, intransmissibilidade, imprescritibilidade e impenhorabilidade do direito à imagem enquanto direito de personalidade;

21.ª – O que se verificou foi que o jogador limitou voluntariamente o seu direito de forma livre e bem informada para aproveitamento comercial e económico da sua imagem, tendo-o feito através de um contrato, estabelecendo condições formais (limite temporal, benefícios e possibilidade de cedência a terceiros) e materiais (pois não é uma renúncia nem se transmite o "próprio" direito à imagem);

22.ª – Após ter recebido, da esfera jurídica do jogador, o direito de explorar comercialmente a imagem daquele jogador de futebol, a recorrente não procedeu ela própria a essa comercialização por qualquer dos meios que servem de suporte a essa actividade: antes procedeu à sua alienação onerosa, ex contractu, a uma outra entidade, no caso, a recorrida;

23.ª – Sobre esta questão já se pronunciou o Tribunal da Relação de Lisboa – Secção Cível no acórdão de 13/3/2001, relativo ao processo n.º 11314/00, aí se referindo, em síntese: "A irrenunciabilidade dos direitos de personalidade não impede a eventual relevância do consentimento do lesado: este não produz a extinção do direito e tem um destinatário que beneficia dos seus efeitos (...). A limitação voluntária ao exercício dos direitos de personalidade deve, todavia, para ser válida, como negócio jurídico, ser conforme aos princípios de ordem pública (art.º 81.º e 280.º do C.C.). (...). O direito à imagem pode, portanto, em princípio, ser objecto de válidas limitações voluntárias, sendo tal direito o mais "exterior" e "público" dos direitos da pessoa (física), torna-se o mais susceptível de ser ofendido. (...). Sendo possível o consentimento, nada impede que este seja prestado directamente ao utilizador da imagem ou por interposta pessoa. (...). Neste caso, ficou provado que a autora negociou directamente com o SNJPF, tendo celebrado com este Sindicato o direito à utilização e reprodução da imagem dos jogadores nas colecções de cromos, tendo resultado igualmente provado que o SNJPF obtém dos seus filiados autorização para, em nome deles, negociar contratos em que esteja em causa a exploração comercial da imagem dos jogadores profissionais de futebol. (...). A imagem de jogadores de futebol não pode ser usada sem o consentimento dos próprios ou da entidade por aquele autorizada para negociar contratos em que a exploração comercial daquela imagem esteja em causa";

24.ª – A recorrente e a recorrida são sociedades comerciais, portanto, pessoas colectivas "stricto sensu", associações de direito privado de fim económico lucrativo;

25.ª – O princípio fundamental no domínio da capacidade das sociedades comerciais consta do art.º 6.º, n.º 1, do CSC, que reproduz quase literalmente a norma do art.º 160.º do C.C., consagrando, para as sociedades comerciais, o princípio conhecido da especialidade do fim;

26.ª – Desta norma e dos restantes números do mesmo artigo, conclui-se que a limitação da capacidade ínsita no princípio da especialidade se afere pelo fim genérico da sociedade comercial que consiste na prática de actos de comércio com o escopo de obter lucros para partilhar pelos sócios;

27.ª – Definido deste modo o perímetro da capacidade da sociedade comercial, segue-se que, no caso dos autos, nenhum obstáculo ao ponto de vista da capacidade das sociedades intervenientes recorrente e recorrida se levantaria, relativamente ao acto jurídico – contrato – que celebraram e através do qual se transmitiu para esta última o direito de exploração comercial da imagem do jogador de futebol C, com o consentimento expresso deste;

28.ª – Trata-se inequivocamente, de actos de comércio iluminados com o propósito da obtenção de lucro (art.º 2.º do Cód. Comercial). A plena conformidade de tais actos jurídicos com o fim genérico de ambas as sociedades não suscita dúvida fundada;

29.ª – Destarte, a aquisição pela recorrida daquele direito de exploração de que era titular a ora recorrente com consentimento expresso do titular à imagem (o próprio jogador) não constitui um acto juridicamente ilícito;

30.ª – Não existe, pois, qualquer violação aos princípios da ordem pública previstos no art.º 81.º, n.º 1, e 280.º, n.ºs 1 e 2, do C.C.;

31.ª – Não se verifica, por isso, a nulidade do contrato dos autos;

32.ª – Ao decidir de forma diversa, o acórdão recorrido violou o correcto entendimento dos citados preceitos (art.º 26.º da Constituição da República Portuguesa e art.ºs 70.º, 79.º e 80.º do C. Civil).

Termina pedindo a revogação do acórdão recorrido.

Em contra alegações, a recorrida pugnou pela confirmação do mesmo acórdão.

Colhidos os vistos legais, cabe decidir, tendo em conta que os factos assentes são os como tais declarados no acórdão recorrido, para o qual nessa parte se remete ao abrigo do disposto nos art.ºs 726.º e 713.º, n.º 6, do Cód. Proc. Civil, uma vez que não há impugnação da matéria de facto nem fundamento para a sua alteração.

Em causa está saber se o designado "contrato de cedência de imagem" celebrado entre a recorrente e a recorrida com intervenção concordante do jogador titular do respectivo direito enferma de nulidade por violação de princípios de ordem pública na medida em que estariam em questão direitos de personalidade (aquele direito à imagem), como o entendeu o acórdão recorrido.

O direito à imagem é um direito fundamental de personalidade, como tal consagrado na Constituição da República Portuguesa (art.º 26.º, n.º 1), o que significa que qualquer pessoa, seja qual for o seu nível económico, social, cultural, é titular de tal direito. Acresce que os direitos fundamentais da personalidade são inatos, absolutos, inalienáveis e irrenunciáveis, "dada a sua essencialidade relativamente à pessoa, da qual constituem o núcleo mais profundo" (Mota Pinto, Teoria Geral do Direito Civil, 4.ª ed., por António Pinto Monteiro e Paulo Mota Pinto, pág. 215).

Encontra-se tal direito, por outro lado, civilmente protegido nos art.ºs 70.º, 71.º e 79.º do Cód. Civil, que, referindo no n.º 1 deste dispositivo, precisamente sob a epígrafe de "direito à imagem", que "o retrato de uma pessoa não pode ser exposto, reproduzido ou lançado no comércio sem o consentimento dela (...), de novo se referindo apenas ao "retrato" nos restantes números do mesmo artigo, conduz ao entendimento de que o dito direito é o que tem por objecto imediato, não o de colher a imagem de uma pessoa, mas o de dar difusão ao retrato – considerado como retrato físico – dessa pessoa, expondo-o, reproduzindo-o ou lançando-o no comércio.

São três, pois, as formas de exercício do direito à imagem previstas na lei: exposição, ao público ou a outra pessoa, reprodução, e exploração comercial do retrato em que a imagem de uma pessoa foi colhida.

Em primeira linha, como da própria exigência de consentimento da pessoa retratada feita naquele n.º 1 resulta, só essa pessoa é titular do mencionado direito, só ela podendo, pois, exibir, reproduzir, ou explorar comercialmente qualquer retrato que contenha a sua imagem.

Além disso, no que ao contrato de trabalho do praticante desportivo respeita, dispunha o art.º 10.º, n.º 1, do Dec. – Lei n.º 305/95, de 18/11 (Regime Jurídico do Contrato de Trabalho do Praticante Desportivo e do Contrato de Formação Desportiva), – dispositivo esse inalterado pela Lei n.º 28/98, de 26/6, que revogou aquele Dec. – Lei -, que todo o praticante desportivo profissional tem direito a utilizar a sua imagem pública ligada à prática desportiva e a opor-se a que outrem a use ilicitamente para exploração comercial ou para outros fins económicos.

Quer isto dizer que o direito à imagem, em si, enquanto direito de personalidade, é inalienável, mas a exploração comercial da imagem de alguém não o é, podendo ser feita pelo próprio titular desse direito directamente ou por intermédio de outrem, ou por outrem com o seu consentimento. Pelo que um contrato de cedência do próprio direito à imagem seria efectivamente nulo por contrário à ordem pública, nos termos dos art.ºs 81.º, n.º 1, e 280.º, n.º 2, do Cód. Civil, mas o mesmo não se passa em relação à cedência daquela exploração comercial, que a lei expressamente permite. O que não pode ser cedido é, pois, o direito à própria imagem (se o fosse, o titular nem poderia mostrar a ninguém uma fotografia de si próprio, nomeadamente incluí-la no seu bilhete de identidade, onde acabaria por ser exibido a outrem), não o direito à sua exploração comercial.

É certo que o contrato em causa foi designado pelas partes como "contrato de cedência de imagem". Mas o Tribunal não se encontra vinculado a tal designação, pois o art.º 664.º do Cód. Proc. Civil apenas determina a sua sujeição aos factos articulados. Ora, dos termos do contrato celebrado entre o jogador e a recorrente, e consequentemente dos do contrato celebrado entre esta e a recorrida, o que resulta é que o que foi cedido foi o direito à exploração comercial da imagem do jogador enquanto futebolista profissional, mediante um preço e durante um determinado período, e não o direito puro e simples à sua imagem.

Dos termos do transcrito art.º 79.º, n.º 1, do Cód. Civil, podem resultar dúvidas quanto ao que pode ser cedido: se o direito à exploração comercial de apenas um determinado retrato, uma concreta fotografia, por exemplo mediante a venda de uma fotografia artística ou a sua exposição publicitária, ou se o direito à exploração comercial de retratos vários, de toda e qualquer reprodução mecânica ou artística da imagem de uma pessoa, produzidos porventura durante uma campanha publicitária, ou durante um período mais ou menos lato.

Só que, na hipótese dos autos, o que está em causa não é o poder de dispor em geral da imagem da pessoa para fins comerciais, o poder de lançar no comércio todos e quaisquer retratos de que alguém, não titular do respectivo direito à imagem, disponha. O que está em causa é apenas a exploração comercial, durante um período determinado e com proveito económico para o próprio desportista, da imagem de desportista profissional de um futebolista – à qual a própria lei reconhece portanto valor económico –, por meio dos retratos, filmes, desenhos ou outras formas de exibição que, apenas nessa qualidade e durante esse período, sejam produzidos com base na sua imagem, e não no que possa respeitar a todo e qualquer aspecto da sua vida íntima e privada.

Ora, não se vê em que possa ofender a ordem pública a exploração comercial dessa imagem por entidade distinta do respectivo titular, por um período de tempo limitado, permitida por lei quanto aos praticantes desportivos sem a restrição que em face do disposto no art.º 79.º, n.º 1, do Cód. Civil, se possa entender existir para as pessoas em geral, e livremente consentida pelo titular do direito à imagem, que, sem deixar de ser titular desse direito, sem a ele renunciar por meio da cedência em causa, consegue, mediante o recurso directo ou indirecto a tal exploração ou por cedência remunerada, a terceiros, da mesma, extrair rendimentos dela aproveitando a notoriedade que com o tempo e o esforço que dedique à actividade desportiva que pratique consiga alcançar.

Obviamente que a exploração em causa produzirá benefícios económicos para a empresa que, autorizada pelo desportista, a ela proceda, mas, perante o risco que esta corre, e como dessa actividade não resulta a perda do direito à imagem pelo próprio titular mas apenas uma limitação provisória da exploração comercial da mesma enquanto desportista, tal não choca a ordem pública, e, não constituindo subtracção genérica do direito à imagem do desportista, é a forma de possibilitar a este, como titular desse direito, que, por sua vez, também aufira por essa via benefícios económicos para ele próprio, ao receber uma contraprestação pela cedência do direito àquela exploração comercial.

É, aliás, mesmo esse o meio normal, a fim de poder concentrar-se no exercício da sua actividade desportiva, pelo qual procede ele próprio também a essa exploração da sua imagem, permitida pela legislação especial já indicada, na qual, como se disse, não se estabelece restrição idêntica à que possa resultar do disposto no dito art.º 79.º. O que se compreende, pois, se em relação às pessoas em geral raramente atingirão uma permanente notoriedade que origine valor comercial a mais que um seu retrato isolado, o mesmo não se passa com desportistas que venham a adquirir alguma nomeada, justificativa de exibições frequentes de retratos seus, com fins económicos, as quais seriam enormemente dificultadas se fosse necessária a celebração de um contrato de cedência por cada retrato concreto com vista à sua exploração comercial em benefício, também, dele próprio.

Assim, tem de se concluir não haver fundamento bastante para se entender ser nulo o contrato celebrado entre o jogador e a recorrente, nem o contrato celebrado entre esta e a recorrida.

Já mais controversas são as práticas pelas quais certas pessoas implicam a disposição sobre o próprio corpo[205], que põem em perigo a integridade física ou psíquica em experiências médicas ou científicas. Remunerada ou gratuitamente, é imprescindível o recurso a voluntários que se disponibilizam para correr risco e, por vezes, mesmo para suportar sofrimento ou dano. O interesse social e o benefício da humanidade torna objectivamente lícitas estas práticas.

Reprováveis e ilícitas nos parecem já outras práticas que se traduzem no aviltamento público da dignidade de pessoas em meios de comunicação social, normalmente na televisão, nos chamados "reality shows", como modo de obtenção de lucro e de ganho económico. É duvidoso que o simples consenso e ganância material, na ausência de outros valores, seja suficiente para fundar a licitude das ofensas à dignidade necessariamente envolvidas.

Outros casos ainda existem que são claramente – e gravemente – ilícitas, ainda que livremente consentidas, como as que envolvem o tráfego e aproveitamento sexual de pessoas, principalmente de crianças, que constitui, aliás, crime grave.

17. Desvinculação unilateral por parte do titular do direito de personalidade

I. O artigo 81.º do Código Civil permite a celebração de negócios de personalidade. Devem ser assim designados os negócios jurídicos que tenham por objecto direitos de personalidade, ou bens de personalidade, ou o seu uso e tutela.

Os negócios de personalidade têm de comum com todos os outros o regime jurídico geral dos actos e negócios jurídicos. De específico têm o regime de revogabilidade contido no n.º 2 do artigo 81.º do Código Civil.

Há que reconhecer, pois, razão à recorrente, tanto mais que a recorrida não requereu ampliação do âmbito do recurso àquelas outras questões em relação às quais decaiu, nos termos do art.º 684.º-A, n.º 1, do Cód. Proc. Civil, tendo por isso o acórdão recorrido transitado em julgado nessa parte (art.º 684.º, n.º 4, do mesmo Código).

Pelo exposto, acorda-se em conceder a revista, revogando-se o acórdão recorrido e determinando-se que fique a valer o decidido na sentença da 1.ª instância.

[205] Luísa Neto, *O Direito Fundamental à Disposição sobre o Próprio Corpo*, cit., *passim*.

Este regime de revogabilidade suscita alguma atenção. O contrato, sendo livremente revogável pelo titular do direito de personalidade, é apenas unilateralmente vinculante. Só uma das partes o pode revogar livremente, e não a outra. Este regime, que vem introduzir uma acentuada desigualdade entre as partes, encontra o seu fundamento na especial natureza dos bens de personalidade.

Trata-se de aspectos da dignidade humana, da qual a pessoa não pode, nunca, perder definitivamente o controlo. Seja qual for a limitação, o titular do direito de personalidade negocialmente limitado mantém sempre e a todo o tempo, a possibilidade de o recuperar. Só assim se pode manter que o titular do direito de personalidade nunca fica dele rigorosamente privado. A sua disponibilidade negocial fica, assim, muito próxima da tolerância, porque só perdura enquanto o seu titular quiser.

Daqui se pode concluir que os negócios de personalidade têm uma eficácia mais legitimadora e reguladora do que vinculativa. Legitimadora porque o consenso, dentro dos limites já vistos, torna lícita a compressão, limitação ou detrimento da personalidade que, sem esse consentimento, seria ilícita. Reguladora, porque, além de tornar lícito o negócio, regula o modo, o regime e os termos em que a limitação da personalidade se irá processar, através da estipulação do seu modo ou conteúdo, do valor da contrapartida, se houver, e da duração, se for fixada. A eficácia vinculativa mantém, porém, toda a sua plenitude naquilo em que o negócio de personalidade vincula a outra parte e mesmo, enquanto não houver desvinculação, o próprio titular do direito de personalidade.

A natureza dos negócios de personalidade é pois acentuadamente diferente da dos comuns negócios patrimoniais.

O negócio pode ter sido celebrado com ou sem termo. Se não tiver sido estipulado um termo e do seu conteúdo não resultar uma limitação temporal para a sua vigência, qualquer das partes pode, de acordo com as regras gerais, denunciá-lo mediante um pré-aviso razoável[206]. Independentemente da faculdade de denúncia e mesmo quando lhe tenha sido estipulado um termo, o negócio pode ser revogado pela parte cujo direito de personalidade é limitado, sem que tenha de invocar justa causa ou pré--aviso.

---

[206] Sobre a denúncia dos negócios duradouros temporalmente não limitados, PAIS DE VASCONCELOS, *Teoria Geral do Direito Civil*, cit., págs.611 e segs..

II. Tem sido defendida a limitação do poder de livre revogação, previsto no n.º 2 do artigo 81.º do Código Civil.

Pode entender-se que uma tão forte tutela dos direitos de personalidade "só se justifica *se estiverem realmente em causa aspectos essenciais de personalidade*" que, em cada caso, é necessário ajuizar se existe um "fundamento ético" que lhe dê fundamento, sem o qual este regime não deve já ser aplicado[207]; e que não se justifica a livre revogabilidade em casos em que a divulgação de imagens "não afectem a intimidade do (...) ser e vida privados, não traduzam pesada ingerência ou não acarretem graves consequências"[208]; ou que "o art. 81.º/2 prossegue, *apenas e exclusivamente*, valores pessoais da personalidade e, por isso, só para a defesa desses valores existe um poder de revogação unilateral do consentimento"[209].

Nesta linha de pensamento, um jogador de futebol ou um modelo profissional não poderiam revogar a autorização onerosa de utilização da sua imagem, apenas por ter surgido alguém que oferecesse uma melhor contrapartida.

Em nossa opinião, a questão pode ser colocada, mas numa perspectiva diferente: a do abuso do direito. Se o direito é de personalidade, o seu titular não pode dele ser despojado. Se aceitar limitar o seu exercício, autorizando outros a usar a sua imagem, a divulgar a sua privacidade, etc., não poderá admitir-se que perca totalmente o seu controlo. No que tange ao exercício do direito, designadamente do poder de revogar as limitações convencionadas ou as autorizações concedidas, pode eventualmente ocorrer abuso do direito. Esse abuso terá as consequências gerais. No caso da revogação da autorização do uso da imagem motivada pela oferta de uma melhor contrapartida, pensamos que não há abuso do direito e que o titular deverá indemnizar o dano de confiança que assim tiver causado.

Todos devem conhecer a lei e não há desculpa para a ignorância de um regime jurídico tão conhecido como o do artigo 81.º do Código Civil. Quem contrata o aproveitamento económico de bens da personalidade sabe já – tem a obrigação de saber – que a vinculação do titular do direito de personalidade é precária. A sua expectativa não pode ser muito forte.

---

[207] OLIVEIRA ASCENSÃO, *Teoria Geral – Direito Civil*, I, cit., págs. 79-80 e 99.
[208] CAPELO DE SOUSA, *O Direito Geral de Personalidade*, cit., pág. 350(873).
[209] DAVID FESTAS, *Do Conteúdo Patrimonial do Direito à Imagem*, cit., pág. 288.

18. Compensação pela frustração das legítimas expectativas

I. Quando o titular do direito de personalidade revogue unilateralmente a sua vinculação, fica obrigado a indemnizar os prejuízos que com isso cause "às legítimas expectativas da outra parte".

A letra do n.º 2 do artigo 81.º refere a indemnização "dos prejuízos causados às legítimas expectativas da outra parte". Com esta redacção a lei afasta a qualificação da posição jurídica da outra parte como direito subjectivo. A outra parte não tem mais do que uma expectativa jurídica cuja frustração é susceptível de indemnização. Não pode recorrer a juízo para forçar o cumprimento. A promessa do titular do direito de personalidade, ainda que feita mediante uma contrapartida, não cria um sinalagma perfeito. Mas já na posição inversa o mesmo não sucede e a posição jurídica do titular do direito limitado contém um poder, configurado como direito subjectivo, que lhe permite exigir judicialmente o cumprimento e invocar a excepção de incumprimento para reter o cumprimento ou para resolver o contrato.

Na fixação da indemnização, deve haver um particular cuidado. O valor fixado não deve ser de tal modo avultado que impeça, de facto, o exercício do poder de revogação. De outro modo ficaria frustrado o regime de livre revogação.

Além disso, na fixação da indemnização deve ser tido em conta que a parte que contrata a limitação de um direito de personalidade alheio não pode ignorar o regime jurídico do artigo 81.º do Código Civil e tem de saber, desde logo, que a outra parte se pode a todo o tempo desvincular. A sua expectativa é sempre necessariamente precária.

II. Temos consciência que esta nossa opinião não é a que mais favorece o funcionamento do mercado. Mas isso não nos impressiona. A matéria dos direitos de personalidade não é de direito comercial. O aproveitamento económico dos bens de personalidade não é essencial à sua tutela, nem ao seu regime jurídico. É secundário e não pode prevalecer sobre a dignidade humana.

Deve ser contrariada a tendência para alargar o mercado à personalidade. Desde a disponibilidade mercantil do sexo – que se insiste em legalizar – até à dos transplantes, das transfusões, dos embriões, do genoma, tudo se pretende, hoje, submeter ao mercado. A imagem e a privacidade são talvez as áreas menos sensíveis, mas nem por isso deixam de comungar com as demais o carácter sagrado da dignidade humana. Antes seja o mercado a sofrer no altar da dignidade humana, do que o inverso.

VI. PROGRAMA

1. A pessoa no direito.
2. A grande dicotomia: da comunidade para a pessoa (o legado de Aristóteles) e da pessoa para a comunidade (o legado da Stoa). A tentação hedonista e o "direito à felicidade".
3. Jusnaturalismo e positivismo no direito da personalidade: a natureza das coisas.
4. A tutela objectiva da personalidade, nas declarações de direitos, nas constituições, nos códigos penais e nas leis civis.
5. A tutela subjectiva da personalidade. O direito subjectivo de personalidade ou os direitos subjectivos de personalidade. O direito geral de personalidade.
6. Características do direito subjectivo de personalidade. Como direito originário. Como direito natural. Como direito supra--legal. Como direito absoluto. Como direito subjectivo.
7. O direito geral de personalidade e o artigo 70.º do Código Civil.
8. Os direitos especiais de personalidade. A questão da tipicidade e do modo da tipicidade. Como tipos exemplificativos, como tipos de frequência, como tipos delimitativos, como tipos ideais.
9. O direito à vida e à existência.
10. O direito à integridade física e psíquica.
11. O direito à inviolabilidade moral.
12. O direito à honra. Honra objectiva e honra subjectiva. Reputação e auto-estima.
13. Direito à privacidade.
14. Direito à imagem.
15. Direito à identidade pessoal e ao nome.
16. Direito de personalidade pré-natal. O início da personalidade. O problema do artigo 66.º do Código Civil. Direito a nascer. Direito à integridade genética e ao cuidado pré-natal. A questão do aborto. O estatuto jurídico do embrião. O embrião "in vivo"

e "in vitro". A questão dos embriões excedentários e do seu aproveitamento para a investigação médica e científica.
17. Direito de personalidade post-mortal. O prolongamento da personalidade, a subjectivação do respeito pelos mortos ou os direitos de personalidade dos próximos sobrevivos.
18. O direito à boa morte e a questão da eutanásia.
19. Direitos de personalidade exclusivamente de indivíduos ou também de pessoas colectivas?
20. A autonomia privada e o exercício dos direitos de personalidade: o regime do artigo 81.º do Código Civil. A licitude e a ilicitude na estipulação negocial. A desvinculação unilateral por parte do titular do direito de personalidade. A indemnização por desvinculação unilateral.
21. Tutela judicial dos direitos de personalidade. As providências preventivas e atenuantes. A responsabilidade civil. Danos materiais, danos morais e danos económicos. "Punitive damages" e "skimming off". Legitimidade passiva nas providências de personalidade.
22. Análise da jurisprudência. O caso von Hannover e o caso Naomi Campbell. A jurisprudência dos tribunais portugueses.
23. Limites objectivo e subjectivo do Direito de Personalidade. A tutela pré-natal da personalidade. A tutela post-mortem da personalidade. Direito de personalidade de pessoas colectivas?
24. Tutela judicial do Direito de Personalidade.
25. Providências de personalidade.
26. Providências preventivas.
27. Providências atenuantes.
28. Discricionariedade na decisão.
29. Legitimidade passiva.
30 Pretensão de indemnização.
31. A cumulação das providências de personalidade com a responsabilidade civil.
32. O juízo de ilicitude.
33. O juízo de culpa.
34. A fixação da indemnização: os chamados "punitive damages" e o "skimming off" dos proventos obtidos pelo lesante.
35. A "dor da alma".

36. Direito de Personalidade e Autonomia Privada.
37. O papel da autonomia privada no exercício do direito de personalidade.
38. Limites à autonomia privada no exercício do direito de personalidade.
39. Desvinculação unilateral por parte do titular do direito de personalidade.
40. Compensação pela frustração das legítimas expectativas.

VII. BIBLIOGRAFIA RECOMENDADA

A bibliografia sobre direitos de personalidade é muito extensa e cobre, além das monografias especificamente sobre o tema, também obras gerais e obras sobre outros temas, mas com relevância em matérias específicas. É impossível indicar uma lista bibliográfica exaustiva.

Além de ser impossível, não é recomendável, num curso de Mestrado, essa indicação. Faz parte do que é exigível aos alunos, a busca e investigação bibliográfica.

Por isso indicam-se, além das obras citadas no texto deste relatório, ainda outras que poderão ser úteis ao início da investigação. Os alunos deverão ter a iniciativa da procura.

Indicam-se pois as obras seguintes:

ALVES, Cláudia Martins
___ *Direito à Identidade Genética*, relatório de mestrado, Faculdade de Direito de Lisboa, 2002

ANDRADE, Manuel de
___ *Teoria Geral da Relação Jurídica*, 3.ª reimpressão, I, Almedina, Coimbra, 1972
___ *Esboço de um Anteprojecto de Código das Pessoas e da Família, na Parte Relativa ao Começo e Termo da Personalidade Jurídica, aos Direitos da Personalidade, ao Domicílio*, BMJ 102, pág. 153.

ARAÚJO, Fernando
___ *A Hora dos Direitos dos Animais*, Almedina, Coimbra, 2003
___ *The Recent Development of Portuguese Law in the Field of Animal Rights*, Journal of Animal Rights, vol. I, 2005

ARISTÓTELES
___ *Política*

Ascensão, José de Oliveira
___ *A Tipicidade dos Direitos Reais*, Lisboa, 1968
___ *Direito Civil – Teoria Geral*, I, *Introdução, as Pessoas, os Bens*, 2.ª ed., Coimbra Editora, Coimbra, 2000

Barbas, Stella Neves
___ *Direito ao Património Genético*, Almedina, Coimbra, 1998.

Bobbio, Norberto
___ *La funzione promozionale del diritto*, em *Dalla struttura alla funzione*, Nuovi studi di teoria del diritto, 2.ª ed., Edizioni di Comunità, Milano, 1984

Cabral, Rita Amaral
___ *Direito à Intimidade da Vida Privada*, Estudos em Memória do Professor Doutor Paulo Cunha, Lisboa, 1989, págs. 373-406.

Campos, Diogo Leite de
___ *Lições de Direitos da Personalidade*, Separata do vol. LXVI (1990) do Boletim da Faculdade de Direito da Universidade de Coimbra, 2.ª ed., 1995
___ *O Início da Pessoa Humana e da Pessoa Jurídica*, ROA (2001), págs. 1257-1268
___ *O Direito e os Direitos de Personalidade*, em *Nós – Estudos sobre o Direito das Pessoas*, Almedina, Coimbra, 2004
___ *Os Direitos da Personalidade: Categoria em reapreciação*, em *Nós – Estudos sobre o Direito das Pessoas*, Almedina, Coimbra, 2004

Canaris, Klaus-Wilhelm
___ *Direitos Fundamentais e Direito Privado*, Almedina, Coimbra, 2003

Carneiro, Manuel Borges
___ *Direito Civil de Portugal*, Lisboa, I, 1851

Carvalho, Orlando de
___ *Teoria Geral da Relação Jurídica*, Coimbra, 1970
___ *Os Direitos do Homem no Direito Civil Português*, Edição do Autor, Coimbra, 1973
___ *Teoria Geral do Direito Civil*, Sumários desenvolvidos para uso dos alunos do 2.º ano jurídico (1.ª turma) do Curso Jurídico de 1980/81), Centelha, Coimbra, 1981

___ *O Homem e o Tempo*, Fundação Eng. António de Almeida, Porto, 1999

CORDEIRO, António de Menezes
___ *Tratado de Direito Civil Português*, I, III, Almedina, Coimbra, 2004
___ *Os Direitos de Personalidade na Civilística Portuguesa*, ROA (2001), págs. 1229-1256.

CUNHA, Paulo
___ *Teoria Geral do Direito Civil*, resumo das lições proferidas no ano lectivo de 1971-1972, edição dos Serviços Sociais da Universidade de Lisboa

DIAS, Jorge de Figueiredo
___ *Direito de Informação e Tutela da Honra no Direito Penal da Imprensa Portuguesa*, Revista de Legislação e Jurisprudência, ano 115.º

ENNECCERUS / NIPPERDEY,
___ *Tratado de Derecho Civil*, I, 1.º, *Parte General*, Bosch, Barcelona, 1953

FABRICIUS, Fritz
___ *Relativität der Rechtsfähigkeit*, Beck, München und Berlin, 1963

FERNANDES, Luís Carvalho
___ *Teoria Geral do Direito Civil*, I, 3.ª ed., Universidade Católica Editora, Lisboa, 2001
___ *Lições de Direito das Sucessões,* Quid Juris?, Lisboa 1999

FERREIRA, José Dias
___ *Código Civil Portuguez Annotado*, I, 2.ª ed., Imprensa da Universidade, Coimbra, 1894

FERREIRA, Nuno
___ *Revisiting Euthanasia – A Comparative Analysis of a Right to Die in Dignity*, ZERP – Zentrum für Europäische Rechstpolitik an der Universität Bremen, Bremen, 2005

FESTAS, David Oliveira
___ *Do Conteúdo Patrimonial do Direito à Imagem*, policopiado, inédito, Lisboa.

FREIRE, Pascoal José de Melo
— *Instituições de Direito Civil Português*, Livro I, Título XII, § V, BMJ 162, págs. 134 e segs..
— *Instituições de Direito Civil Português*, Livro II, §§ I a IV, BMJ 163, págs. 10, e segs..

FONSECA, Tiago Soares da
— *Da Tutela Judicial dos Direitos de Personalidade – um olhar sobre a jurisprudência*, ROA, 2006, I, págs. 231 e segs..

GONÇALVES, Luís da Cunha
— *Tratado de Direito Civil*, I, Coimbra Editora, Coimbra, 1929
— *Tratado de Direito Civil*, III, Coimbra Editora, Coimbra, 1933

GROPP, Stephanie
— *Schutzkonzepte des werdenden Lebens*, Peter Lang, Frankfurt am Main, 2005

HILLMER, Agnes
— *Patientenstatus und Rechtsstatus von Frau und Fötus im Entwiklungsprozeâ der Pränatalmedizin*, Peter Lang, Frankfurt am Main, 2004

HÖRSTER, Heinrich Ewald
— *A Parte Geral do Código Civil Português – Teoria Geral do Direito Civil*, Almedina, Coimbra, 1992

HUBMANN, Heinrich
— *Das Persönlichkeitsrecht*, Böhlnau, Köln,Graz, 1967

LARENZ, Karl
— *Allgemeiner Teil des bürgerlichen Rechts*, Beck, München, 1997, continuado por WOLF, Manfred
— *Lehrbuch des Schuldrechts*, I, 14. Aufl., Beck, München, 1987

LEITÃO, Luís Menezes
— *Enriquecimento sem Causa em Direito Civil*, Almedina, Coimbra, 2005

LIMA, Fernando Andrade Pires de
— *Código Civil Anotado*, I, 4.ª ed., Coimbra Editora, Coimbra, 1987, com Antunes Varela

LOCKE, John
___ *Of Civil Government, Two Treatises*, J. M. Dent & Sons, London, E. P. Dutton & Co., New York, 1940.

LOURENÇO, Paula Meira
___ *Os Danos Punitivos*, Revista da Faculdade de Direito da Universidade de Lisboa, XLIII (2002), 2, págs. 1019 e segs.

MARQUES, José Dias
___ *Direito Civil*, Lisboa, 1955
___ *Noções Elementares* de Direito Civil, 7.ª ed., Lisboa, 1977

MEDEIROS, Rui
___ *Constituição Portuguesa Anotada*, I, Coimbra Editora, Coimbra, 2005, com Jorge Miranda

MENDES, João Castro
___ *Teoria Geral do Direito Civil*, I, AAFDL, Lisboa, 1978

MIRANDA, Jorge
___ *Constituição Portuguesa Anotada*, I, Coimbra Editora, Coimbra, 2005 com Rui Medeiros

MIRANDOLA, Pico della
___ *On The Dignity of Man, On Being and the One, Heptaplus*, The Bobbs-Merrill Company, Indianapolis, 1977

MÖLLER, Kai
___ *Paternalismus und Persönlichkeitsrecht*, Dunker & Humblot, Berlin, 2005.

MONCADA, Luís Cabral de
___ *Lições de Direito Civil*, Parte Geral, I, 1931-1932, Atlântida, Coimbra, 1932,
___ *Lições de Direito Civil*, 4.ª ed., Almedina, Coimbra, 1995

MONTEIRO, Jorge Sinde
___ *Responsabilidade por Conselhos, Recomendações ou Informações*, Almedina, Coimbra, 1989

MOREIRA, Guilherme
___ *Instituições do Direito Civil Português*, I, Parte Geral, Universidade de Coimbra, Coimbra, 1907

NAUJOKS, Hans
—— *Anfang und Ende der Rechtsfähigkeit des Menschen*, Vittorio Klostermann, Frankfurt am Main, 1955 com Ernst Wolf

NETO, Luísa
—— *O Direito Fundamental à Disposição Sobre o Próprio Corpo*, Coimbra Editora, Coimbra, 2004

OLIVEIRA, Nuno Manuel Pinto
—— *O Direito Geral de Personalidade e a "Solução do Dissentimento"*, Coimbra Editora, Coimbra, 2002

OTERO, Paulo
—— *Personalidade e Identidade Pessoal e Genética do Ser Humano*, Almedina Coimbra, 1999
—— *A Democracia Totalitária*, Principia, S. João do Estoril, 2001
—— *Direito à Vida, Relatório sobre o Programa, Conteúdo e Métodos de Ensino*, Almedina, Coimbra, 2004

PAIVA, Vicente Ferrer Neto
—— *Elementos de Direito Natural*, Imprensa da Universidade, Coimbra, 1857.
—— *Philosophia de Direito*, 6.ª ed., I, Imprensa da Universidade, Coimbra, 1883

PINTO, Carlos Mota
—— *Teoria Geral da Relação Jurídica*, notas sumárias em conformidade com as lições do Snr., Dr. Mota Pinto ao 2.º ano jurídico de 1966--67, Almedina, Coimbra, sem data
—— *Teoria Geral do Direito Civil*, versão básica das lições do Prof. Doutor Carlos da Mota Pinto no ano lectivo de 1972-73 na Faculdade de Direito de Coimbra, Coimbra, 1973.
—— *Teoria Geral do Direito Civil*, 1.ª ed., Coimbra Editora, Coimbra, 1976
—— *Teoria Geral do Direito Civil*, 3.ª ed., Coimbra Editora, Coimbra, 1996
—— *Teoria Geral do Direito Civil*, 4.ª ed., por ANTÓNIO PINTO MONTEIRO e PAULO MOTA PINTO, Almedina, Coimbra, 2005

PINTO, Paulo Mota
—— *O Direito à Reserva sobre a Intimidade da Vida Privada*, BFD, vol. LXIX, Coimbra, 1993, 479 e segs.

___ *O Direito ao Livre Desenvolvimento da Personalidade*, Portugal-Brasil Ano 2000, Studia Iuridica 40, Universidade de Coimbra, 1999
___ *A Limitação Voluntária do Direito à Reserva Sobre a Intimidade da Vida Privada*, Estudos em Homenagem a Cunha Rodrigues, II, Coimbra Editora, Coimbra, 2001, págs. 527 e segs.

PLATÃO
___ *República*

PRINZ, Mathias
___ *Geldentschadigung bei Personlichkeitsrechtsverletzungen durch Medien*, NJW 1996, pags. 953-058

ROCHA, M. A. Coelho da
___ *Instituições de Direito Civil Portuguez*, 4.ª ed., Imprensa da Universidade, Coimbra, 1857

SANTOS, Beleza dos
___ *Algumas considerações jurídicas sobre crimes de difamação e de injúria*, Revista de Legislação e Jurisprudência, ano 92.º, pág. 165.

SAVIGNY, Friedrich-Carl von
___ *System des heutingen römischen Rechts*, I, Aalen, Scientia Verlag, reimpressão da edição de Berlin, 1840,

SEABRA, António Luiz de
___ *A Propriedade. Philosophia do Direito para servir de introdução ao Comentário sobre a Lei dos Foraes*, Imprensa da Universidade, Coimbra, 1850.
___ *Codigo Civil Portuguez – Projecto*, Imprensa da Universidade, Coimbra, 1859.

SILVA, Manuel Gomes da
___ *O Dever de Prestar e o Dever de Indemnizar*, I, Lisboa, 1944
___ *Esboço de uma Concepção Personalista do Direito*, Separata do vol. XVII da Revista da Faculdade de Direito da Universidade de Lisboa, Lisboa, 1965

SOUSA, Rabindranath Capelo de
___ *O Direito Geral de Personalidade*, Coimbra Editora, Coimbra, 1995
___ *Teoria Geral do Direito Civil*, I, Coimbra Editora, Coimbra, 2003

SUNSTEIN, Cass R.
— *What Should Be Done*, em *Punitive Damages – How Juries Decide*, The University of Chicago Press, Chicago & London, 2002

TAVARES, José
___ *Os Princípios Fundamentais do Direito Civil*, I, Coimbra Editora, Coimbra, 1922

TELLES, I. H. Corrêa
___ *Digesto Português*, Livraria Clássica Editora, Lisboa, 1909

TELLES, Inocêncio Galvão
___ *Introdução ao Estudo do Direito*, II, 10.ª ed., Coimbra Editora, Coimbra, 2000

TRABUCO, Cláudia
___ *Dos Contratos Relativos ao Direito à Imagem*, O Direito, ano 133, II, 2001, págs. 432 e segs..

VARELA, João de Matos Antunes
___ *Alterações Legislativas do Direito ao Nome*, RLJ, ano 114.º, n.º 3688, págs. 207-212, ano
___ *Código Civil Anotado*, I, 4.ª ed., Coimbra Editora, Coimbra, 1987, com Pires de Lima
___ *Das Obrigações em Geral*, I, 10.ª ed., Almedina, Coimbra, 2000

VASCONCELOS, Pedro Pais de
___ *Contratos Atípicos*, Almedina, Coimbra, 1995
___ *A Natureza das Coisas*, Separata dos Estudos em Homenagem ao Professor Doutor Manuel Gomes da Silva, Revista da Faculdade de Direito da Universidade de Lisboa, 2001, págs. 707 e segs..
___ *Teoria Geral do Direito Civil*, Lex, Lisboa, 1999
___ *Teoria Geral do Direito Civil*, 3.ª ed., Almedina, Coimbra, 2005
___ *A Participação Social nas Sociedades Comerciais*, Almedina, Coimbra, 2005

VALLAURI, Luigi Lombardi
___ *Corso di filosofia del diritto*, Cedam, Padova, 1981

WOLF, Ernst
___ *Anfang und Ende der Rechtsfähigkeit des Menschen*, Vittorio Klostermann, Frankfurt am Main, 1955 com Hans Naujoks
___ *Allgemeiner Teil des bürgerlichen Rechts*, 3. Aufl., Heymanns, Köln, Berlin, Bonn, München, 1982

WOLF, Manfred
___ *Allgemeiner Teil des bürgerlichen Rechts*, Beck, München, 1997, iniciado por LARENZ, Karl

VIII. MÉTODOS DE ENSINO

O ensino em mestrado tem características próprias que decorrem, por um lado, da elevada qualificação dos alunos e, por outro, da sua orientação principal para a investigação. O mestrado constitui um passo muito importante na carreira académica. A obtenção do respectivo grau determina o acesso dos assistentes estagiários à categoria de assistentes e a classificação obtida nas suas provas é determinante no acesso ao doutoramento. O mestrado é ainda uma primeira instância de revelação de jovens valores. Na Faculdade, o mestrado desempenha, sem dúvida, um papel muito importante no recrutamento e formação do corpo docente.

Os alunos do mestrado são juristas já licenciados com a classificação média de, pelo menos, catorze valores, ou equivalente. Frequentemente têm classificações muito elevadas e ingressaram já na carreira académica como assistentes estagiários. A sua prática e experiência docentes e o convívio quotidiano com os outros assistentes e com os Professores na Escola dá-lhes o estímulo para a exigência do curso.

Também frequentam o mestrado jovens advogados que pretendem aperfeiçoar os seus conhecimentos jurídicos, melhorar o seu modo de trabalhar o Direito e também enriquecer os seus *curricula*. Mesmo quando não visam directamente ingressar na carreira académica, estão dispostos a fazê-lo se as classificações obtidas o permitirem. A sua experiência prática profissional permite um óptimo contacto com a vida da aplicação do Direito e da litigância forense. Não são raros os casos de alunos de mestrado que acumulam as funções académicas, como assistentes estagiários – por vezes também como monitores – com o exercício da advocacia, o que lhes permite, também, complementar o magro vencimento que auferem na Faculdade.

Os mestrados – e também os cursos de doutoramento – são ainda frequentados, cada vez mais, por alunos provenientes do Brasil, de Angola, de Moçambique, de Cabo Verde e da Guiné. Do Brasil vêm, entre outros, Juízes e magistrados do Ministério Público com bolsas governamentais. São juristas experientes que vêm beneficiar de uma cultura jurídica mais dogmatizada e mais científica como é a nossa, e dão ao mestrado um contributo muito rico de comparação jurídica com o sistema brasileiro. Os alunos provenientes do antigo ultramar trazem uma cultura jurídica mais próxima, por vezes de Faculdades em que a nossa Escola tem responsabilidades (como na da Guiné) e procuram uma formação superior que lhes permitirá exercer funções académicas e governamentais, ou outras de elevada relevância, nos seus jovens Países. Os mestrados contribuem também, nestes casos, para a aproximação e para o estabelecimento de vínculos sólidos de cooperação académica no espaço cultural e jurídico de língua portuguesa.

Mas estes três estratos de alunos têm geralmente preparação e culturas jurídicas diferenciadas. Tal obriga a que, numa primeira parte do curso se proceda à introdução sobre matérias com elevada componente filosófica, como são os legados aristotélico, tomista, neotomista, por um lado, estóico e neo-estóico, por outro, ainda finalmente os desvios hedonistas e egoístas. Também é necessário familiarizá-los com as alternativas jusnaturalista e positivista. Será a propósito da pessoa no direito, nos três primeiros pontos do programa, que se procurará conseguir que todos se movimentem num mesmo plano de entendimento, nos aspectos jusfilosófico e jusmetodológico.

Posto isto, os alunos começarão a procurar os temas que irão especialmente investigar, que constituirão os temas das suas intervenções e dos seus relatórios. Em simultâneo dar-se-á início a uma segunda série de matérias a que correspondem os pontos 4, 5 e 6 do programa. Têm já a preparação e a informação suficientes para poderem discernir as diferenças de perspectivas e modos de pensar que constituem o direito objectivo e o direito subjectivo de personalidade. Serão aqui apenas afloradas, mas não aprofundadas as matérias de direito público, pois a disciplina é de direito privado. O tema das aulas concentrar-se-á sobre a Convenção Europeia dos Direitos do Homem – com relevo para a compatibilização dos seus artigos 8.º e 10.º – e sobre o Código Civil (não apenas o português, mas também os dos alunos estrangeiros). Os problemas da construção dogmática dos direitos, ou do direito, de personalidade como direito subjectivo representam agora uma viragem para uma matéria menos filosófico-ideológica e mais técnico-juridica.

Na fase seguinte, devem ser discutidos e problematizados os temas específicos enunciados no programa. São matérias referentes aos direitos especiais de personalidade, à sua tutela concreta, aos problemas designadamente de legitimidade passiva, induzidos pela sua tutela judicial. Agora, o questionamento jurídico é feito com referência ao momento da aplicação, à concretização. O tratamento de cada uma das questões deve ser feito, sempre que possível, à comparação das soluções adoptadas também nos países dos alunos estrangeiros e com recurso às decisões judiciais disponíveis.

Nesta fase, os alunos já procederam à escolha dos respectivos temas de intervenção e a discussão em grupo permitir-lhes-á beneficiar de um princípio de problematização. A pesquisa bibliográfica deve ser feita pelos alunos, embora com a assistência do professor, mas não deve ser o professor a tomar a iniciativa de facultar aos alunos as indicações bibliográficas, quer gerais, quer específicas. Faz parte do trabalho científico e de investigação a procura da bibliografia e, no que lhe concerne, os alunos poderão ser apoiados, mas não mais.

As aulas de mestrado são semanais, com duas horas de duração cada uma. A parte propriamente docente do curso, descrita até agora, terá uma duração variável, que não convém que ultrapasse o fim do mês de Janeiro. Para a atribuição dos temas das intervenções, é costume ser elaborada pelo professor uma lista. Esta lista não é vinculativa e tem apenas o valor de sugestão. Os alunos podem escolher os temas que entenderem, dentro ou fora da lista. O papel do professor não é neutro nesta matéria e, além do aconselhamento, pode e deve dissuadir os alunos de escolhas manifestamente desinteressantes ou cientificamente inúteis. Após a distribuição dos temas, deve ser ordenada a sua apresentação, com marcação de datas. A sequência das intervenções deve ser regida por uma ordem determinada pela sua natureza. A prática tem, porém, conduzido a uma composição com os condicionamentos dos alunos, que têm de proceder à apresentação de temas nas demais disciplinas do mestrado. Por isso, a ordem sequencial pode não ser rigidamente fixada, mas não deve ser permitido um seu excessivo desordenamento.

Tem então início a segunda parte em que os alunos procedem à apresentação dos respectivos temas.

Na apresentação, o aluno não deve ler um texto, embora possa usar como apoio um texto por si elaborado. Deve dar ao professor e aos seus colegas resumos que lhes permitam, a cada momento, acompanhar a sequência da apresentação. Estes textos de apoio não devem ser mais do que simples guiões.

As apresentações não devem exceder a duração de aproximadamente meia hora. À apresentação segue-se um debate em que devem intervir todos os alunos. Todos os temas atribuídos cabem a todos os alunos e, por isso, aqueles a quem não coube, no caso a apresentação, nem por isso estão dispensados de ter estudado o tema e de intervir na sua discussão.

A discussão deve ser orientada pelo professor. Se o assunto o exigir, o debate pode prolongar-se por mais de uma aula.

O debate das intervenções é muito produtivo. As objecções e as sugestões dos colegas do interveniente não devem ser tidas como práticas agressivas e o professor deve impedir que assim aconteça. As objecções e a discussão são de grande utilidade para o interveniente, permitindo-lhe preencher omissões, corrigir incorrecções, enriquecer o questionamento, aprofundar e debater o tema. A elaboração do seu relatório final irá colher esses benefícios.

A parte escolar do mestrado termina com a elaboração dos relatórios escritos. Estes relatórios não devem ser pequenas teses. Antes devem começar por introduzir o tema da investigação, explicitar as questões e dificuldades que envolve, relatar o *iter* da investigação e conter a final as conclusões a que a investigação conduzir. Os relatórios não devem ser descritivos. Antes devem problematizar as questões convocadas, com apreciação crítica da doutrina e da jurisprudência pertinentes. Os relatórios não devem ser excessivamente longos. Deve ser contrariada uma prática de crescente dimensão dos relatórios em que a extensão acaba por prejudicar a compreensão.

É útil reservar uma ou mais aulas para aconselhar os alunos sobre a elaboração dos relatórios, designadamente quanto a aspectos metodológicos, e ainda uma aula sobre os resultados globais científicos do mestrado[210].

A classificação da parte escolar não deve limitar-se à apreciação do relatório. Em nossa opinião, deve contribuir para a classificação também da prestação dos alunos nas aulas, quer na sua própria apresentação, quer ainda na discussão das apresentações dos seus colegas, e ter ainda em consideração a primeira parte, anterior às apresentações. A classificação é qualitativa e deve exprimir a aptidão do aluno para a investigação, o interesse e iniciativa no trabalho de seminário e ainda a capacidade de exposição, quer oral, quer escrita.

---

[210] Assim, PAULO OTERO, *Direito à Vida, Relatório Sobre o Programa, Conteúdo e Métodos de Ensino*, Almedina, Coimbra, 2004, pág. 211.

ÍNDICE

I. Justificação de uma disciplina de mestrado sobre o Direito de Personalidade 5

    1. A ideia de personalidade jurídica individual 5
    2. A pessoa humana no Direito 6
    3. Necessidade de reforçar e enriquecer o estudo do Direito de Personalidade 7

II. A teoria e o ensino do direito da personalidade e dos direitos de personalidade 11

    4. Antes do Código Civil de 1867 11
    5. Seabra e o primeiro Código Civil 14
    6. Entre o primeiro e o segundo Código Civil 20
    7. O Segundo Código Civil e os direitos de personalidade .. 32

III. Problematicidade do ensino do direito de personalidade 47

    8. Direito de personalidade entre o direito objectivo e o direito subjectivo 47
        a. Direito objectivo de personalidade 50
        b. Direito subjectivo de personalidade 53
    9. O direito de personalidade e os direitos de personalidade: unidade ou pluralidade no direito de personalidade 61
        a. O direito geral e direitos especiais de personalidade ... 61
        b. Tipicidade dos direitos de personalidade 64
    10. Tipos legais de direitos de personalidade 68
        a. O direito à vida 68
        b. O direito à integridade física e psíquica 70
        c. O direito à inviolabilidade moral 72
        d. O direito à identidade pessoal e ao nome 73
        e. O direito ao livre desenvolvimento da personalidade .. 74
        f. O direito à honra 76
        g. O direito à privacidade 79
        h. O direito à imagem 83
    11. A grande controvérsia 85
        a. Os artigos 8.º e 10.º da Convenção Europeia dos Direitos do Homem 85

b. A Resolução 1165 (1998) da Assembleia Parlamentar
   do Conselho da Europa 86
c. O caso von Hannover v. Alemanha 91
d. O caso Naomi Campbell v. MGN Limited 100
12. Limites objectivo e subjectivo do Direito de Personalidade 103
    a. Limite objectivo do Direito de Personalidade 103
    b. Limite subjectivo do Direito de Personalidade 104
       – A tutela pré-natal da personalidade 104
       – A tutela post mortem da personalidade 118
       – Direitos de personalidade de pessoas colectivas? 122

IV. A tutela judicial do Direito de Personalidade 125

13. Providências de personalidade 127
    a. Providências preventivas 128
    b. Providências atenuantes 130
    c. Discricionariedade na decisão 131
    d. Legitimidade passiva 132
14. Pretensão de indemnização 135
    a. Cumulação das providências de tutela da personalidade
       com a responsabilidade civil 135
    b. O juízo de ilicitude 136
    c. O juízo de culpa 143
    d. A fixação do valor da indemnização: os chamados
       "punitive damages" e o "skimming off" dos proventos
       obtidos pelo lesante 147
    e. A dor de alma 152

V. Direito de personalidade e autonomia privada 153

15. O papel da autonomia privada no exercício do direito de
    personalidade 153
16. Limites à autonomia privada no exercício dos direitos de
    personalidade 155
17. Desvinculação unilateral por parte do titular do direito de
    personalidade 165
18. Compensação pela frustração das legítimas expectativas . 168

VI. Programa 169

VII. Bibliografia recomendada 173

VIII. Métodos de ensino 183

Índice 187